# A CIÊNCIA DE AVATAR

Stephen Baxter

# A CIÊNCIA DE AVATAR

A verdade e a ficção por trás das tecnologias
do filme de maior bilheteria de todos os tempos

*Tradução*
HUMBERTO MOURA NETO
MARTHA ARGEL

Editora
Cultrix
SÃO PAULO

Título original: *The Science of Avatar*.
Copyright © 2012 Stephen Baxter.
Copyright das fotos © 2012 Lightstorm Entertainment.
Avatar motion picture elements e "James Cameron's Avatar"®, copyright © 2009 Twentieth Century Fox Film Corporation.
Copyright da edição brasileira © 2013 Editora Pensamento-Cultrix Ltda.
Publicado originalmente por Swordfish, Londres.
Publicado pela primeira vez na Grã-Bretanha em 2012 por Gollancz, uma impressão da Orion Publishing Group — Orion House, 5 Upper St Martin's Lane, Londres W C2H 9EA
Texto de acordo com as novas regras ortográficas da língua portuguesa.
1ª edição 2013.
Todos os direitos reservados. Nenhuma parte desta obra pode ser reproduzida ou usada de qualquer forma ou por qualquer meio, eletrônico ou mecânico, inclusive fotocópias, gravações ou sistema de armazenamento em banco de dados, sem permissão por escrito, exceto nos casos de trechos curtos citados em resenhas críticas ou artigos de revistas.
A Editora Cultrix não se responsabiliza por eventuais mudanças ocorridas nos endereços convencionais ou eletrônicos citados neste livro.

**Editor:** Adilson Silva Ramachandra
**Editora de texto:** Denise de C. Rocha Delela
**Coordenação editorial:** Roseli de S. Ferraz
**Preparação de originais:** Marta Almeida de Sá
**Produção editorial:** Indiara Faria Kayo
**Assistente de produção editorial:** Estela A. Minas
**Editoração eletrônica:** Fama Editora
**Revisão:** Nilza Agua e Yociko Oikawa

CIP-BRASIL. CATALOGAÇÃO NA PUBLICAÇÃO
SINDICATO NACIONAL DOS EDITORES DE LIVROS, RJ

B344c
Baxter, Stephen
    A ciência de Avatar: a verdade e a ficção por trás das tecnologias do filme de maior bilheteria de todos os tempos / Stephen Baxter ; tradução Humberto Moura Neto, Martha Argel. — 1. ed. — São Paulo : Cultrix, 2013.

    Tradução de: The science of Avatar
    Epílogo e Recursos
    ISBN 978-85-316-1256-5

    1. Avatar (Filme). 2. Pandora (Lugares imaginários). 3. Representação cinematográfica. 4. Ciência no cinema. I. Título.

13-06881
CDD: 791.4366
CDU: 791.43

Direitos de tradução para o Brasil adquiridos com exclusividade pela
EDITORA PENSAMENTO-CULTRIX LTDA., que se reserva a propriedade literária desta tradução.
Rua Dr. Mário Vicente, 368 — 04270-000 — São Paulo, SP
Fone: (11) 2066-9000 — Fax: (11) 2066-9008
http://www.editoracultrix.com.br
E-mail: atendimento@editoracultrix.com.br
Foi feito o depósito legal.

# SUMÁRIO

Agradecimentos .................................................................... 7
Prólogo ................................................................................ 9

**PARTE UM: TERRA**
1  O Apocalipse Verde............................................................ 17
2  Ecocídio............................................................................. 21
3  Os Verdes Brotos da Esperança......................................... 27

**PARTE DOIS: RDA**
4  Mundos de Sonho.............................................................. 33
5  Cavalgando uma Valquíria................................................. 39
6  Siga a Água....................................................................... 43
7  As Maravilhas dos Mundos................................................ 49

**PARTE TRÊS: *VENTURE STAR***
8  Uma Nave em Viagem....................................................... 57
9  Os Gêmeos e o Tempo...................................................... 61
10 O Foguete Definitivo.......................................................... 67
11 Estrelas Guias................................................................... 73

**PARTE QUATRO: PANDORA**
12 Primeira Parada................................................................ 87
13 Descobrindo Novos Mundos............................................. 90
14 O Caso da Bióloga Cilíndrica............................................ 100
15 Obtendo o que não Pode Ser Obtido............................... 107

| | | |
|---|---|---|
| 16 | Montanhas no Céu | 113 |
| 17 | Uma Lua Perigosa | 117 |

**PARTE CINCO: PORTAL DO INFERNO**

| | | |
|---|---|---|
| 18 | Perturbando o Mundo | 127 |
| 19 | Cópias, Células e Computadores | 134 |
| 20 | Apocalipse Logo | 143 |

**PARTE SEIS: MUNDO VIVO**

| | | |
|---|---|---|
| 21 | Um Ecossistema Clímax | 155 |
| 22 | Pequenas Poças Tépidas | 167 |
| 23 | Quatro Patas, Bom — Seis Patas, Melhor | 173 |

**PARTE SETE: NA'VI**

| | | |
|---|---|---|
| 24 | Caçadores da Floresta | 181 |
| 25 | Outros Corpos | 191 |
| 26 | Outras Mentes | 196 |
| 27 | Primeiro Contato | 201 |
| 28 | Mente a Mente | 208 |
| 29 | Eywa | 211 |

**PARTE OITO: AVATAR**

| | | |
|---|---|---|
| 30 | Anjos e Demônios | 221 |
| 31 | Um Corpo Falso | 225 |
| 32 | *Hackeando* o Cérebro | 230 |
| 33 | Como é Ser um Na'vi? | 237 |
| 34 | A Transmigração de Jake Sully | 241 |

| | |
|---|---|
| Epílogo | 245 |
| Recursos | 247 |

# AGRADECIMENTOS

Sou muito grato a James Cameron, Jon Landau e equipe por compartilharem comigo seu trabalho para os propósitos deste livro e, ainda mais valioso, por me cederem parte de seu tempo. Foi um privilégio conhecê-los e conhecer sua obra com certa profundidade, e este livro não teria sido possível sem sua generosidade. Esta obra é um tributo à forma disciplinada com que empregam sua imaginação.

Agradeço também a meus editores da Orion Books, incluindo Paul Bulos, Malcolm Edwards e Rowland White, pela brilhante ideia, e pelo trabalho duro, muito além de suas obrigações, para fazê-la acontecer.

Sou profundamente grato aos membros do meu Clã de Leitores Críticos, que gentilmente doaram seu tempo e seu conhecimento para a revisão dos rascunhos deste livro; sem eles o texto estaria ainda mais repleto de erros. Obrigado a Simon Bradshaw, advogado especializado em tecnologia; Malcolm Burke, da Sharperton Systems; Dr. David L. Clements, professor de Astrofísica no Imperial College, de Londres; Dr. Jack Cohen, biólogo evolucionário (http://www.drjackcohen.com); David Langford, autor, crítico e editor do boletim *Ansible* (http://www.ansible.co.uk); e a nossos bons amigos Alison e Nick Smart. Quaisquer mal-entendidos, erros ou ambiguidades são, é claro, de minha única responsabilidade.

E a você, leitor deste livro: *Irayo, Eywa ngahu.*

*Stephen Baxter*
Verão de 2011 (calendário terrestre)

# PRÓLOGO

"Qual sua experiência de trabalho em laboratório?"
"Uma vez, dissequei uma rã."
— *Dra. Grace Augustine e Jake Sully*

Este livro é sobre a ciência por trás do filme *Avatar*, de James Cameron. E, para explorar essa ciência, exploraremos os segredos por trás das câmeras de James Cameron e sua equipe.

Grande parte da ciência de *Avatar*, porém, está lá, bem na tela. Você só precisa prestar atenção.

Imagine-se no ano de 2154, em Pandora, lua do gigante gasoso Polifemo, planeta que orbita Alpha Centauri. Você desce junto do veterano de guerra Jake Sully a rampa do ônibus espacial Valquíria, que acaba de trazê-lo da espaçonave *Venture Star*, em órbita. Você está em Portal do Inferno, a principal base de operações da RDA — a Administração de Desenvolvimento de Recursos — que está no planeta para extrair o valiosíssimo mineral *unobtanium*. Jake, no entanto, deve se apresentar à Dra. Grace Augustine para participar de um programa de *avatares* que ela conduz: sua mente controlará um corpo substituto cujo propósito é estabelecer contato com os Na'vi — nativos desse planeta.

Entretanto, no momento, você não está pensando em nada disso. Você acaba de chegar a um mundo alienígena. O que você vê? O que pode ouvir, cheirar, sentir?

Na verdade, como você tem sua máscara do *exopack* grudada no rosto, o único cheiro que pode sentir é o do ar que o equipamento lhe fornece. Talvez o céu tenha uma cor estranha, graças à mistura de gases atmosféricos que em Pandora é levemente diferente. Talvez haja nuvens de formatos estranhos. Seria difícil não notar os dois sóis de Alpha Centauri, e aquele mundo grande e antigo, semelhante a Júpiter, no céu. Pode ser que veja pouca coisa da vida nativa de Pandora, excluída quase por completo do Portal do Inferno.

Você tem uma estranha sensação de leveza, uma flexibilidade nos passos, uma impressão de que a cabeça está pesada, como se estivesse gripado, uma mobilidade peculiar dos órgãos internos. Se você treinou nos mundos inferiores do nosso sistema solar — a Lua e Marte —, pode reconhecer essas sensações: acontecia o mesmo lá. O que você está sentindo é a baixa gravidade de Pandora.

Então um enorme caminhão de mineração passa a toda velocidade. E, assim como Jake, você vê flechas cravadas em um dos pneus.

Este é o primeiro indício que Jake tem dos Na'vi, os nativos de Pandora. E já diz muito a você, e a Jake, sobre eles.

Para começar, os Na'vi devem ser inteligentes, com habilidades cognitivas no mínimo equivalentes às dos humanos modernos. Mesmo uma flecha — com haste, ponta e alguma estrutura estabilizadora — é uma ferramenta composta de várias partes. Na Terra, até onde se sabe, nem chimpanzés nem qualquer um de nossos predecessores hominídeos que usavam ferramentas de pedra lascada jamais fabricaram artefatos assim; só os humanos o fizeram. Outra prova de inteligência é o fato de os Na'vi terem mirado nos pneus, aparentemente o ponto fraco do veículo.

Mas como as flechas chegaram ali? Você já sabe que os Na'vi têm forma mais ou menos humanoide. Você viu corpos de avatares sendo cultivados em tanques na nave em que veio da Terra. E, com base nisso, poderia supor (e estaria correto) que um arco foi usado para disparar aquelas flechas. Porém você está em outro planeta. Qual é a probabilidade de uma forma de vida alienígena ter desenvolvido a tecnologia do arco e da flecha?

Bem, na Terra, a tecnologia de arco e flecha foi desenvolvida diversas vezes de forma independente. Parece ter surgido pela primeira vez por volta de 8.000 a.C., na Alemanha, mas foi desenvolvida também pelos nativos da América do Norte, que não tiveram contato com o Velho Mundo desde cerca de 11.000 a.C. até a chegada de Colombo. O isolamento entre os continentes nos fornece laboratórios naturais para estudar a evolução cultural. Várias coisas foram inventadas de forma independente, como a agricultura, desde que os recursos locais permitissem. O arco e flecha é uma delas, embora não tenha surgido em todas as culturas. Os aborígines da Austrália nunca o desenvolveram; em vez disso, lançavam um bastão, como o *atlatl*[1] da América do Sul, que chamavam de "woomera" — termo que mais tarde seria adotado para o centro de lançamento espacial australiano.

Portanto não é muito surpreendente encontrar os Na'vi usando arco e flecha, resultado de uma invenção independente em outro mundo.

E tampouco é surpreendente ouvir o Coronel Miles Quaritch, das SecOps, chefe de segurança do Portal do Inferno, contar a Jack que os Na'vi costumam embeber suas flechas em uma neurotoxina mortal. Os índios sul-americanos lutaram contra os conquistadores espanhóis de forma parecida, com flechas recobertas com um muco mortífero de rãs, com estricnina e com curare, alcaloide que causa paralisia fatal.

No entanto, é claro, a primeira coisa que o ex-fuzileiro naval Jake nota é que os Na'vi são evidentemente hostis. Assim como os espanhóis em busca de ouro na Terra, no século XXII, os conquistadores da RDA, em sua busca por unobtanium, viram-se cara a cara com os caçadores-coletores da floresta.

Tudo isso poderia ser deduzido, por Jake e por você, só com base naquela primeiríssima observação em Pandora — as flechas nos pneus.

As plateias do mundo todo se encantaram com *Avatar*, o filme visionário de James Cameron, com a visão dos Na'vi em seu mundo maravilhoso de Pandora. E, como Jake Sully em sua unidade de conexão psiônica, muita gente não quis despertar do sonho: a "abstinência de Avatar" tornou-se uma síndrome comum.

O filme, porém, não se resume a um sonho, a uma fantasia. Há justificativas científicas para boa parte do que aparece na tela. Isso não é surpresa, já que os criadores consultaram especialistas e usaram seus próprios conhecimentos científicos ao realizar o filme. Tome-se como exemplo o tiro com arco. Os *designers* deram aos Na'vi nada menos que quatro tipos de flechas e sete tipos de arco,

---

[1] Bastão usado para aumentar a velocidade inicial de lançamento de um projétil. [N. T.]

dos brinquedos para treino das crianças ao poderoso *arco em X* com dois suportes cruzados, para uso de longa distância em ataques aéreos. E Jake vai descobrir que os arcos são importantes na cultura Na'vi; depois de completar o ritual de iniciação *Iknimaya*, um jovem caçador Na'vi tem permissão de fazer um arco a partir de um galho da Árvore Lar, o imponente lar natural do clã Omaticaya.

Por trás do que vemos na tela há um universo totalmente consistente, embora imaginário. Não chegamos sequer a ver boa parte de seus detalhes, mas esse embasamento confere credibilidade tanto à proposta do filme quanto a seu valor cultural. Minha própria carreira foi construída (em grande parte) sobre o que se costuma chamar de ficção científica *hard*, isto é, ficção científica que tenta se manter fiel às leis científicas como as conhecemos, com extrapolações coerentes e consistentes. O mais atraente na boa ficção científica *hard* é que ela permite explorar o significado de nossa própria humanidade no contexto do universo descortinado por nosso conhecimento científico sempre em expansão. E este é exatamente o caso de *Avatar*.

Assim como quando Jake pondera sobre as flechas, e como a Dra. Grace Augustine em sua busca interminável por amostras, neste livro, seremos exploradores de campo por trás da ciência do universo fictício de *Avatar*. Nosso ponto de partida será, sobretudo, o que aparece na tela, mas mergulharemos no rico universo que James Cameron e sua equipe desenvolveram por trás das câmeras. Em alguns momentos, vou especular sobre alguma característica do universo de Avatar sem dar uma resposta definitiva. No momento em que escrevo, só o primeiro filme foi lançado; estão planejando duas sequências e romances baseados nos filmes, e com eles aprenderemos muito mais sobre os mundos de *Avatar*...

Este é um livro sobre ciência, mas precisamos sempre nos lembrar de que estamos tratando de um filme, uma obra de ficção. James Cameron escreveu um primeiro esboço do filme em 1995, mas sua concepção dos Na'vi, por exemplo, data de pinturas que fez nos anos 1970. O desenvolvimento do universo de *Avatar* foi um diálogo entre suas concepções iniciais e o trabalho de artistas, *designers* e consultores, que foram encorajados a usar o conhecimento científico e imagens do mundo real para dar corpo a um universo consistente e crível. Porém, o tempo todo, as necessidades da plateia foram levadas em conta. Cameron solicitou aos criadores que "encontrassem a metáfora" para cada elemento do filme. Assim, a "metáfora" das *banshees*[2] é, em última análise, o conceito de uma ave de rapina.

Cada elemento que vemos na tela está ali, sobretudo, por um propósito narrativo, ou para fornecer uma imagem impactante; *Avatar* está repleto de força narrativa e imagens suntuosas. Se o filme não funcionasse em termos de narrativa e imagens, nem toda a ciência do mundo o salvaria. Assim sendo, à medida que exploramos o universo do filme, sempre daremos aos autores uma "licença poética". Eles criaram um mundo que dá uma *sensação* alienígena, mas com suficientes pontos familiares para que o espectador não passe o tempo perdido em estranhamento. Assim, o rosto de um Na'vi tem características levemente felinas, ou leoninas, elementos familiares usados para dar uma sensação de estranheza.

Por sinal, sem dúvida alguma, haverá partes em que você discordará totalmente de minhas interpretações e conclusões. Também isso faz parte da boa ciência.

Se você está lendo este livro, suponho que conhece o filme e que tem interesse por ciência, mas não posso afirmar que tenha conhecimento prévio dos tópicos científicos abordados. Se estiver interessado em se aprofundar neles, há uma lista de referências adicionais no final do livro, incluindo fontes que detalharam muito mais os elementos do filme; aqui, é dada ênfase ao contexto científico. Seguiremos a lógica da trama do filme, mas acredito que você pode iniciar a leitura em qualquer ponto pelo qual se interesse particularmente.

*Avatar* é, entre outras coisas, a história de uma jornada. Jake Sully viaja da Terra para as estrelas. Em Pandora, ao lutar para salvar os Na'vi, ele descobre sua plena humanidade. E finalmente se aventura além da própria humanidade. Nossa jornada seguirá a de Jake. E começará onde a dele começa: na Terra, em meados do século XXII...

---

[2] Figura da mitologia irlandesa: seres em forma de mulher que soltavam gritos lancinantes, lembrando os de certas corujas, quando havia alguém prestes a morrer. [N. T.]

# PARTE UM

# TERRA

"Veja o mundo de onde viemos: lá não há verde. Eles mataram a própria mãe natureza..."

– *Jake Sully*

# 1
## O APOCALIPSE VERDE

No filme *Avatar*, vemos muito pouco da Terra. Há apenas breves cenas de Jake com o corpo de seu irmão gêmeo, Tommy. Mas o que é dito sobre o planeta pinta um quadro sombrio. Como Jake diz a Eywa, a deusa da floresta de Pandora, não existe mais natureza.

Há um pouco mais de detalhe nas cenas excluídas no projeto do roteiro de James Cameron (datado de 2007 e disponível *on-line*): "Jake olha para cima, para os limites da cidade. Trens Maglev passam a toda velocidade acima de sua cabeça em trilhos suspensos, em contraste com um céu repleto de publicidade extravagante... A maioria das pessoas usa máscaras com filtro para se proteger do ar tóxico... Uma torrente de almas anônimas e solitárias em marcha".

É evidente que a Terra de Jake é um mundo onde os problemas que hoje enfrentamos chegaram ao extremo, um mundo superpovoado e superdesenvolvido, de recursos exauridos e colapso climático, de poluição e extinções. E é também um mundo de guerra. Miles Quaritch e Jake Sully, quando eram soldados na ativa, lutaram em arenas tão diversas quanto a Nicarágua e a Venezuela, e, no decorrer do filme, vemos muita tecnologia militar em Pandora (veja o Capítulo 20).

Infelizmente este é um futuro bem plausível. E é tudo culpa da agricultura.

✳

Dez mil anos atrás, todos os seres humanos neste planeta viviam de forma muito parecida à dos Na'vi, caçando, pescando e colhendo frutos em meio à imensa natureza selvagem. E havia pouquíssima gente, talvez cerca de 3 mil pessoas em toda a Grã-Bretanha.

No entanto, com o desenvolvimento da agricultura, populações muito maiores começaram a surgir. Os recursos da Terra passaram a ser explorados de forma muito mais intensa, inclusive as riquezas minerais do planeta. Iniciamos esse processo abrindo minas profundas para extrair o melhor sílex, escavando veios de calcário com machados de osso de rena.

Hoje, somos cerca de 7 bilhões de humanos. Estamos chegando aos limites globais de recursos essenciais como petróleo, carvão e até mesmo água doce. Utilizamos aproximadamente um terço da terra do planeta para nossas fazendas e cidades, e consumimos por volta de 40% de sua produtividade biológica, uma quantidade espantosa para uma única espécie.

Estamos cada vez mais cientes do impacto que causamos sobre o planeta. Existe intensa controvérsia sobre o quanto da mudança climática que parecemos estar sofrendo é causado pela ação humana, e não sabemos ao certo se os impactos futuros podem ser evitados caso mudemos nosso comportamento. Creio que seja justo mencionar que alguns cientistas ambientais acreditam que os seres humanos vêm afetando o clima desde a Revolução Industrial, ou até antes; outros permanecem céticos.

Entretanto, se a mudança climática é ou não causada pela interferência humana, suas evidências estão à nossa volta, e notícias alarmantes sobre os sistemas de suporte da vida no planeta, dos quais todos dependemos, se tornaram familiares demais.

Quão ruim é a situação e quanto pode piorar? Não é uma pergunta fácil. A maneira como os elementos do ambiente interagem entre si é pouco compreendida, e é irônico que apenas agora comecemos a entender a biosfera, justamente quando ela está começando a entrar em colapso.

No entanto, em 2009, uma equipe de especialistas em Meio Ambiente e Ciências da Terra, do Instituto Ambiental de Estocolmo, na Suécia, produziu um mapa sistemático dos sistemas naturais de suporte de vida no planeta, para verificar o quanto já os afetamos, e até onde podemos ir antes que nossa própria sobrevivência seja ameaçada. O exercício foi uma avaliação comparativamente imparcial do ponto em que estamos e para onde vamos. A equipe conseguiu definir nove *dimensões*, cada uma delas com um limite estimado de segurança.

A má notícia é que já excedemos o limite de três das nove dimensões. A medida usada pela equipe para a *mudança climática* é o nível de dióxido de carbono na atmosfera. Esse gás importante para o efeito estufa flui naturalmente no ar, mas estamos liberando mais com a queima de combustíveis fósseis. O limite "seguro" estabelecido pelos cientistas é cerca de 25% mais alto que o nível "natural" pré-industrial, mas ultrapassamos essa marca há vinte anos. Nosso impacto sobre a *biodiversidade* é medido pelas taxas de extinção, que excedem bastante a taxa "natural" de controle. Estamos destruindo *habitats*, produzindo espécies exóticas, como ervas daninhas e ratos, gerando poluição e talvez causando mudanças climáticas – ou simplesmente caçando em excesso. Estima-se que um décimo de todas as espécies de aves, um quinto das de mamíferos e um terço das de anfíbios estejam ameaçadas. Sabemos que os ecossistemas dos quais dependemos, comunidades naturais de plantas e animais, necessitam da biodiversidade, mas não sabemos quanta biodiversidade eles podem perder antes de entrarem em colapso, como aconteceu nas grandes extinções do passado, por exemplo, com a queda do asteroide que extinguiu os dinossauros. O *ciclo do nitrogênio* traz um problema identificado há relativamente pouco tempo. O nitrogênio é essencial para todos os seres vivos, mas apenas uma pequena proporção do estoque do planeta (a maior parte da atmosfera se compõe de nitrogênio) está numa forma utilizável. Estamos removendo do ar uma quantidade grande demais (quatro vezes mais) e "fixando-a" por meio da fabricação industrial de fertilizantes, de agricultura ineficiente e outros processos nocivos à biosfera.

A notícia não muito boa é que parecemos estar chegando ao limite em três outras áreas. Estamos usando uma quantidade grande demais das reservas de *água doce* disponíveis no planeta; cerca de um quarto dos rios já não chega aos oceanos em pelo menos parte do ano. Estamos destinando um excesso de *terras* para uso humano, como plantações e desenvolvimento urbano, e, como resultado, vamos perdendo os "serviços ecossistêmicos" produzidos por florestas, pradarias e áreas úmidas, como renovação do ar e estabilização do solo. O *aumento da acidez dos oceanos* é outro problema que só recentemente identificamos; a acidez acaba matando organismos como os corais, e um oceano menos fértil é menos capaz de absorver dióxido de carbono do ar.

Em outras duas áreas, o conhecimento é fragmentado demais até para estabelecer limites: a *carga de aerossóis*, a liberação de fuligem, sulfatos e outras partículas no ar, em decorrência de processos industriais e queima de vegetação, e a *poluição química*; nesse último quesito, o impacto de alguns poluentes (como o DDT) está controlado, mas o efeito de outros é desconhecido.

Ao menos ainda há tempo para a recuperação em todas as dimensões. E na verdade há boas notícias! A última dimensão é a *redução do ozônio atmosférico*, uma questão ambiental com um final (relativamente) feliz.

Em 1982, cientistas britânicos descobriram uma redução na espessura da camada de ozônio na estratosfera sobre a Antártida. Esta forma reativa de oxigênio protege a superfície da Terra da radiação invisível, mas letal, do sol. O químico Paul Crutzen e outros confirmaram que os culpados eram os CFCs, os compostos de clorofluorcarbono, que eram usados em latas de *spray*, geladeiras e no isopor. Depois de serem liberados na atmosfera, os CFCs eram decompostos pela radiação solar e liberavam cloro livre que reagia com o ozônio, removendo esse isótopo do oxigênio da camada estratosférica onde ele se acumula. A vida na Terra evoluiu sob a proteção da camada de ozônio e não tem nenhuma proteção natural contra os raios ultravioleta do Sol. Se a camada de ozônio tivesse colapsado totalmente, deixando o mundo ser atingido em cheio pela radiação solar, os seres humanos teriam sido vítimas de câncer de pele e catarata, e ecossistemas inteiros seriam danificados.

No entanto, o perigo foi reconhecido a tempo. Em 1987, foi assinado um protocolo banindo o uso de CFCs, a redução do ozônio foi detida, e Crutzen e outros cientistas dividiram um Prêmio Nobel. Pelo menos esse exemplo demonstra que somos capazes de ação coordenada numa escala global para evitar as ameaças que enfrentamos.

Mas, e se falharmos, como parece ser o caso no futuro de *Avatar*? A que ponto a situação pode chegar?

# 2
# ECOCÍDIO

A Terra de Jake Sully é um mundo no qual, segundo ele, não existe verde — onde, devemos deduzir, a ordem natural entrou em total colapso. É possível isso? E poderia a humanidade ao menos sobreviver num mundo assim?

Na medida em que enfrentamos um gargalo de esgotamento de recursos e colapso ambiental, não é difícil imaginar um futuro pavoroso de guerra e de fome, colapso social, doenças e migrações em massa, pontuado por catástrofes climáticas como secas e enchentes, e furacões formando-se nos oceanos em processo de aquecimento. Os países, ou grupos de países, mais ricos podem se tornar blocos fortificados. Como sempre, os mais pobres serão os mais vulneráveis, pois de qualquer maneira já vivem perto do limite de sustentabilidade. Porém nenhum de nós estaria imune.

E as coisas ainda poderiam piorar muito.

A mudança climática poderia deixar de ser gradual. Alguns cientistas acreditam que, se os ciclos naturais do planeta forem levados ao extremo, poderíamos chegar a um *tipping point*, ou "ponto de virada", levando a um desastre muito maior e repentino. Entre os gatilhos desse ponto podem estar a liberação abrupta dos depósitos de metano e dióxido de carbono atualmente presos sob as camadas de permafrost (gelo permanente) ao redor do Oceano Ártico e em outros locais. Gases de efeito estufa em grande volume causariam uma aceleração súbita do aquecimento global.

Outro *tipping point* muito discutido é o possível colapso da corrente oceânica conhecida como Corrente do Golfo, que transporta água (e ar) quente para o Atlântico Norte. Se ela entrasse em colapso, regiões costeiras, incluindo a costa leste dos Estados Unidos, a Grã-Bretanha e a Escandinávia, poderiam sofrer um *resfriamento* gigantesco e súbito. Este cenário foi dramatizado (demais) no filme O *Dia Depois de Amanhã* (2004). E pode ter feito parte do mundo real, desencadeando o episódio *Younger Dryas* por volta de 13 mil anos atrás, no qual o planeta, que saía da última Idade do Gelo, reverteu às condições glaciais por mil anos.

Um relatório encomendado pelo Pentágono em 2003 previa um colapso climático repentino desencadeado por algo parecido ao *Younger Dryas*. A consequência seria uma drástica redução na *capacidade de abastecimento* do planeta, em sua habilidade de nos alimentar a todos. No meio das guerras, das secas e dos enormes movimentos populacionais que se seguiriam, haveria um colapso de estados e federações como a União Europeia, e um colapso da ordem internacional. Era um cenário extremo, mas o trabalho de departamentos de defesa como o Pentágono é imaginar os piores casos e se preparar para eles.

Dentre as previsões mais sombrias, as piores constituem uma leitura desagradável. Nos anos 1970, James Lovelock elaborou a famosa teoria de *Gaia*, nosso mundo visto como uma rede de fluxos de energia e de matéria, "um sistema fisiológico dinâmico que manteve nosso planeta adequado para a vida por mais de 3 bilhões de anos" (e talvez Gaia tenha um paralelo na Eywa de Pandora – veja o Capítulo 29). Agora, afirma Lovelock em seu livro mais recente, A *Vingança de Gaia*, "O mundo está reagindo [...] Os sinos começaram a repicar para marcar nosso final [...] Dos bilhões hoje vivos, somente um punhado sobreviverá".

Há algo que possamos fazer quanto a isso?

✼

Para começar, poderíamos ir além das atividades "verdes" que já existem no mundo moderno: reciclagem, economia de energia, preservar o que resta das áreas naturais.

Talvez pudéssemos resgatar partes ameaçadas da própria biosfera. Já existem mais de mil bancos genéticos mundo afora, guardando milhões de sementes vegetais. Animais estão sendo "armazenados" em forma de amostras de tecido congelado, como no *Frozen Zoo* (Zoológico Congelado) do Zoológico de San Diego, na Califórnia, na esperança de que, se tudo falhar, essas criaturas possam ser revividas como clones algum dia. A Sociedade Zoológica de Londres (Zoological Society of London) está até considerando criar um banco de corais congelados. E alguns cientistas estão pensando em como preservar ecossistemas numa escala mais ampla, talvez paisagens inteiras, de forma a proporcionar à evolução um cenário amplo o suficiente para que possa ter continuidade.

No entanto há possibilidades mais sutis. O ambientalista norte-americano Paul Wapner sustenta que deveríamos abrandar as linhas divisórias entre "nós" e a "natureza". Por exemplo, Wapner sugere que, em vez de construir uma cerca dividindo floresta e cidade, deveríamos criar zonas seletivas de exploração madeireira. As florestas gradualmente se fundem a subúrbios propositalmente favoráveis à vida silvestre, e haveria corredores de migração para a vida selvagem e uma boa extensão de solo não ocupado. Pode não haver áreas realmente naturais, mas os subúrbios teriam mais natureza, e nós seríamos guardiães da vida silvestre à nossa volta. O ecólogo Dickson Despommier tem outra proposta interessante: deveríamos fazer plantações e criar animais em grandes prédios em área urbana, as chamadas *fazendas verticais*. Assim, as áreas rurais poderiam voltar a ser silvestres – e os custos do transporte de alimento seriam cortados de forma drástica.

No entanto, se a situação continuar a se deteriorar, essas iniciativas em pequena escala poderão não ser suficientes. Podemos imaginar esforços frenéticos, numa escala bem maior, para recompor Gaia. Isto é geoengenharia: a reconstrução da Terra.

As soluções de geoengenharia podem ser imensas em escala, mas em geral baseiam-se em dois princípios simples. A Terra intercepta calor do Sol, e um excesso de dióxido de carbono captura esse calor. Então, para reduzir o calor retido, ou se reduz a quantidade de energia solar que o planeta absorve, refletindo-a (*manipulação de albedo*), ou retira-se dióxido de carbono do ar (*sequestro de carbono*).

Um método de sequestro consiste em liquefazer dióxido de carbono atmosférico e bombeá-lo com pressão para dentro de camadas rochosas profundas, ou do fundo do mar. (Foi em estudos de soluções como essas na década de 1970 que o termo "geoengenharia" foi criado.) Isso já está sendo feito, por exemplo, em usinas de gás natural na Noruega. O desafio é não gerar mais calor no processo do que o que se economiza retirando o dióxido de carbono.

Por outro lado, os esquemas mais ambiciosos de manipulação de albedo envolvem a construção de imensos refletores solares no espaço. Em 1929, o visionário teuto-húngaro Hermann Oberth sugeriu usar enormes espelhos orbitais para refletir luz solar para as regiões polares e amenizar a noite ártica. Os russos de fato testaram um espelho espacial de vinte metros em 1993, colocado na órbita terrestre com base na estação espacial Mir. A ideia de usar espelhos espaciais para desviar a luz de uma Terra em sobreaquecimento foi explorada por especialistas norte-americanos em energia. Há procedimentos menos dramáticos, como usar canhões navais para disparar partículas de aerossol na alta atmosfera, e assim filtrar a luz solar. Outras possibilidades foram exploradas na ficção científica. *Forty Signs of Rain* [Quarenta Sinais de Chuva] (de 2004) e suas continuações, de Kim Stanley Robinson, dramatizaram o colapso e o retorno artificial da Corrente do Golfo, e o meu romance *Transcendent* [Transcendente], de 2005, inclui engenheiros que estabilizam os depósitos de metano nos polos.

Muita gente recua instintivamente diante da ideia de manipulações tão drásticas com o planeta. Elas soam como uma arrogância despropositada. Na mitologia, somente os deuses manipulavam o tempo, como as divindades da *Odisseia* de Homero, que criaram tempestades para impulsionar Odisseu através do mar Egeu. E a geoengenharia é uma ciência repleta de incertezas. Como já disse, a hipótese de *Gaia* de Lovelock retrata a Terra como uma teia complexa de processos de retroalimentação interconectados. Enquanto não compreendermos o funcionamento dessa teia, será difícil saber se nossas manipulações irão melhorar ou piorar as coisas. Existe até mesmo o perigo de que soluções de geoengenharia na verdade nos estimulem a prosseguir com os pecados biosféricos, na crença equivocada de que mais tarde seremos capazes de consertar todos os problemas.

Há, porém, muitas discussões sérias sobre geoengenharia. Em 2009, a prestigiosa Royal Society britânica produziu um relatório importante sobre "ciência, governança e incerteza" da geoengenharia, e em 2011 a ideia foi debatida pelo órgão de ciência climática da ONU, o influente Intergovernmental Panel on Climate Change [Painel Intergovernamental sobre Mudanças Climáticas] (IPCC).

Seu otimismo quanto a nossa habilidade em controlar algo como a geoengenharia pode ficar abalado com a leitura das discussões calorosas que se desenrolam em fóruns públicos sobre mudança climática, mas pelo menos estamos discutindo o problema. Pode até ser que as discussões sejam um indício de uma consciência global que esteja surgindo (lentamente), de que bem ou mal estamos a caminho de nos tornar uma civilização planetária madura. É certo que, se a situação se deteriorar, podemos chegar ao ponto de não haver escolha a não ser tentar soluções drásticas.

Mas talvez, no fim das contas, se as coisas piorarem demais, um paradigma novo e chocante possa surgir: *deixe morrer*.

Tendo energia e matérias-primas suficientes, imagino que a humanidade, ou uma parte dela, consiga sobreviver até mesmo num mundo com escassas relações ecológicas restantes, ou mesmo nenhuma. Talvez seja semelhante à colonização de um mundo alienígena, com cúpulas sobre as cidades e gigantescos purificadores de ar, e fábricas de comida produzindo cianobactérias processadas. A tremenda energia antes empregada em esforços malsucedidos de geoengenharia passaria a ser usada em sistemas artificiais de suporte de vida no planeta todo.

Eu não subestimaria o que seria necessário para substituir os *serviços* ambientais perdidos com as teias ecológicas. Tomemos como exemplo uma mera árvore — a árvore, fundamental para a cultura e o modo de vida Na'vi. As árvores evitam a erosão do solo, fornecem um ecossistema abrigado dentro da folhagem e, sob ela, ajudam a manter a atmosfera liberando oxigênio e reduzindo o dióxido de carbono; produzem de maçãs a borracha; e depois de morrerem proporcionam um material de construção de notável flexibilidade, a madeira. Estima-se que haja em torno de 400 *bilhões* desses serviçais gigantes em nosso planeta (veja o Capítulo 29). Teríamos de gastar muito dinheiro para construir equivalentes mecânicos para todas essas funções. (E, se conseguíssemos, talvez as últimas árvores acabassem em museus, como na canção Big Yellow Taxi de Joni Mitchell.)

Como seria viver num mundo assim? As breves cenas de *Avatar* dão uma ideia. Planetas urbanizados por completo existem na ficção científica, como no romance de Isaac Asimov, *Caça aos Robôs* (1954), que retrata um mundo claustrofóbico de corredores com paredes metálicas. E temos ainda a visão deprimente de uma Terra morta no romance de Cormac McCarthy A *Estrada*.

Imagino um mundo de minas gigantescas e enormes motores, de ar poluído irrespirável e de oceanos mortos, onde cada gole de água e todo ar respirável tem de passar primeiro por um filtro. (Talvez os exopacks usados em Pandora sejam baseados em tecnologia desenvolvida para sobreviver na Terra.) Imagino um mundo ainda repleto de guerras pelos recursos naturais remanescentes, exatamente como em *Avatar*. Imagino um mundo de controle e vigilância intensos, mediados pelas superpoderosas mentes artificiais do futuro (ver o Capítulo 19). Imagino um planeta semelhante a uma imensa favela, onde as dificuldades dos pobres e dos vulneráveis seriam terríveis.

E sentiríamos uma saudade tremenda da Mãe Terra. Já nos encontramos desconectados da teia ecológica que propiciou nosso desenvolvimento, e não conseguimos nos encaixar no mundo a nossa volta. Nosso cérebro ainda está programado para evitar predadores há muito extintos, razão pela qual os aborrecimentos do dia a dia nos inundam de adrenalina, como se fossem ameaças mortais. É o *princípio do antilocapra*. O *antilocapra* é um mamífero da América do Norte, semelhante a um antílope, que corre a uma velocidade espantosa, uma habilidade hoje inútil que evoluiu para que ele pudesse escapar dos predadores já extintos que costumavam caçá-lo. Sentiríamos uma infelicidade terrível em uma Terra morta, e talvez nem sequer pudéssemos entender o motivo.

Para o bem ou para o mal, porém, parece ser em um mundo assim que Jake Sully nasceu – e uma demonstração do que teríamos perdido está representada na primeira reação maravilhada de Jake com o mundo vivo de Pandora. Porém nosso mundo não é assim, ainda.

# 3
# OS VERDES BROTOS DA ESPERANÇA

Temos sempre que nos lembrar de que *Avatar* é um filme; o que aparece na tela está lá, sobretudo, para servir a um propósito narrativo. *Avatar* é um filme sobre o despertar da esperança, desde que Jake Sully emerge do sono criogênico (animação suspensa), na órbita ao redor de um novo mundo, até a última imagem do filme, quando ele desperta como Na'vi, totalmente ligado a seu novo mundo. Porém o despertar da esperança é muito mais eficaz para finalidades de narrativa, se é que existe um pesadelo do qual despertar.

Não há nada de novo em panoramas de um futuro sombrio. Minha geração, nascida nos anos 50, cresceu com a Guerra Fria, um impasse aterrorizante que poderia ter desencadeado uma guerra nuclear em larga escala, um futuro finalizado numa barreira de luz ofuscante. A cultura ocidental tem uma expectativa bem enraizada do apocalipse iminente, que parece datar ao menos do livro bíblico do Apocalipse. Estamos sempre temendo o pior; só que o pior que podemos imaginar muda com o passar do tempo.

Talvez o pensamento apocalíptico tenha seu valor, em certas circunstâncias. Talvez nosso pessimismo habitual com relação ao futuro seja um tipo de memória atávica, um instinto ancestral nos alertando de que não devemos nos acomodar, que nos faz esperar mudanças drásticas no futuro, como as que enfrentamos no passado (as Eras Glaciais, por exemplo). Nada disso minimiza a ameaça real representada por problemas como a mudança climática. No entanto, reconhecer o hábito de pensamento apocalíptico oferece uma perspectiva mais clara sobre nossas esperanças e nossos medos.

E, quanto ao futuro próximo, talvez ainda tenhamos tempo de evitar o apocalipse verde.

Duvido que possamos de fato matar nossa "mãe". Tenho a sorte de poder viver em uma comunidade rural no norte da Inglaterra. Enquanto escrevo, olho pela janela e vejo "natureza": colinas, um rio, bosques, campos. Porém na verdade quase tudo o que vejo, com exceção da forma básica da paisagem, é artificial, tendo ganhado essa forma graças à intervenção humana, e quase tudo tem menos de dois séculos de idade. O verde que vejo é, na maior parte, formado de plantações, ou de capim para as ovelhas, ou dos pinheiros das florestas remanejadas. Entretanto os animais selvagens persistem, às margens, nas cercas vivas, debaixo da terra, no litoral, nos vales dos rios, no céu.

A mesma coisa acontece também no coração das maiores cidades. A cidade de Pripyat foi construída para abrigar trabalhadores da usina nuclear de Chernobyl, e foi abandonada após o desastre. Depois de pouco mais de duas décadas, suas áreas abertas estavam verdes, e as pedras de calçamento estavam tão fragmentadas e erguidas por raízes de árvores que parecia ter havido um terremoto.

Gaia tem se mostrado bastante resiliente em relação aos megadesastres, como o impacto de asteroides que liquidou os dinossauros há 65 milhões de anos. A origem de todas as ocorrências referentes a extinções, a catástrofe do fim do Permiano, que talvez tenha sido desencadeada por erupções na Sibéria há 250 milhões de anos, quase exterminou totalmente a vida multicelular na Terra. Porém a vida, embora quase tenha sido dizimada, sobreviveu ao final do Permiano, e a grande história de recuperação e evolução recomeçou.

Comparados com esses festivais de horror, nossos débeis esforços de ecocídio não são lá grande coisa. Por exemplo, mal tocamos as antigas e resistentes formas de vida que possivelmente vivem na *biosfera profunda e quente*, dentro de rochas quilômetros abaixo de nossos pés (veja o Capítulo 22). Mesmo que destruíssemos o solo e irradiássemos os oceanos, esses antigos sobreviventes, algum dia, emergiriam para recomeçar a história da vida. Não deixa de ser um conforto saber que, se desaparecêssemos amanhã, a natureza se recuperaria e retomaria o mundo com admirável rapidez.

Não há dúvida de que enfrentamos um futuro próximo complexo e cheio de desafios. Porém, como mostra o exemplo da recuperação da camada de ozônio (veja o Capítulo 1), somos capazes de enfrentar os problemas numa escala global, e de resolvê-los. Acredito que sobreviveremos ao apocalipse verde — mais humildes e talvez mudados —, e quando os atuais jovens forem velhos, seus filhos terão encontrado fontes de preocupação completamente novas.

No entanto podemos precisar de recursos de outros mundos para salvar o nosso.

## PARTE DOIS

# RDA

"Matar os nativos pega mal, mas tem algo que os acionistas detestam mais do que publicidade negativa: um relatório trimestral de lucros ruim."

— *Parker Selfridge*

# 4
## MUNDOS DE SONHO

A Resources Development Administration (RDA) [Administração de Desenvolvimento de Recursos] é uma organização bem impressionante, a julgar pelo que vemos em *Avatar*.

Vejamos suas atribuições. Ela organiza missões interestelares de escala gigantesca, transportando e construindo imensas infraestruturas industriais e militares. Explora os minérios de mundos alienígenas. Promove guerra contra os nativos. Traz recursos de volta à Terra — e, ao fazê-lo, gera lucro.

A RDA surgiu por causa da descoberta de unobtanium em Pandora. Depois que telescópios no sistema solar descobriram planetas orbitando o sistema estelar mais próximo do nosso, Alpha Centauri (veja o Capítulo 13), com Pandora em especial demonstrando sinais de vida tentadores e estranhos efeitos magnéticos, duas naves não tripuladas foram enviadas para lá, usando o protótipo de tecnologias que um dia viriam a impulsionar a *Venture Star* (veja a Parte Três). Ao chegar a Pandora, aterrissadores enviaram imagens das massas de rochas flutuantes que se tornariam conhecidas como Montanhas Aleluia e coletaram amostras de um "mineral não identificado" (mais tarde denominado *unobtanium*), que parecia estar envolvido na estranha física exótica que mantinha essas montanhas flutuando (veja os Capítulos 15 e 16).

O potencial para desenvolvimento industrial, e lucros gigantescos, tornou-se óbvio de imediato. Empresas e governos formaram muito depressa a Administração de Desenvolvimento de Recursos (RDA), um consórcio internacional semigovernamental, para administrar o desenvolvimento de recursos de Pandora.

A RDA deveria ter total controle das operações em Pandora, mas precisa dar satisfações aos acionistas (como bem sabe o administrador Parker Selfridge), é limitada por tratado em suas operações militares — nada de armas de destruição em massa — e é obrigada a trabalhar em Pandora "para o bem de toda a humanidade".

E então um rosto azul foi visto, olhando curioso para dentro de uma das câmeras dos aterrissadores, e as coisas se complicaram...

As habilidades da RDA não teriam surgido do nada. Antes que a humanidade pudesse lançar uma operação de mineração interestelar, governos e corporações teriam desenvolvido operações menores fora da Terra, começando com os mundos de nosso próprio sistema solar, alimentando uma Terra faminta de recursos — e o tempo todo lucrando muito no processo. O interessante nisso é que, embora seja improvável que possamos ver seres humanos chegarem a mundos de outras estrelas durante a nossa vida, talvez possamos ver proto-RDAs explorando os mundos de nosso sistema solar.

E talvez a exploração comece com outro pequeno passo na vizinha mais próxima da humanidade, a Lua. Um pequeno passo, seguido pelo som de uma broca na poeira lunar.

Certa vez, conheci um homem que, como Jake Sully, viajou pelo espaço para outro mundo. Ele percorreu apenas um segundo-luz, e não quatro anos-luz. A viagem levou três dias, e não seis anos. Não precisou de animação suspensa, embora na viagem de regresso, exausto, tenha dormido muito. Entretanto, como Jake, ele também caminhou num mundo de baixa gravidade. Ele se chama Charles Duke, e viajou para a Lua em 1972, a bordo da Apollo 16.

Entrevistei Duke durante um almoço num hotel em Bond Street, Londres. Ele me contou de que forma manejar o módulo lunar da Apollo o fez se lembrar dos aviões de caça que pilotou na fase anterior de sua carreira: "Era como ser um piloto de acrobacias. Ah, emocionante...". As caminhadas lunares de baixa gravidade de Duke na verdade eram típicas de nossa experiência no espaço em um futuro próximo. Fora os quatro gigantes gasosos, a Terra é o maior planeta em nosso sistema solar; em qualquer mundo de nossa família solar onde os humanos possam pousar, encontraremos uma gravidade mais baixa, exatamente como em Pandora.

Durante a viagem de volta, com a espaçonave suspensa entre a Terra e a Lua, Charlie Duke participou de uma caminhada espacial para ajudar a recuperar registros dos instrumentos: "Quando flutuei para fora, a Terra estava do lado direito, provavelmente a duas horas baixa, bem baixa. Podia vê-la além da escotilha, além do Módulo de Serviço. E era só uma lasca muito fina, azul e branca. Então girei nessa direção e bem atrás de mim estava uma Lua cheia enorme, e a sensação foi incrível. E dava para ver Descartes, dava para ver o Mar da Tranquilidade, todas as feições principais, e eu tinha a sensação de que dava para estender a mão e tocá-las. Nenhuma sensação de movimento. O Sol estava acima da minha linha de visão, mas ele é tão brilhante que não se pode olhar para ele. E todo o resto era negro...". Com gestos, ele representou sua espaçonave, suspensa entre a Terra, a Lua e o Sol. Que experiência! Até mesmo uma caminhada na Lua teria características familiares — o chão sob os pés, um céu lá em cima, um horizonte. A caminhada de Duke entre mundos era algo que nenhum ser humano havia realizado antes da Apollo, em toda nossa história evolutiva — e este, para mim, é um dos motivos para continuarmos a enviar humanos ao espaço.

Porém, no exato momento em que Duke vivia sua incrível aventura, o governo Nixon estava tomando a decisão de acabar com as viagens lunares. Nos anos seguintes, os voos espaciais tripulados dos Estados Unidos limitaram-se aos saltos de baixa órbita do ônibus espacial. Poderia ter sido bem diferente: aproveitando os sucessos da Apollo, os norte-americanos poderiam já ter chegado a Marte. Mas não chegaram.

Quarenta anos depois, é fácil esquecer que os humanos um dia andaram na Lua. E é fácil esquecer que os astronautas da Apollo não foram lá "em paz, por toda a humanidade", como afirma a placa no módulo lunar da Apollo 11, ou somente pela ciência, ou mesmo só por prestígio nacional. Exatamente como a RDA em Pandora, eles foram até lá em busca de recursos.

E, hoje, garimpeiros interplanetários em potencial estão outra vez de olho no sistema solar, com um brilho calculista nos olhos.

Antes de 1969, a exploração e a colonização do sistema solar eram dadas como certas, começando com a Lua e continuando em direção a Marte e mais além. Num dos romances favoritos de minha infância, *Alpha Centauri – Or Die!* [Alpha Centauri – Ou Morra!] (1963), de Leigh Brackett, isto é resumido de forma admirável em algumas linhas (Capítulo IV): "Há homens no espaço outra vez... [A mensagem] foi ouvida e repetida. Ela partiu de Marte, passando pela Terra e por Vênus até chegar aos vales de Mercúrio, castigados pelo sol e arrasados pela geada. De Marte, ela partiu, para as colônias lunares de Júpiter e Saturno, para os campos de mineração na noite dos mundos mais além...".

A visão do sistema solar daquela época, que remontava a séculos antes, às observações pioneiras de Galileu com seu telescópio, era de que nosso sistema solar constituía uma família de mundos, a maioria dos quais, senão todos, capazes de abrigar vida. E por que não abrigariam? A Terra é só um planeta a mais; se havia vida *aqui*, deveria haver *em todo canto*.

E as antigas teorias sobre a formação dos planetas ditavam que, quanto mais distante do Sol, mais velho o planeta seria. Portanto acreditava-se que o "jovem" Vênus, envolto em nuvens, era um mundo de oceanos e pântanos, os mares borbulhando como refrigerante pelo excesso de dióxido de carbono, a terra firme provavelmente dominada por monstros semelhantes a dinossauros. E Marte, mais distante da Terra, deveria ser mais velho que ela e abrigar uma civilização avançada e envelhecida – e, sendo mais velho, deveria estar secando. Por volta de 1900, o astrônomo Percival Lowell juntou essas ideias a suas observações telescópicas de Marte, rudimentares e mal definidas, para construir uma das mais belas (e mais equivocadas) teorias da história da ciência. Lowell acreditava que os marcianos estavam trabalhando em escala global para reparar sua própria crise climática, seu próprio ecocídio; haviam construído uma rede global de canais para usar a água derretida das calotas polares na irrigação dos campos que secavam. Lowell acreditou ter visto esses canais pelo telescópio.

Foi esse planeta Marte que inspirou algumas das maiores obras dos primórdios da ficção científica, incluindo *A Guerra dos Mundos* (1897), de H. G. Wells, na qual os marcianos invertem a história de *Avatar* e vêm ao nosso mundo em busca de recursos – inclusive sangue humano! –, e os romances da série *Barsoom*, de Edgar Rice Burroughs, começando com *Uma Princesa de Marte*, que virou série a partir de 1912. Nos livros de Burroughs, John Carter, "um cavalheiro da Virgínia", é transportado para um planeta Marte de guerras tribais e exóticas criaturas de muitas pernas, e encontra uma linda garota humanoide por quem se apaixona, "Dejah Thoris, Princesa de Helium". James Cameron afirma que os trinta anos que passou absorvendo todo tipo de ficção científica alimentou o processo criativo de *Avatar*, e que foi particularmente influenciado por *Barsoom* e pelas aventuras de John Carter, um soldado em Marte.

Por sinal, Burroughs levou em conta a baixa gravidade de Marte. Como os Na'vi, alguns de seus marcianos são mais altos que os humanos, com "4,5 metros de altura". E em Barsoom há imensas máquinas de suporte de vida do tipo que, como especulei no Capítulo 2, sustentariam uma Terra pós-ecocídio: "Todo marciano vermelho aprende desde a mais tenra infância os princípios de fabricação da atmosfera...".

De qualquer modo, era esse sistema solar, repleto de vida e pronto para colonização, que moldava as expectativas dos primeiros exploradores espaciais. Foi um grande choque quando a primeira nave não tripulada passou por Marte em 1964, sobre uma área onde se esperava ver "canais" (embora já não se esperasse que fossem artificiais) — apenas para encontrar *crateras*, como na Lua inóspita.

Havia ainda a própria Lua. Podia ser destituída de vida, mas, antes das missões Apollo, os visionários espaciais acreditavam que abrigaria riquezas ocultas para os futuros colonos humanos — especialmente água. Ainda em 1968, Arthur C. Clarke escreveu em *The Promise of Space* [A Promessa do Espaço]: "A mais valiosa de todas as substâncias — como na Terra, quando escasseia — seria a água [...] [A água] com certeza existe na Lua; a questão é onde, e em que forma". Porém a Apollo trouxe uma profunda decepção. A análise das rochas lunares não revelou o menor indício de água, nem no passado nem agora. Os escuros "mares" lunares mostraram-se feitos de poeira basáltica, não de matéria orgânica do fundo marinho. Para muita gente, até mesmo de dentro do programa espacial, a Apollo, que deveria ser o primeiro degrau para o cosmos, no fim das contas só serviu para provar que não podemos colonizar o espaço.

Sendo assim, os planejadores espaciais deram as costas para os velhos sonhos. Caminhantes lunares como Charles Duke de repente se viram abandonados. E para quem quisesse escrever ficção científica sobre *Barsooms* e outros mundos habitados, o melhor seria situá-los entre as estrelas, como em *Avatar*.

Mas talvez tenhamos sido precipitados. Desde o Projeto Apollo, passamos a suspeitar que os céus, de fato, estão cheios de riquezas, até mesmo a Lua, tão menosprezada. Porém, para alcançá-las, primeiro teremos de deixar a Terra.

# 5

# CAVALGANDO UMA VALQUÍRIA

Sempre foi difícil dar o primeiro passo para fora da Terra, rumo ao espaço. É fácil na Lua, com sua gravidade de um sexto da gravidade terrestre. Charlie Duke e seu companheiro a bordo do minúsculo módulo lunar da Apollo foram capazes de retornar à órbita lunar usando um motor e tanques de combustível que caberiam num *trailer*. Em comparação, para sair do poço gravitacional da Terra, o *stack* (conjunto formado por um tanque externo de combustível e dois foguetes propulsores) do ônibus espacial media mais de cinquenta metros e pesava cerca de duas mil toneladas; a maior parte do peso correspondia ao combustível e ao oxidante para queimar o combustível. De fato, se a gravidade terrestre fosse um pouco mais forte, *nenhum* sistema de foguete à base de combustível químico, como o ônibus espacial, conseguiria sair da Terra. E, não fosse pela pressão das exigências militares que impeliram o desenvolvimento dos foguetes, talvez nunca tivéssemos chegado ao espaço; os primeiros astronautas e cosmonautas entraram em órbita em mísseis balísticos convertidos.

O ônibus espacial funcionou por três décadas, apesar das falhas de projeto que levaram a dois terríveis acidentes. No entanto, agora o programa foi cancelado. Em fevereiro de 2010, o presidente Obama também cortou o financiamento do novo programa da NASA, o "Constellation", que teria substituído o ônibus espacial com um novo elenco de foguetes e naves para transporte humano. Há esperança de que a indústria privada reaja, desenvolvendo um sistema alternativo de lançamento. Está evidente que a intenção de Obama é que o dinheiro poupado com a NASA, que não mais desenvolverá seus próprios veículos, ajude a estimular uma nova era de acesso ao espaço. Por hora, porém, parece que os astronautas americanos terão de entrar em órbita de carona em foguetes russos.

Entretanto o espaço é um investimento caro, sobretudo para companhias *startup*.[3] Há um ditado nesse ramo de negócios que diz que é preciso gastar bilhões para lucrar milhões com o espaço sideral. Porém existem pessoas com recursos, e ao que parece com motivação, para tornar realidade as aspirações de infância. Companhias como a SpaceX e a Blue Origin estão numa corrida para desenvolver seus próprios sistemas de lançamento capazes de colocar seres humanos em órbita com segurança. A NASA se tornaria cliente delas, assim como companhias como Virgin Galactic, com seus planos de levar passageiros em voos espaciais curtos. A SpaceX foi criada pelo empresário sul-africano Elon Musk (um dos criadores do Paypal), e a Blue Origin foi fundada por Jeff Bezos, presidente da Amazon – dinheiro novo servindo para alavancar velhos sonhos.

No entanto o dinheiro pode ser novo, mas muitos dos fundamentos técnicos são meio conservadores: cápsulas lançadas a bordo de foguetes químicos, iguais ao Apollo. Mesmo o ônibus espacial tinha partes que eram descartadas, como o tanque de combustível externo, ou que tinham de ser pescadas do fundo do mar e reconstruídas, como os foguetes propulsores de combustível sólido.

Não precisamos de outro sistema de foguetes descartáveis. Precisamos é de um verdadeiro avião espacial. O que precisamos mesmo é do Veículo Transatmosférico Valquíria, de *Avatar*.

O ônibus espacial era colocado em órbita com o auxílio de foguetes, mas depois só podia planar de volta ao solo, sem propulsão própria. Um verdadeiro avião espacial seria capaz de decolar de uma pista por conta própria, como um avião convencional, entrar em órbita e depois voltar ao solo. (No jargão da indústria, isso é chamado de SSTO – Single Stage To Orbit ou, em português, veículos de um estágio.)

É um velho sonho. Antes de o Projeto Apollo ser desenvolvido, a força aérea dos Estados Unidos (USAF) sonhava com naves espaciais com asas. Testa-

---

3 Companhias, em geral novas, voltadas para o desenvolvimento de projetos promissores, com grande potencial de lucro futuro. [N. T.]

ram o famoso avião foguete X-15 e patrocinaram pesquisas extensas em *corpos sustentantes*,[4] capazes de voo muito rápido. Parte dessas pesquisas foi incorporada ao programa do ônibus espacial, e hoje a USAF está testando um modelo em escala reduzida do avião espacial conhecido como X-37B.

Há tecnologias à vista cujo desenvolvimento poderia resultar em um verdadeiro veículo SSTO. Uma tecnologia promissora é o motor *scramjet*: um motor *ramjet* a combustão supersônico que permitiria aos aviões atingir velocidades altíssimas dentro da atmosfera. Um motor *ramjet* convencional suga o ar para obter o oxigênio necessário à queima de seu combustível, mas o fluxo de ar dentro do reator é subsônico (abaixo da velocidade do som), de forma que, se o veículo estiver viajando acima da velocidade do som, a velocidade do ar entrando deve ser reduzida, criando arrasto. Porém, num *scramjet*, o fluxo de ar que passa através do próprio motor pode ser supersônico. Isso permite ao avião atingir velocidades muito maiores.

Até o momento, o avião mais veloz que utiliza o ar é o X-43A da NASA, que atingiu Mach 9,8 (isto é, 9,8 vezes a velocidade do som) usando tecnologia de *scramjet*. A grande vantagem é na economia de peso. Ao contrário de um foguete como o ônibus espacial, um *scramjet* praticamente não precisaria carregar oxidante para queimar o combustível, extraindo-o todo do ar.

É assim que o Valquíria voa. Quatro vezes maior que o ônibus espacial, com placas cerâmicas pretas resistentes ao calor e isolamento branco que lembra o casco externo do ônibus espacial, o Valquíria regressa da órbita usando como freio a fricção atmosférica, da mesma forma que o ônibus, e plana a maior parte do caminho de volta. Porém, ao voltar à órbita, ele usa reatores turbojato à base de ar na decolagem, e passa para um modo *scramjet* ao atingir três vezes a velocidade do som. Tem motores de foguete para o impulso final até a órbita. Tudo isso impulsionado por um motor de fusão.

Um projeto intermediário com algum potencial é o Skylon, que está sendo desenvolvido por uma companhia chamada Reaction Engines Ltd., sediada em Bristol, na Grã-Bretanha. O motor do Skylon funciona como um jato convencional com até cinco vezes a velocidade do som a uma altitude de 26 quilôme-

---

4 Um *corpo sustentante* é uma aeronave sem asas, cuja própria fuselagem produz sustentação. [N. T.]

tros, quando as entradas de ar se fecham e o motor passa a usar um suprimento interno de oxigênio líquido, funcionando como um foguete para concluir a subida até a órbita. Em fevereiro de 2009, a European Space Agency (ESA) [Agência Espacial Europeia] anunciou que estava financiando o desenvolvimento dos motores com um milhão de euros.

Quando as novas naves particulares começarem a voar, talvez estejamos às portas de um novo *boom* dos transportes, como foi a expansão das redes ferroviárias no século XIX. Além de permitirem acesso à órbita, aviões espaciais poderiam ser usados para voos suborbitais, como um voo de duas horas de Nova York a Sydney.

E, suponho, outras aplicações poderiam ser militares, como em *Avatar*. Veículos da classe Valquíria, atuando como C-130s suborbitais, poderiam desembarcar tropas e equipamentos em zonas de guerra em qualquer lugar do mundo, em questão de horas.

Mas mesmo que comecemos a voar para o espaço a preços razoáveis... e daí? Se você fosse um minerador espacial principiante, um proto-RDA, o que iria explorar? O vácuo? Como vimos, após as missões Apollo, os cientistas acreditavam que mesmo no destino mais próximo, a Lua, o recurso mais básico, a água, estava totalmente escasso.

Entretanto talvez tenham se apressado demais. E, para além da Lua, os céus parecem estar cheios de riquezas.

# 6
## SIGA A ÁGUA

Depois da Apollo, os cientistas espaciais que examinaram as rochas provenientes da Lua achavam que elas não continham o menor traço de água. Concluíram que nosso satélite deveria ser literalmente mais seco que ossos velhos.

Porém essa conclusão vem sendo questionada há tempos. É possível que qualquer evidência de água encontrada pelos primeiros pesquisadores tenha sido descartada por medo de contaminação pela atmosfera terrestre; nenhuma das caixas em que as amostras lunares foram trazidas manteve o vácuo.

O quadro começou a mudar significativamente em 1994, quando se supôs que um satélite conjunto NASA-militares chamado Clementine tivesse detectado traços de água congelada nas sombras de uma cratera polar na Lua. O fato despertou grande esperança, embora mais tarde tivessem surgido dúvidas. Em 1999, outra sonda da NASA, chamada Lunar Prospector, chocou-se de propósito contra uma cratera do polo sul lunar, na esperança de levantar uma nuvem de poeira com traços de água, mas de novo os resultados não foram conclusivos.

Hoje, no entanto, graças às descobertas realizadas pela nave indiana Chandrayaan-1, em 2009, pelo Orbitador de Reconhecimento Lunar e pelo Satélite de Detecção e Observação de Crateras Lunares, ambos da NASA, acreditamos que possa haver *três* fontes de água na Lua. As sombras das crateras polares, em eterna escuridão, poderiam atuar como *cold traps* (armadilhas frias). Pode haver quantidades residuais de água em vidros vulcânicos. E, por último, pode haver água espalhada sobre a superfície da Lua — apenas traços, um orvalho muito tênue sobre o regolito (o solo lunar), trazido por impactos de cometa depois da formação da Lua.

A água seria imensamente valiosa no espaço, muito mais do que o ouro, em consequência do custo de transportar água da Terra. Na Lua, a água sustentaria a vida, e, com o uso da eletrólise (passagem de uma corrente elétrica através dela), a água pode ser decomposta em hidrogênio e oxigênio para fabricar combustível de foguete. A Lua poderia se tornar um posto de abastecimento além da órbita da Terra e ser usada como base de apoio para uma expansão geral sistema solar adentro, exatamente como sonhávamos antes da Apollo.

Outro recurso-chave que pode ser encontrado na Lua é o hélio-3, o isótopo desse elemento leve é muito útil em reatores à fusão. Infelizmente, assim como a água, o hélio-3 está presente como uma fina camada no regolito, onde foi depositado ao longo dos éons pelo vento solar. (No universo de *Avatar*, a RDA de fato mantém uma usina de extração de hélio na Lua.)

A Lua, no entanto, é só o começo de nossa busca por água e outros recursos fora da Terra. E pode nem ser o primeiro lugar onde buscaremos. Em abril de 2010, o Governo Obama definiu uma nova perspectiva, surpreendente e animadora, para o futuro dos voos espaciais tripulados de seu país. O próximo pequeno passo dado por um astronauta norte-americano em outro mundo pode não ser na Lua, ou mesmo em outro destino tradicional, como Marte, mas num asteroide.

No primeiro dia do século XIX, um novo mundo foi descoberto. Menor que qualquer planeta, era um asteroide, hoje chamado de Ceres, o primeiro descoberto e, como se soube depois, o maior de todos, orbitando a imensidão desolada entre Marte e Júpiter. Outros asteroides logo se seguiram: mais de quatrocentos grandes pedaços de rocha e gelo foram achados até o fim do século XIX. Acredita-se que os asteroides sejam resquícios da formação do sistema solar, restos fósseis que nunca se aglomeraram para formar planetas.

Então, em 1898, um novo tipo de asteroide foi descoberto. Batizado de Eros, esta montanha voadora pode penetrar no interior da órbita de Marte e até chegar perigosamente perto da Terra. Hoje conhecemos vários asteroides cuja trajetória se aproxima de nosso planeta. Conhecidos como objetos próximos à Terra (NEOs), a maioria deles tem no máximo alguns quilômetros de extensão. Pode haver até 2 mil NEOs com mais de um quilômetro de comprimento, e talvez 200 mil com mais de cem metros. Cerca de um quinto deles cedo ou tarde vai se chocar com a Terra — e "cedo ou tarde" neste contexto significa num período de bilhões de anos. O famoso impacto de 65 milhões de anos atrás que parece ter causado a extinção dos dinossauros foi causado por um NEO. Atualmente, os NEOs são rastreados por meio de programas conduzidos pela NASA e por outras instituições; um dia talvez sejamos capazes de afastar quaisquer ameaças.

Porém não é a ameaça dos NEOs que nos interessa aqui, mas, sim, sua promessa.

A nova perspectiva de Obama seria enviar astronautas para um NEO. Sabemos que é possível chegar até eles: o asteroide Eros já foi orbitado por uma nave sem tripulantes. E alguns dos NEOs se aproximam tanto da Terra que, surpreendentemente, seria gasto menos combustível para ir a um deles e voltar do que é necessário para a viagem de ida e volta à superfície da Lua. O problema é que demora *muito mais tempo* para chegar a um NEO do que à Lua. De certa forma, é uma vantagem; uma missão a um asteroide poderia servir como treino para futuras missões, mais longas, como para Marte. A operação seria delicada; a gravidade de um asteroide é tão baixa que o "pouso" seria mais parecido com um acoplamento com uma imensa estação espacial natural. Uma vez lá, os astronautas poderiam testar tecnologias para afastar NEOs errantes de uma rota de colisão com a Terra.

E os próprios NEOs podem vir a ser verdadeiros tesouros.

Alguns NEOs são montanhas voadoras de aço natural e metais preciosos, como ouro e platina. A perspectiva de alcançar o que é conhecido como asteroide de Tipo C, cheio de compostos orgânicos, é ainda mais empolgante, porque eles contêm água. Não só isso, mas com a engenharia apropriada também é possível extrair dióxido de carbono, nitrogênio, enxofre, amônia e fosfatos da poeira do asteroide — que são substâncias necessárias para um sistema de suporte de vida ou uma fábrica de combustível de foguete. A poeira do asteroide pode ser usada também para fazer vidro, fibra de vidro, cerâmica e concreto.

Um projeto lógico inicial com o uso de recursos de asteroide seria a construção de uma usina solar na órbita da Terra. Os componentes de alta tecnologia da usina, como instrumentos de orientação, controle, comunicações, conversão de energia e sistemas de transmissão de micro-ondas, seriam montados na Terra. Os componentes pesados de baixa tecnologia, como cabos, vigas, parafusos, suportes, propelentes de manutenção de posição e células solares, seriam fabricados no espaço, a partir de matérias-primas de asteroides. A usina produziria energia segura, limpa e livre de poluição, para ser vendida na Terra.

Não se trata de fantasia. Esquemas para explorar NEOs estão atingindo o âmbito de planos de viabilidade financeira; empresários decididos estão imaginando formas de ter acesso a essas minas no espaço. E, quando chegarmos até elas, recursos e energia começarão a fluir do espaço para a Terra.

Talvez seja desse modo que salvaremos o mundo de um ecocídio ao estilo *Avatar*. Na Parte Um, falamos do gargalo com que nos defrontamos em nosso planeta: um gargalo causado por recursos que se exaurem, e a capacidade cada vez menor do ambiente terrestre de suportar as perturbações que estamos causando para extrair esses recursos. Se a população continuar a crescer — enquanto, ao mesmo tempo, continuamos desejando um padrão de vida melhor para *todos* —, vamos precisar de crescimento econômico, o que significa um aumento no uso de recursos. E talvez recursos espaciais, extraídos sem causar impacto adicional à Terra, nos permitissem atravessar esse gargalo.

Será que o futuro precisa ter a forma desoladora que Jake Sully descreveu para Eywa? Talvez haja um meio de manter a Terra verde sem abrir mão de nossa civilização e dos benefícios que ela traz: usar os recursos do espaço.

E se continuarmos a nos expandir? Para além da Lua, além dos NEOs, que riquezas nos esperam no sistema solar?

Vamos seguir a água. Precisamos de vários ingredientes para viver, mas a água é, de longe, o ingrediente mais fundamental.

Ao que tudo indica, todo o sistema solar de Marte — planetas, asteroides próximos da Terra e tudo mais — só poderia fornecer água suficiente para cerca de 50 bilhões de pessoas. É muito, mas é só seis ou sete vezes o número de pessoas hoje vivas — ou, para colocar de outra maneira, 7 bilhões de pessoas consumindo cada uma sete vezes a quantidade hoje consumida.

Felizmente, há muito mais água no sistema solar externo. Há um número enorme de asteroides no cinturão principal, orbitando entre Marte e Júpiter, talvez 10 bilhões deles com mais de cem metros de diâmetro, e cem bilhões entre dez e cem metros de comprimento. São ricos em água, metais, fosfatos, carbono, nitrogênio, enxofre. Os asteroides do cinturão principal poderiam fornecer cerca de metade da quantidade de água disponível na Terra, expandindo muito as oportunidades de crescimento da humanidade.

No entanto o cinturão principal pode não ser o território mais interessante para a mineração de asteroides. Asteroides tendem a ocorrer em grupo, reunidos pelas ressonâncias orbitais com os planetas. Alguns dos grupos mais significativos são conhecidos como asteroides troianos. Esses não estão situados no cinturão principal, mas na órbita de Júpiter, nos assim chamados pontos de Lagrange, pontos de estabilidade gravitacional. Como resultado, os troianos estão relativamente juntos; em comparação, os asteroides do cinturão principal estão espalhados numa órbita mais ampla do que a de Marte.

E os asteroides troianos são ricos. Acredita-se que a massa de asteroides disponível nos troianos seja várias vezes maior do que a do cinturão principal. E não só isso, como também parecem ser ainda mais ricos em voláteis do que os asteroides tipo-C e os núcleos de cometas. Alguns especialistas acreditam que os troianos podem vir a ser a fonte de recursos mais rica do sistema solar.

Além de explorar os asteroides, mineradores ambiciosos poderiam se instalar nas luas externas dos planetas, algumas das quais são pouco mais do que gigantescas bolas de água por baixo de uma camada de gelo. Uma única lua de gelo tem cerca de quarenta vezes a quantidade de água de todos os oceanos da Terra. Acredita-se que o último planeta a ser descoberto, Plutão (embora já não seja considerado um planeta[5]), seja somente mais um dentre uma nuvem inteira de objetos semelhantes, mundinhos gelados e núcleos de cometa maciços, circulando silenciosos na escuridão. A nuvem pode ter uma extensão igual a cem

---

5  Na verdade, desde 2006, Plutão é considerado um planeta anão. [N. T.]

mil vezes a distância da Terra ao Sol — o que representa metade do caminho para Alpha Centauri. Essa nuvem pode ter uma massa comparável a dez vezes a massa de todos os planetas do sistema solar combinados...

Que perspectiva incrível! A água é apenas um dos recursos que nos esperam lá fora. Imagine uma civilização interplanetária, o sistema solar transformado por jovens RDAs numa arena selvagem e competitiva de veículos de mineração gigantes, percorrendo as rotas espaciais e desmantelando luas — um céu cheio de Pandoras.

Mas podemos ter esperança de que, no meio de toda essa atividade febril, encontraremos uma forma de preservar as maravilhas naturais do sistema solar. Incluindo nossa própria Pandora.

# 7
# AS MARAVILHAS DOS MUNDOS

Já enviamos naves não tripuladas para estudar todos os mundos do sistema solar, menos o longínquo Plutão, e pousamos em vários deles, incluindo suas luas. E o que encontramos em todos os lugares que exploramos é maravilhoso — mesmo que nem sempre tenha sido o que esperávamos (embora isso por si só seja uma ótima notícia para um cientista).

Onde poderíamos ir não em busca de recursos, mas pelo puro prazer da exploração?

Mesmo a humilde Lua tem suas maravilhas. Por exemplo, em seu polo norte, numa cratera chamada Peary, há montanhas onde o Sol nunca se põe. Acredita-se que estes *picos de luz eterna* sejam o único lugar no sistema solar onde isso aconteça. Isso ocorre porque o eixo da Lua não está inclinado em relação ao plano de sua órbita (ou ao plano da órbita da Terra) ao redor do Sol, ao contrário da inclinação do eixo terrestre, que é a causa de nossas estações.

Pode ser que Marte não tenha princesas que põem ovos, como nos livros de Burroughs. Porém é um mundo pequeno e estranho, muito diferente da Terra, com montanhas vulcânicas tão altas que se projetam além da atmosfera, e um sistema de cânions que se estende por metade do planeta, e vales que parecem ter sido escavados por fluxos de água. Neste momento, há robôs em ação lá, máquinas construídas por seres humanos que rodam sobre os leitos oceânicos secos. E, suspeitamos cada vez mais, talvez até haja vida. (No universo de *Avatar*, há colônias humanas em Marte.)

Vênus é um mundo apenas um pouco menor que a Terra, mas envolto numa atmosfera que mais parece um oceano, quase toda de dióxido de carbono, uma camada reluzente que faz sumir por completo a superfície de vista. Faz tanto calor lá que, de noite, o solo brilha no escuro. Porém, mesmo que seja inacreditável, apesar das condições (literalmente) infernais, as naves humanas chegaram lá também. Em 1970, os soviéticos conseguiram realizar um pouso com a Venera 7, uma nave tão resistente quanto um traje AMP. Uma proeza muito russa!

Uma das maravilhas mais amplas da era das explorações espaciais é que o sistema solar está se revelando repleto não de Terras, mas ao menos de lugares onde é concebível haver alguma forma de vida. Tomemos, por exemplo, a segunda lua de Júpiter. A Europa está perto o suficiente de seu planeta mãe para que as marés tenham derretido a camada mais profunda de seu manto de gelo de água. Sua crosta de gelo partido lembra muito os blocos de gelo do Oceano Ártico quando está congelado; por baixo da crosta há um mar de profundidade imensa, que talvez chegue até o núcleo rochoso da Lua. E fontes hidrotermais no leito oceânico, negro como a noite, poderiam fornecer nutrientes para alguma forma de vida. Um mundo com um teto.

Um pouco mais além, situa-se um mundo misterioso que pode ser a maior de todas as maravilhas do sistema solar.

O mais longe que qualquer nave terrestre já pousou até hoje foi Titã, a sexta lua do sexto planeta, Saturno, quase dez vezes a distância da Terra ao Sol. Foi uma proeza incrível.

E o mundo que a sonda *Huygens* encontrou é a Pandora do sistema solar.

Titã, a maior lua de Saturno, foi descoberta pelo astrônomo holandês Christianus Huygens em 1655. Para ele, era apenas um ponto luminoso com um brilho laranja opaco. Porém, em 1944, Gerard Kuiper, outro astrônomo holandês, descobriu gás metano lá. Era uma lua com ar! Titã mostrou ter a atmosfera mais densa de qualquer mundo rochoso depois de Vênus. Maior que a nossa Lua, mas com apenas metade do diâmetro da Terra, Titã consegue reter uma espessa camada de ar graças a seu frio extremo.

As primeiras imagens de Titã vistas de perto vieram em 1980 e 1981, quando as sondas *Voyager* 1 e 2 passaram por Saturno. Porém Titã era apenas uma bola de nevoeiro; não conseguimos ver nada de sua superfície. Então, em 2004, veio a sonda espacial *Cassini*, com o módulo *Huygens*, batizado em homenagem ao astrônomo, a tiracolo.

Titã de fato é como Pandora em vários aspectos. Como Pandora, é uma lua de baixa gravidade de um planeta gigante e, superficialmente, muito parecida com a Terra. A *Huygens* pousou no que parecia ser os remanescentes de uma enchente súbita, uma planície cheia de pedras gastas. Em Titã há névoas e nuvens, e chuva que cai devagar; há vales de rios e seus afluentes, formando bacias que deságuam em oceanos atravessados por ondas com centenas de metros de altura. Um oceano chamado de Kraken Mare é do tamanho do Mar Cáspio.

Porém Titã é uma Terra reimaginada com materiais diferentes. Em Titã, o gelo formado pela água desempenha o papel que as rochas de silicatos têm na Terra, e o metano faz o papel da água líquida. As pedras que a *Huygens* viu eram de gelo, não de pedra. O ciclo de metano não é exatamente como o ciclo da água na Terra, de forma que os fenômenos climáticos não são iguais; a evaporação é lenta, mas o ar pode reter uma grande quantidade de vapor. Isso resulta em longos períodos de seca pontuados por intensas tempestades. Pode mesmo haver *criovulcões*, vulcões que cospem água líquida; há evidência de fluxos de lava no passado.

E, como Pandora, Titã está cheio de oportunidades para a vida.

Dessas camadas de nuvens, moléculas orgânicas complexas — a própria matéria que forma a vida — continuamente se precipitam rumo à superfície lá embaixo. São criadas por tempestades elétricas na atmosfera, e pelas reações de luz solar e do magnetismo de Saturno com as camadas superiores de ar. Essas moléculas orgânicas poderiam ser a base para uma vida semelhante à terrestre: vida à base de carbono e água, talvez micro-organismos anaeróbicos (isto é, que não suportam o oxigênio) que se alimentam de metano.

No entanto poderia haver outras formas de vida. Talvez uma espécie mais estranha de forma de vida baseada em carbono, usando amônia como solvente no lugar de água e com metabolismo baseado em ligações carbono-nitrogênio, poderia ser encontrada na matéria expelida pelos criovulcões. Esse é o tipo de vida que poderia habitar os oceanos dos "mundos com teto" como a Europa. A forma de vida mais estranha de todas poderia ser uma comunidade de organismos parecidos com um limo, que usassem compostos de silício como elementos constitutivos básicos, em vez do carbono que usamos; eles poderiam habitar os lagos de etano da superfície, tão frios que favoreceriam as longas, mas frágeis, cadeias moleculares silício-silício das quais essa forma de vida depende. Essas formas de vida também poderiam habitar Tritão, a lua de Netuno, ainda mais fria, onde há lagos de nitrogênio líquido.

Hoje em dia, podemos conceber muitos tipos de vida, e muitos hábitats diversos no sistema solar. Porém Titã é extraordinária, pois pode ser um ponto de intersecção das formas de vida similares às que ocorrem no interior quente do sistema solar com as existentes na periferia gelada. A *Huygens* só proporcionou um vislumbre disso; precisamos ir lá de novo.

Porém Titã, assim como outros corpos do sistema solar, pode ter um valor que vai além do científico — e é o que pode colocá-la em risco. Titã é uma máquina de síntese orgânica natural, situada em pleno sistema solar exterior. Poderia se tornar uma fábrica para futuros colonos, produzindo fibras, plásticos e até comida sintética, elaboradas a partir de carbono, hidrogênio, oxigênio e nitrogênio. No futuro mais distante, pode ser possível exportar os voláteis de Titã para planetas interiores onde não estão presentes; o nitrogênio de Titã, retirado em escala maciça, poderia ser usado para terraformar Marte e torná-lo igual à Terra. Da mesma forma como no passado houve a esperança de que a Lua pudesse ser uma porta de entrada para os planetas, Titã constitui um reservatório vital de recursos na borda do espaço interestelar, e pode algum dia vir a ser uma estação crucial de reabastecimento para naves como a *Venture Star*, em sua rota rumo às estrelas.

No entanto os mundos do sistema solar são, com certeza, mais do que simples jazidas minerais no céu. Já existem propostas para preservar o valor ímpar de outros mundos. O radioastrônomo Claudio Maccone, de Turim, advoga um "círculo antípoda protegido" de silêncio de rádio cobrindo o lado oculto da Lua. Esse é o único lugar no sistema solar permanentemente protegido das estridentes transmissões terrestres, portanto, ideal para a radioastronomia, e que vale a pena preservar como um parque de silêncio.

Pessoalmente, espero que, quando chegarmos a Titã, o tratemos com mais respeito do que a RDA trata Pandora.

Assim, chegamos à margem do sistema solar, depois de encontrarmos muitas maravilhas — mas nenhuma Pandora, de fato, e nada parecido com a Terra. Para encontrar outros mundos como o nosso, teremos de nos aventurar além da família solar.

Mas como chegaremos lá? Seremos capazes de construir uma nave que consiga alcançar as estrelas? Será que algum dia existirá uma *Venture Star*?

## PARTE TRÊS

# **VENTURE STAR**

*"Já chegamos?"*
*– Jake Sully*

# 8
## UMA NAVE EM VIAGEM

O veículo interestelar *Venture Star* é um cargueiro estelar, parte de uma frota de doze naves iguais que fazem a rota regular entre a Terra e Pandora. A frequência das viagens é a razão pela qual o Coronel Quaritch pode oferecer a Jack uma viagem de volta, poucas semanas após sua chegada. Numa viagem típica, a nave carrega duzentas pessoas adormecidas como Jake para Alpha Centauri e centenas de toneladas de unobtanium de volta à Terra. Além de quinze tripulantes, ela conta com uma equipe médica de dez profissionais, acordados no fim da viagem para supervisionar o despertar dos passageiros em sono criogênico.

Se você tem à mão seu DVD de *Avatar*, dê uma olhada nas primeiras cenas em que a *Venture Star* aparece, orbitando Pandora. Com certeza, parece uma obra de engenharia impressionante, e é para ser assim. James Cameron escreveu uma "bíblia", um relatório de dez páginas que descreve o funcionamento da nave, baseando-se no que existe de mais avançado em termos de construção de espaçonaves nos dias de hoje. (Já houve mais estudos de espaçonaves do que você pode imaginar; eu mesmo estou envolvido num estudo chamado Projeto Ícaro, sobre como enviar uma sonda não tripulada para uma estrela vizinha.)

Na parte traseira da nave localiza-se o módulo do motor. O propulsor principal da nave é um foguete impulsionado por aniquilação de matéria e antimatéria — na verdade, hidrogênio e anti-hidrogênio, contidos nas grandes esferas, resfriados por criogenia e armazenados com segurança em garrafas magnéticas. Como veremos, o motor de foguete só é usado na chegada a Pandora. O módulo do motor se situa no final de um longo eixo que leva aos compartimentos da tripulação, que incluem um braço rotatório. Esses componentes, por sua vez, se agrupam atrás de um conjunto de escudos voltados para a frente.

A nave é *grande*, nada menos que 1.500 metros de comprimento. Uma das razões para semelhante tamanho é a necessidade de manter a tripulação longe das radiações perigosas do motor. Não existe hoje em dia nenhuma nave com essas dimensões. Nosso maior artefato espacial é a International Space Station (ISS) [Estação Espacial Internacional], que mede 73 metros de comprimento por cem de largura, incluindo os painéis solares, e pesa mais de trezentas toneladas — uma massa total que é inferior à capacidade de carga da *Venture Star*.

Como uma nave dessas viaja para as estrelas?

A *Venture Star* passa por curtos períodos de aceleração no início e no fim da viagem, e passa a maior parte de seu trajeto em voo de cruzeiro, com os motores desligados. É possível deduzir que a nave está em movimento porque ao redor da espinha dorsal dela se vê o braço rotatório girando; esse é, obviamente, um artefato que proporciona gravidade artificial à meia dúzia de tripulantes em serviço. Do ponto de vista de engenharia, faz sentido; a Apollo voou em velocidade de cruzeiro a maior parte da distância entre a Terra e a Lua, na ida e na volta, queimando a maior parte do combustível do enorme foguete propulsor Saturno V nos primeiros *minutos* da jornada. Durante as fases de aceleração, o frágil braço rotatório fica dobrado contra a espinha da nave.

Quando a *Venture Star* está acelerando, afastando-se do sistema solar, não depende dos motores. Em vez disso, a nave é impulsionada por um feixe de energia proveniente da Terra: a luz de um tremendo *laser* que é captada por uma enorme vela, uma superfície côncava de dezesseis quilômetros de diâmetro, estabilizada por rotação. A nave carrega grandes escudos espelhados que, nessa fase da viagem, protegem os compartimentos habitados do intenso brilho do raio *laser*. Quando a fase de aceleração termina, a vela é recolhida. Tudo isso tem por objetivo minimizar a massa de combustível que a *Venture Star* deve carregar.

A *vela solar* é de fato uma tecnologia de propulsão interestelar cujos princípios subjacentes, incrivelmente, foram demonstrados no final do século XIX, com a previsão teórica da pressão exercida pela luz, do físico escocês James

Robert Maxwell, seguida de uma demonstração experimental do cientista russo Pyotr Lebedev, em 1900. Mais tarde, o físico e escritor de ficção científica norte--americano Robert L. Forward deu grande contribuição ao desenvolvimento da ideia. Em seu romance *Rocheworld*, Forward descreveu uma nave tripulada que é impulsionada pela luz conjunta de mil estações de *laser* que orbitam Mercúrio. Contudo a ideia básica é mais elegante, até mesmo bela: se não se importar com uma viagem de milhares de anos de duração, você pode velejar para as estrelas apenas com a força da luz solar agindo sobre uma imensa e delicada vela.

Propelida pelo feixe de energia, a *Venture Star* apresenta a desconfortável (para a tripulação de serviço) aceleração de uma gravidade e meia, durante 168 dias. Depois disso, assume velocidade de cruzeiro. Jake Sully, que durante a viagem para Alpha Centauri dormiu em sono criogênico, ao despertar, é informado de que a jornada levou cinco anos, nove meses e 22 dias. Com certeza, é um período longo o bastante para justificar o congelamento da maior parte dos passageiros, em vez de ter que dar-lhes água e comida e mantê-los ocupados por todo o trajeto. Um ser humano em atividade consome cerca de duas toneladas de oxigênio, água e comida por ano.

Ainda assim, é uma viagem bem rápida. De acordo com meu venerável *Norton's Star Atlas* [Atlas Celeste Norton], Alpha Centauri dista 4,39 anos-luz do Sol. O termo *ano-luz* pode dar margem a confusão, pois é uma unidade de distância, e não de tempo: é a distância que um raio de luz percorre durante um ano, cerca de 9 trilhões de quilômetros, ou cerca de 60 mil vezes a distância entre a Terra e o Sol. Portanto, um raio de luz levaria quatro anos, quatro meses e por volta de dezenove dias para chegar a Alpha Centauri. Uma estimativa da velocidade exata da nave depende de os cinco anos, nove meses e 22 dias de Jake terem sido medidos na Terra ou a bordo da nave — como veremos, há diferença! Porém logo de cara percebe-se que, para percorrer mais de quatro anos-luz em menos de seis anos, a *Venture Star* precisa viajar a uma fração considerável da velocidade da luz. De fato, sua velocidade de cruzeiro é de 70% da velocidade da luz, e a nave viaja a essa velocidade por cinco anos e dez meses.

Uma velocidade tão alta acarreta de imediato outro perigo: os detritos interestelares. O espaço não é vazio, nem entre as estrelas. Entre o Sol e Alpha Centauri, a densidade média da matéria é de cerca de um átomo de hidrogênio por centímetro cúbico. Pode não parecer muito, e no trajeto de quatro anos-luz percorrido pela *Venture Star* a nave encontrará mais ou menos um grama somente desse material. No entanto, ser atingido por um grama a 70% da velocidade da luz é como ser atingido pelas trezentas toneladas da Estação Espacial Internacional em sua velocidade pela órbita da Terra — *crash*! Por isso, depois do lançamento, a *Venture Star* vira ao contrário, para que durante a viagem os escudos espelhados que protegeram a tripulação do feixe de *laser* fiquem na frente da nave e funcionem como uma proteção de várias camadas contra os detritos.

À medida que se aproxima de Alpha Centauri, a nave desvira e o grande motor antimatéria é finalmente ligado para gerar uma desaceleração de uma gravidade e meia por outros 168 dias. Ao voltar para a Terra, a sequência é invertida, com o motor de antimatéria empurrando a *Venture Star* e a energia projetada da bateria de *laser* desacelerando-a no sistema solar. (Por sinal, muitos projetos propostos para naves espaciais utilizam projetos híbridos como a *Venture Star*, com mais de um sistema de propulsão; as enormes distâncias em questão empurram nossas tecnologias até o limite.)

Quanto tempo a viagem leva? Bem, se você somar todos os períodos que mencionei antes, descobrirá que a duração total da viagem, em uma das direções, incluindo aceleração, cruzeiro e desaceleração, é de cerca de seis anos e nove meses.

Mas espere aí. Jake Sully foi informado de que esteve dormindo por *cinco* anos, nove meses e 22 dias. Há uma discrepância de um ano. Onde está o erro?

O motivo da diferença entre esses números é outro aspecto da tremenda velocidade e das vastas distâncias que nem toda a criatividade do universo poderá eliminar: a relatividade.

# 9
## OS GÊMEOS E O TEMPO

A datação no diário de vídeo de Jake Sully nos informa que sua aventura entre os Na'vi começa em maio de 2154. Porém, se a imagem de Jake fosse transmitida diretamente para a Terra — à velocidade da luz, a mais rápida possível —, levaria quatro anos e quatro meses para chegar; seu registro de maio de 2154 só poderia ser lido em setembro de 2158.

Mesmo nossa vizinha mais próxima, a Lua, está a pouco mais de um segundo-luz da Terra. O atraso de dois segundos no percurso de ida e volta foi perceptível durante as comunicações entre Houston e os astronautas da Apollo. Fez pouca diferença para a Apollo, mas faria muita para a RDA em Pandora. Uma solicitação de ordens do administrador do Portal do Inferno, Parker Selfridge, levaria quatro anos para chegar a seus superiores na Terra, e outros quatro para receber uma resposta. Até que um comunicador mais rápido que a luz seja inventado (veja o Capítulo 11), o colonialismo interestelar será muito semelhante ao dos impérios terrestres antes da invenção do telégrafo e do rádio, quando mensagens de Londres, levadas por terra ou por navio, podiam tardar semanas ou meses para chegar aos postos avançados britânicos na Índia ou na Austrália. (Na verdade, a RDA é bem parecida com a Companhia Britânica das Índias Orientais, usada pela Grã-Bretanha imperial para subjugar a Índia e ter acesso a seus recursos. O governo de Londres lucrava com os impostos, ao mesmo tempo que deixava a iniciativa privada arcar com as dificuldades.) E, assim como nos dias do Império, graças aos atrasos decorrentes da velocidade da luz, os administradores coloniais gozarão de muita autonomia – uma situação que pode acabar muito, muito mal.

As implicações da velocidade da luz e o tempo de trânsito, no entanto, vão muito além de desafios administrativos. Se era 19 de maio de 2154 em Alpha Centauri, qual seria a data na Terra, que afinal está a mais de quatro anos-luz? E, a propósito, qual seria a hora na Lua *neste exato momento?* Se Charlie Duke, que trabalhou nas comunicações em terra em Houston durante a alunagem da Apollo 11, tivesse tentado sincronizar seu relógio com o de Neil Armstrong na Lua, teria havido uma comédia de erros quando o "Já!" de Duke tivesse chegado a Armstrong com um segundo de atraso e o "Já!" de Armstrong voltado à Terra um segundo depois disso.

Imagino que Duke e Armstrong pudessem ter concordado que a hora de Houston seria a "hora-mestra", e que quaisquer medidas feitas por Armstrong e Aldrin na Lua refletiriam isso. Talvez no universo *Avatar* exista algum arranjo administrativo desse tipo, de modo que nas datações do vídeo-registro de Jake uma data como 19 de maio de 2154 *em Pandora* não terá nenhuma ambiguidade para quem quer que a veja, na Terra ou em Pandora. Ajustes parecidos foram feitos no passado. No século XIX, com o advento das estradas de ferro, a necessidade de criar horários com os quais todos pudessem concordar inspirou as primeiras tentativas de criar referências nacionais de horário. Na Grã-Bretanha, por muito tempo, a hora oficial foi chamada de *hora ferroviária*.

Entretanto essas são apenas questões burocráticas. Há um aspecto muito mais importante envolvido. Quando é 19 de maio *de verdade?* Quando aparece no calendário na Terra ou em Pandora? Existe algum referencial universal que possa ser usado? Podemos sincronizar nossas horas locais de acordo com algum relógio cósmico?

Infelizmente (ou por sorte, dependendo do ponto de vista), o universo no qual vivemos é mais estranho do que imaginamos. Albert Einstein provou não só que não há um sistema de referência de tempo universal, mas também que sequer existe uma *velocidade* universal de passagem do tempo. E tudo por causa da relatividade.

A relatividade é um desafio conceitual.

O problema é que efeitos relativísticos dependem da velocidade da luz, que é muito alta (300 mil quilômetros por segundo, no vácuo). Portanto, na escala de curtas distâncias e baixas velocidades em que transcorre a nossa vida, os efeitos da relatividade não têm importância e são pequenos demais para serem notados (mas não para serem medidos por instrumentos sensíveis o suficiente, e é por isso que sabemos que as ideias de Einstein estão corretas). A relatividade não faz parte do nosso universo de "senso comum" do dia a dia. Não evoluímos com ela, portanto é difícil apreendê-la.

A relatividade especial (ou relatividade restrita), contudo, pelo menos não é muito difícil de compreender do ponto de vista matemático. (A relatividade *especial* lida com a mecânica do movimento; a teoria posterior de Einstein de relatividade *geral* lida com a gravidade: espaços curvos, buracos negros e buracos de minhoca.) Afinal, toda a teoria foi concebida, no começo do século XX, por um jovem funcionário de patentes na Suíça com muito pouco para fazer e bastante imaginação, que se perguntou como seria o aspecto do universo se fosse possível viajar junto a um raio de luz...

E Jake, a bordo da *Venture Star*, rasgando o espaço a mais da metade da velocidade da luz, certamente não pode ignorar os efeitos da relatividade.

O princípio básico da relatividade especial tem a ver com a própria velocidade da luz. Imagine que você está viajando num trem a uma velocidade uniforme de cem quilômetros por hora. Eu escolho um transporte mais moderno, como um trem-bala, e num trilho paralelo ultrapasso você a 120 quilômetros por hora. Do seu ponto de vista, você me verá passar à diferença entre nossas velocidades: 120 menos cem, ou seja, você me verá passar a vinte quilômetros por hora.

Isso funciona em nossas escalas do dia a dia, mas não quando a velocidade da luz está envolvida.

Imagine que, em vez de viajar no trem-bala, disparo um raio *laser* ao longo do trilho paralelo a você. Eu mediria a velocidade desse raio como os 300 mil quilômetros por segundo padrão (por ora, vamos ignorar a complexidade de que a velocidade da luz varia em meios diferentes, como o ar). Você, no seu trem, por analogia com o caso do trem que o ultrapassa, deveria medir a velocidade do mesmo raio como 300 mil quilômetros por segundo, menos os seus cem quilômetros por hora. Certo? *Errado*: você mediria *a mesma* velocidade que eu para o raio de luz, mesmo que estejamos nos movendo a velocidades diferentes. Sei que isso vai contra o senso comum, mas, lembre-se, estamos lidando com situações de mundos fora de nossa experiência cotidiana.

A explicação provém da física anterior a Einstein: a teoria do eletromagnetismo proposta na década de 1860 pelo físico James Clerk Maxwell, de Edimburgo, o mesmo que previu que um raio de luz pode exercer uma pressão.

A luz pode ser considerada uma onda eletromagnética, e, dessa forma, todas as suas propriedades, incluindo a velocidade, são previstas pela teoria de Maxwell. Mas eis um enigma. Einstein se manteve fiel a um princípio básico da física: num laboratório movendo-se com velocidade uniforme, portanto, não sofrendo nenhuma aceleração — como o que você poderia montar em seu trem a cem quilômetros por hora —, a realidade deveria obedecer às mesmas leis da física que em qualquer outro laboratório que se mova a uma velocidade uniforme, mesmo esta sendo diferente. Você não poderia *sentir* o movimento, por isso, disse Einstein, ele não deveria fazer diferença para a física.

E é por isso que a velocidade da luz é tão excêntrica, ao contrário de outras velocidades como a de um trem em movimento, ou mesmo a do som. A velocidade da luz é uma constante física, uma parte fundamental da textura do universo, como a carga do elétron. Você pode medi-la como uma proporção de outras grandezas físicas que pode determinar no laboratório. E se dois observadores medirem a velocidade de um mesmo raio de luz, mesmo que eles próprios estejam se movendo a diferentes velocidades, *têm* de obter a mesma resposta.

Então o que acontece quando você tenta medir a velocidade da luz a bordo de um trem em movimento? Se a velocidade é sempre a mesma, então *suas medidas de distância e tempo devem variar*, dependendo da velocidade com que você viaja. É daí que vêm as famosas contração do espaço e dilatação do tempo a altas velocidades. Especificamente, quando vistas da Terra, as réguas de Jake encolhem na direção do movimento da *Venture Star*, e seu relógio se desacelera; *dilatação* significa esticar. Entretanto o próprio Jake não nota, porque seu corpo "encolhe" na mesma proporção e seu relógio interno também se desacelera.

É extraordinário, eu sei. Contudo, se você aceitar a noção básica de que as distâncias e os tempos se ajustam de uma forma que a velocidade da luz sempre seja a mesma, seja qual for sua própria velocidade, então você captou a essência da relatividade especial.

Sendo assim, o que isso significa para Jake na espaçonave?

Imagine que Jake embarca na *Venture Star*, depois de despedir-se de seu irmão gêmeo Tommy. (Sim, eu sei, se Tommy estivesse vivo, Jake não teria ido para Pandora como seu substituto — mas vamos lá, só imagine.)

Quando o despertam, Jake é informado de que esteve em sono criogênico por cinco anos, nove meses e 22 dias. Porém, do ponto de vista de Tommy, na Terra, o tempo de Jake se desacelera e sua distância é comprimida, e, pelo relógio de Tommy, Jake levou seis anos e nove meses para chegar a Alpha Centauri. Se Jake voltar direto para casa, ele chegará vários anos *mais jovem* que seu irmão gêmeo, pois menos tempo terá se passado para ele nas duas etapas da viagem. Incrível! Quando os gêmeos se reencontram, Jake de repente é mais novo que seu irmão. Não é verdade?

Talvez a essa altura você fique meio desconfiado de que há algo estranho nessa história. Esse era o ponto de vista de Tommy. E *Jake*, o que ele vê? Para ele, a Terra, com Tommy a bordo, aparentemente viaja para longe a 70% da velocidade da luz. Do ponto de vista de Jake, não é o relógio de *Tommy* que deveria desacelerar? E, se Jake voltasse, não deveria ser Tommy o mais novo? Isso é conhecido como o *paradoxo dos gêmeos* da relatividade — e foi devido a esse nome que eu quis trazer Tommy de volta dos mortos por um instante.

A solução é que a situação dos gêmeos não é simétrica, graças às fases de aceleração. Jake sofre acelerações que Tommy não sofre. Jake *sente* as fases de aceleração (ou sentiria, se estivesse acordado), e Tommy não. Quando voltasse à Terra, Jake constataria que ele é o gêmeo mais novo — e Tommy concordaria.

Por causa de cálculos assim, Einstein, sonhando acordado em seu escritório de patentes, se deu conta de que não pode haver um relógio universal, ou tempo universal. Todos os relógios no universo estão em movimento, e a maioria desses movimentos será diferente: os cronômetros da *Venture Star* cruzando o abismo estelar, o relógio de Tommy na Terra que orbita o Sol, o relógio de Quaritch na nave de assalto Dragon enquanto sobrevoa Pandora, que por sua vez orbita Polifemo, que por sua vez orbita Alpha Centauri A. Cada um desses relógios mede apenas seu tempo "local", que transcorre de modo diferente do tempo medido por qualquer outro relógio, um tempo que só faz sentido para aqueles que viajam com *aquele* relógio. No universo de Einstein não há um marco absoluto, nenhum tremendo gráfico cósmico com eixos universalmente válidos. Só há *eventos*: pontos no espaço e no tempo. No entanto existe a boa matemática, que nos permite manejar tudo isso. E a relatividade nos ajuda a entender a causalidade. Uma vez que os eventos dispersos só podem ser conectados por efeitos que viajam à velocidade da luz ou menos, a velocidade da luz é o que garante que causa e efeito ocorram na ordem certa.

Se esse tipo de universo é fascinante ou horroroso, é tudo questão de ponto de vista. Porém, de acordo com nossas melhores medições, este é o universo que temos, e teremos que encarar as consequências relativísticas se algum dia construirmos uma espaçonave interestelar que funcione.

Contudo este é um grande *se*.

# 10
# O FOGUETE DEFINITIVO

De certo modo, os seres humanos já lançaram quatro naves interestelares: as sondas não tripuladas dos anos 1970 *Pioneer* e *Voyager*. Lançadas por foguetes de propulsão química, elas escaparam do sistema solar usando a catapulta gravitacional proporcionada pelos planetas gigantes. Nenhuma delas se dirige a Alpha Centauri, mas a *Voyager 2* passará a um ano-luz da estrela Sirius, a nove anos-luz de distância — depois de uma jornada não de cinco ou seis anos, mas de quase 400 *mil* anos.

Nossa tecnologia moderna de foguetes de energia química é certamente deficiente demais para desafiar as enormes distâncias estelares. Como podemos nos aprimorar?

Já falamos de naves interestelares a vela, que são empurradas pela luz. Mas e os foguetes? Até hoje, todas as nossas naves espaciais foram impulsionadas por foguetes. Podemos chegar às estrelas com essa tecnologia?

Isaac Newton compreendeu que para fazer um foguete funcionar é preciso que ele ejete algo atrás de si; e quanto mais rápido, melhor. Isso se aplica tanto a fogos de artifício chineses quanto à *Venture Star*. (Esta é a terceira lei de movimento de Newton.) O aumento de velocidade que se obtém por quilograma de combustível depende da velocidade da substância de escape. O combustível de oxigênio-hidrogênio do ônibus espacial, que é o melhor sistema químico possível, tem uma velocidade de escape de poucos quilômetros por segundo.

Poderíamos ter melhores resultados com outro tipo de nave espacial que talvez pudéssemos construir amanhã mesmo, caso tivéssemos necessidade. É possível que o velho sonho de uma nave estelar possa surgir de nosso pior pesadelo: uma nave propelida por uma série de bombas atômicas detonadas por trás de uma enorme placa impulsora acionada por molas. O Projeto Órion foi conduzido entre 1957 e 1965 pela General Atomic, uma divisão de uma companhia que também construía submarinos nucleares e mísseis balísticos intercontinentais. Foi uma época de sonhos extravagantes inspirados pela nova tecnologia de detonações termonucleares – as energias do Sol trazidas para a Terra. Órion era como colocar um rojão debaixo de uma lata para mandá-la pelos ares: nada elegante, mas eficaz. Uma análise previa que até 1970 seria possível mandar humanos ao menos até Saturno. Mas o crescente repúdio às armas nucleares ao longo da década de 1960 fez com que o conceito do Órion passasse a ser visto com desconfiança. A gota-d'água foi uma apresentação feita ao presidente Kennedy de um modelo de nave de guerra espacial com tecnologia Órion, repleta de mísseis nucleares. Kennedy não gostou nada, e o projeto foi cancelado.

Uma versão mais elaborada da ideia do Órion é uma tecnologia chamada propulsão de pulso nuclear. A ideia foi usada num estudo conceitual chamado *Projeto Dédalo*, realizado pela Sociedade Britânica Interplanetária nos anos 1970. A nave seria impelida por uma série de microexplosões, resultantes da detonação de cápsulas de deutério e hélio-3 por raios *laser*. Nesse tipo de propulsão, o escape poderia atingir mil quilômetros por segundo, talvez centenas de vezes melhor que a tecnologia química.

A velocidade de escape *perfeita* para um foguete seria, no entanto, a velocidade da luz – o limite de velocidade do universo, cerca de cem *mil* vezes a velocidade de escape do ônibus espacial. Com essa velocidade de escape, teríamos o melhor foguete possível.

E isso é o que deve ter chamado a atenção dos engenheiros aeroespaciais da RDA para a antimatéria.

A existência da antimatéria foi prevista em teoria já em 1928, pelo jovem físico Paul Dirac. Dirac buscava um modo de combinar a relatividade especial de Einstein com outra teoria: a mecânica quântica, a teoria de matéria, energia e movimento em escalas muito reduzidas – novíssima em 1928, e ainda hoje capaz de dar um nó no cérebro; por sorte, não precisaremos examiná-la em detalhes neste livro. O resultado da teoria de Dirac previa que, para cada tipo de partícula subatômica, deveria existir uma antipartícula: isto é, uma partícula definida por *números quânticos* cujos sinais estão todos invertidos. Assim, para o elétron de carga negativa há um antielétron, ou pósitron, com carga positiva, e com outras propriedades menos familiares invertidas de forma parecida.

Engenheiros de foguetes, e outros fãs de grandes explosões, logo perceberam que essa *antimatéria* tinha uma atraente propriedade: caso um pedaço dela entrasse em contato com um pedaço de matéria normal do mesmo tamanho, ambos seriam aniquilados completamente, num lampejo de radiação. Essa seria uma fonte de energia de eficiência fantástica, com *toda* a massa do propelente transformada em energia; até mesmo os processos de fusão nuclear que alimentam o Sol e as bombas termonucleares transformam em energia uma pequena porcentagem da massa de combustível. Um único grama de antimatéria poderia produzir mais energia do que todo o conteúdo dos tanques externos de combustível de *mil* ônibus espaciais.

E como o resultado da aniquilação é pura radiação, seria possível carregar esse material em um foguete e de imediato obter o escape ideal, à velocidade da luz.

O primeiro foguete conceitual de antimatéria foi o do engenheiro alemão Eugene Sänger (que, na década de 1930, esboçou um avião-foguete bombardeiro que poderia ter atacado Nova York; por sorte, ele nunca foi construído). Nos anos 1950, Sänger projetou um foguete baseado na aniquilação de pósitrons por elétrons; o *escape* de radiação gama sairia com a velocidade da luz. O problema, porém, era como direcionar esse escape. Nos eventos de aniquilação, os fótons de raios gama se irradiam em todas as direções. Se fossem partículas carregadas, seria possível usar um campo magnético para apontá-las na direção certa, ou seja, saindo da parte de trás do foguete. Mas como os fótons não têm carga elétrica, não há como controlá-los.

Nos anos 1980, Robert L. Forward, famoso pela renovação do conceito da vela solar, imaginou um *design* viável baseado em prótons, partículas fundamentais maciças. Esses prótons aniquilam seus gêmeos antimatéria, os antiprótons, em dois estágios. Primeiro, produzem partículas chamadas píons, algumas das quais têm carga. Os píons logo decaem formando raios gama — mas antes você pode muito bem ejetá-los pela ré do foguete usando um campo magnético. É um foguete *de píons* e não um verdadeiro foguete *fotônico*, mas é o mais perto que já se chegou do ideal.

O motor da *Venture Star* é um avanço nessa direção, dependendo de um sistema híbrido e usando um processo de fusão de deutério junto com a aniquilação de antimatéria.

Quando se lida com antimatéria, sempre surgem problemas práticos de contenção. Se você quiser sobreviver à viagem, a antimatéria deve ser mantida longe de qualquer contato com a matéria, inclusive com as paredes de qualquer tanque de combustível. O único modo conhecido de fazer isso é usando campos magnéticos, talvez com a antimatéria na forma de plasma, isto é, um gás carregado. Provavelmente, o mais famoso uso ficcional da antimatéria como combustível é o da série de tevê *Jornada nas Estrelas*, na qual ela fornece a energia para o campo de dobra mais rápido que a luz. A antimatéria é contida em recipientes especiais; falhas na contenção em geral levam à destruição das naves. No mundo moderno, as *armadilhas de Penning*, usadas para conter a diminuta quantidade de antimatéria produzida em aceleradores de partículas, são minúsculas em comparação ao que seria necessário para impulsionar a *Venture Star*. E duram muito pouco. O máximo de tempo que já se conseguiu aprisionar um punhado de átomos de anti-hidrogênio foi meros mil segundos, cerca de dezesseis minutos.

A bordo da *Venture Star*, o problema foi resolvido com o uso do unobtanium de Pandora, um supercondutor que consegue gerar, em temperatura ambiente, os intensos campos magnéticos necessários para uma contenção eficiente (veja o Capítulo 15).

Porém, uma questão mais importante do que a contenção é: antes de qualquer coisa, de onde virá a antimatéria?

De quanta antimatéria a *Venture Star* precisaria?

Robert Forward fez alguns cálculos para seu sistema de propulsão à base de píons. Calculou que, para uma pequena sonda não tripulada de uma tonelada chegar a Alpha Centauri a um décimo da velocidade da luz, seria necessário um terço de uma tonelada de antimatéria. A *Venture Star* é bem maior que isso e viaja muito mais rápido, e, como você pode imaginar, a carga de combustível aumenta; provavelmente, a antimatéria necessária será da mesma ordem de grandeza que a massa da própria nave — centenas de toneladas, talvez, ou milhares. É por isso que aqueles recipientes esféricos de combustível no módulo do motor da *Venture Star* são tão grandes. Onde a RDA vai encontrar tanta antimatéria?

O problema é que não parece ser fácil achar a antimatéria na natureza. Aqui entramos em questões de física e de cosmologia. As equações de Dirac eram simétricas: previam que o Bigue-bangue deveria ter produzido quantidades iguais de matéria e antimatéria. Se for assim, onde está a antimatéria? Por que não vemos eventos de aniquilação de matéria e antimatéria por todo lado? Até onde podemos ver, o universo observável é basicamente feito só de matéria, salvo pelos vestígios de antimatéria que surgem em eventos naturais de altas energias como explosões de supernovas, que deixam sua assinatura em forma de raios cósmicos.

A resposta parece estar nas sutilezas da física de altas energias e nos detalhes da criação depois do Bigue-bangue. Pode ser que as leis da física não sejam assim *tão* simétricas. O Bigue-bangue produziu um pouco mais de matéria que de antimatéria. Um festival de aniquilação se seguiu, preenchendo o universo com um banho de radiação e eliminando toda a antimatéria e praticamente toda a matéria. O excesso de matéria em relação à antimatéria fora só de um em dez bilhões, mas foi o suficiente para fornecer toda a matéria que constitui as galáxias, estrelas, planetas e você mesmo. Isso é a boa física, embora os detalhes estejam longe de ser conhecidos. No entanto, para um candidato a engenheiro aeroespacial de antimatéria, o que importa é que a natureza é sovina quando se trata de fornecer o combustível.

Poderíamos fabricá-lo? No momento, nossas únicas "fábricas" de antimatéria são os aceleradores de partículas, como o Fermilab em Chicago. A antimatéria produzida fazendo partículas fundamentais se chocarem a uma velocidade próxima da luz dentro dessas máquinas produz cerca de um décimo de milionésimo de grama por ano. (E a um custo de cerca de 100 mil trilhões de dólares o quilo! O que, você terá notado, é um tanto mais caro que o preço para o unobtanium, que Selfridge informa a Grace Augustine que seria de 20 *milhões* por quilo.) Fazer algumas centenas de toneladas a esse ritmo levaria milhões de bilhões de anos, um período que excede a idade do universo por um fator de... Não, melhor nem calcular.

Fica evidente que seria preciso haver uma revolução na obtenção de antimatéria para fazer o esquema funcionar, e talvez isso venha a ocorrer. De fato, a antimatéria tem algumas aplicações práticas hoje em dia, como no sistema de geração de imagens de tomografia de emissão de pósitrons (Positron Emission Tomography — PET) usado pela medicina. Talvez isso promova avanços em sua fabricação e em seu armazenamento. E Robert Forward fez notar que uma fábrica voltada à produção de antimatéria poderia ser bem mais eficiente que os experimentos de física de altas energias nos quais ela é produzida como produto secundário.

Isso é o que foi conseguido no universo de *Avatar*, no qual um tremendo acelerador de partículas situado no lado oculto da Lua produz antimatéria em quantidades suficientes para enviar a *Venture Star* e suas irmãs a Pandora — e esse acelerador gigante foi colocado no lado oculto da Lua exatamente para manter a Terra a salvo das enormes energias envolvidas.

As viagens interestelares são um tremendo desafio. Por ora, podemos dizer que sabemos que, em princípio, a *Venture Star* funcionaria, mas ainda não sabemos como construí-la, e ainda não poderíamos fabricar a antimatéria necessária para abastecê-la. No entanto acreditamos, sim, que poderia um dia vir a existir, e nos levar a Pandora.

E, ainda que Jake Sully durma a viagem inteira, a jornada em si seria uma aventura incrível.

# 11
## ESTRELAS GUIAS

As distâncias interestelares são assombrosas. Em escala, as estrelas são como grãos de areia separados por quilômetros.

Thomas Henderson, o primeiro a medir a verdadeira distância a Alpha Centauri no século XIX (veja o Capítulo 12), ficou tão chocado com o resultado que hesitou em publicá-lo. Os números intimidariam até uma civilização interplanetária; as distâncias entre as estrelas são centenas de milhares de vezes maiores que as distâncias entre os planetas de nosso sistema solar.

É por isso que a viagem da *Venture Star*, mesmo sendo para o sistema estelar mais próximo e a uma fração respeitável da velocidade da luz, leva anos. E é a razão pela qual a jornada em si é um desafio considerável.

Para início de conversa, os cinco anos, nove meses e 22 dias de Jake Sully representam um *longo* voo espacial. O voo espacial mais longo até hoje foi o de Valeri Polyakov, cosmonauta russo que permaneceu na Estação Espacial Mir de janeiro de 1994 a março de 1995, período no qual, circulando a Terra interminavelmente, viajou por volta de 300 milhões de quilômetros, ou cerca de dezessete minutos-luz. É por isso que a tripulação de quinze membros da *Venture Star* se alterna em três turnos despertos de cinco cada, para que ninguém tenha de aguentar a viagem inteira.

E quanto ao suporte da vida? Esteja você na Lua, em Marte ou suspenso entre as estrelas, há sempre o desafio tecnológico de manter pequenos volumes habitáveis por longos períodos, com circuitos fechados de ar, água e outras coisas essenciais. Ainda não sabemos como fazer isso; sistemas pequenos tendem a ser instáveis, como se descobriu no experimento Biosfera II no Arizona, nos Estados Unidos, na década de 1990. Atualmente, são conduzidas "missões" simuladas de longa duração na Terra, como o projeto russo Mars500, em que seis russos, chineses e europeus foram trancados em tanques de aço sem receber novos suprimentos do exterior pelo período que duraria uma missão a Marte no futuro próximo. A "missão" teve características da vida real como atrasos de tempo de comunicações e um "pouso" no qual a tripulação foi dividida em equipes de "superfície" e "de órbita". É possível que, de acordo com a nova visão do presidente Obama (veja o Capítulo 6), logo realizemos missões espaciais verdadeiras para objetos próximos à Terra, as quais poderiam durar centenas de dias longe de nosso planeta.

No dia em que lançarmos a *Venture Star*, certamente teremos solucionado esses problemas. Ainda assim, para sobreviver mais do que cinco anos, mesmo com os passageiros mergulhados em sono criogênico, a tripulação ativa da *Venture Star* terá de administrar seus recursos com quase 100% de eficiência. É uma suprema ironia que, para atingir a sua meta interestelar, os membros da tripulação, cidadãos de uma civilização supremamente perdulária, terão de se tornar mestres em reciclagem.

Também terão de se preocupar com sua própria saúde.

O planejamento da *Venture Star* e de sua missão têm de ser condicionados por fatores humanos. Quanto maior a aceleração durante a fase inicial e quanto mais tempo puder ser mantida, melhor, já que o tempo geral da missão é reduzido. Mas quanta aceleração pode o corpo humano suportar?

Desde a criação de aviões de alto desempenho e da Era Espacial, nossa tolerância às forças G foi estudada por organizações como a NASA e as forças armadas. A maioria das pessoas pode tolerar um ou dois G (gravidade padrão da Terra) por curtos períodos. É o que se experimenta em uma montanha-russa moderada, embora algumas produzam até cinco G por segundo. Ficamos mais vulneráveis a acelerações quando estamos em pé, porque o sangue é drenado do cérebro; dez segundos a cinco G levam à perda de visão periférica e então a desmaios. Caças a jato podem produzir até nove G na vertical, e os pilotos vestem *trajes*-G elásticos para forçar o sangue para o cérebro e manter a consciência. Os pilotos com máxima tolerância são conhecidos no ramo como "Monstros G". Você pode aumentar sua tolerância-G treinando em centrífugas, como o braço rotor giratório da *Venture Star*, embora girando muito mais rápido. O segredo é tensionar as pernas e os músculos abdominais para forçar o sangue para a parte superior do corpo. Você faz força como se estivesse lutando contra uma violenta prisão de ventre.

No entanto parece pouco provável que, sem muita reengenharia, o corpo humano chegue a ter um funcionamento eficiente em campos gravitacionais maiores do que alguns G. Se fosse necessário, você poderia deslocar-se em um exoesqueleto como o traje AMP do Coronel Quaritch, mas é provável que suas funções cognitivas ficassem prejudicadas. Os projetistas da RDA provavelmente permitiram a máxima força G possível nas fases de aceleração. Mas mesmo para aguentar meses na gravidade de um e meio da *Venture Star*, a tripulação deve ter-se preparado com uma longa estada na centrífuga.

Por outro lado, a longa viagem de volta tem seus próprios perigos: não o excesso de gravidade, mas a escassez.

Em Pandora, vemos o Coronel Quaritch se exercitando porque, segundo ele, a baixa gravidade deixa você "molenga". Ele deve ter razão. Sem a gravidade agindo sobre seu corpo, você sofreria o que se conhece como *síndrome de adaptação ao espaço*. Você sofreria efeitos imediatos como uma redistribuição dos fluidos em seu corpo e, no longo prazo, uma redução de músculos que não tenha usado muito, por exemplo, em suas pernas. Há outros efeitos que parecem ser permanentes, como um decréscimo na densidade óssea.

Para compensar, astronautas nas estações espaciais sempre tentaram se exercitar para submeter seus ossos e músculos a um esforço regular. Uma boa forma recreativa de fazer isso, por sinal, pode se dar por meio de esportes de contato como luta livre ou sumô, nos quais você força seu corpo contra o de outra pessoa; posso muito bem ver Quaritch obrigando o pessoal novato a isso, a caminho de Pandora.

A bordo da *Venture Star*, há uma solução mais *high-tech*. A tripulação em serviço dispõe de gravidade artificial durante a viagem graças àquele braço rotatório que gira em torno da espinha da nave.

Com certeza, você teria a sensação de gravidade se ficasse dentro de um dos compartimentos em uma das extremidades do braço. Na Terra, a gravidade do planeta está sempre puxando você para baixo, na direção do centro do planeta; você é impedido de cair pela reação do chão sob seus pés, que exerce uma força contrária sobre você. Dentro do compartimento rotativo da nave, da mesma forma, o chão está empurrando seus pés, e assim dá sensação de uma reação contra a gravidade. Porém, na verdade, o chão está empurrando para manter você se movendo num círculo. Se o compartimento subitamente se dissolvesse e você ficasse livre, sairia voando em linha reta numa tangente ao movimento circular — exatamente como uma das boleadeiras rodopiadas e lançadas por um caçador Na'vi. A gravidade artificial que você experimenta é a que os engenheiros chamam de *força fictícia*: é uma *força centrípeta*, o que significa "que busca o centro".

Como se pode imaginar, quanto mais rápido você for girado pelo braço da nave, maior será a gravidade aparente. E, ainda, quanto mais longo o braço, mais "gravidade" você vai sentir — mas também maior o desafio de engenharia, pois toda aquela massa em rotação teria de ser compensada para impedir a nave de começar a girar na outra direção, por reação.

Quanta gravidade é "suficiente" para o corpo humano? Um sexto da gravidade terrestre, como na Lua? Um terço, como em Marte? Sabemos algo do efeito de períodos prolongados em gravidade zero sobre a fisiologia humana, mas não sabemos nada sobre períodos prolongados em gravidade *parcial*, como você poderia experimentar no módulo giratório da *Venture Star*, ou em mundos de baixa gravidade como a Lua, Marte ou Pandora. Teremos que descobrir isso antes de projetar uma nave como a *Venture Star*.

E ainda há outra força "fictícia" a ser considerada num ambiente giratório, a força de Coriolis. Essa força atua sobre um corpo em movimento para curvar seu movimento na direção contrária ao giro. Isso tem consequências reais para nós aqui na Terra, como o desvio de massas de ar em movimento, formando sistemas frontais. Num ambiente giratório, os efeitos de Coriolis vão interferir com o ouvido interno, causando tontura, náusea e desorientação. Experimentos demonstram que a maioria das pessoas não sente efeitos adversos da força de Coriolis a duas rpm (rotações por minuto) ou menos, mas a sentem a sete rpm ou mais. O braço da *Venture Star* gira a cerca de três rpm – você pode cronometrar isso no filme –, o que parece um meio-termo razoável.

Talvez o corpo humano se mostre mais adaptável ao voo espacial de longa duração do que imaginamos. Uma vez me encontrei com Sergei Krikalev, o cosmonauta que detém o recorde de mais longo tempo acumulado no espaço em missões isoladas, um total espantoso de 803 dias. E devo dizer que ele me pareceu bastante saudável.

A tripulação teria muito trabalho durante a longa viagem. Haveria a manutenção de sistemas básicos; num sistema complexo como o de uma espaçonave, numa jornada tão longa, com certeza, haverá muitas falhas técnicas e surgirão até mesmo situações de falhas múltiplas, quando uma falha agrava outra. Essa é uma das razões pelas quais será preciso ter uma tripulação de serviço, por sua flexibilidade para resolver problemas – maior, é claro, até mesmo do que as habilidades das inteligências artificiais superavançadas do século XXII.

E, na viagem de ida, o trabalho mais essencial que a tripulação ativa terá de realizar será cuidar de sua preciosa carga viva: os corpos de avatares sendo cultivados nos tanques, e Jake Sully e os outros passageiros (humanos) em *sono criogênico*, ou animação suspensa.

A ideia de usar o frio para induzir animação suspensa – para suspender, temporariamente, todas as funções corporais – tem uma longa história. Por exemplo, sempre houve casos de seres humanos que se salvaram de afogamentos por terem entrado em hipotermia, o resfriamento profundo do corpo que induz a uma espécie de sono criogênico natural. Na Antiguidade, o médico pioneiro Hipócrates advogava envolver soldados feridos com neve para mantê-los vivos. Há boa ciência por trás disso. Para cada queda de seis graus na temperatura corporal basal, a taxa metabólica cai 50%.

O frio intenso já é um processo rotineiro na medicina. Algumas operações complexas de coração requerem que o fluxo sanguíneo seja totalmente cortado, enquanto os cirurgiões fazem o trabalho de reparo. Contudo, à temperatura normal do corpo, as células cerebrais só podem sobreviver sem o oxigênio do sangue por cerca de cinco minutos. Depois disso, sobrevêm danos ao cérebro e, por fim, a morte. Pode-se prolongar de modo considerável esse intervalo de sobrevivência resfriando o corpo do paciente, dando aos cirurgiões mais tempo para trabalhar. Essa técnica é conhecida como *parada circulatória hipotérmica profunda*. A animação suspensa tem outras aplicações em potencial, como no caso de pacientes aguardando doação de órgãos — ou, voltando a Hipócrates, para estabilizar soldados criticamente feridos no campo de batalha.

Porém há complicações. As células podem ser danificadas pelo próprio frio: não seria desejável que Jake acordasse com queimaduras por frio. No universo de *Avatar*, os cientistas da RDA encontraram uma forma de usar micro-ondas para "agitar" as moléculas de água nas células e assim impedir a formação de cristais de gelo prejudiciais. No entanto, mesmo sem dano real, os efeitos do resfriamento sobre o corpo são complexos; os seres humanos, afinal, não são animais que hibernam naturalmente. Por exemplo, a velocidade de reações imunes se reduz.

Por ora, a NASA e a ESA não estão financiando pesquisas em animação suspensa, mas ambas parecem estar de olho nos avanços nesse campo.

Um último trabalho para a tripulação da *Venture Star* em serviço, e talvez o mais glamouroso, é a navegação interestelar.

A navegação é a arte de determinar exatamente onde você está e para onde está indo. E, dadas as imensas distâncias envolvidas e graças ao pequeno tamanho relativo do alvo, pode-se imaginar que durante a viagem da *Venture Star* serão necessárias não só a navegação, mas também eventuais correções durante o percurso.

Até certo ponto, a navegação interestelar estará baseada em princípios desenvolvidos na Terra ao longo de milênios, princípios esses que já foram adaptados quando enviamos sondas para além dos outros planetas e enviamos humanos à Lua para pousarem em destinos específicos com uma precisão de metros. Todos nos acostumamos a determinar nossas posições com enorme precisão graças ao sistema GPS por satélites, consultado por meio de *smartphones* e sistemas *sat-nav*. Pode-se imaginar que, quando a *Venture Star* levar Jake Sully a Pandora, talvez já tenha sido estabelecida uma cadeia de sinalizadores interestelares que ajudem naves que passem a determinar sua posição. Receber pulsos de sinalizadores situados na Terra e em Alpha Centauri também poderia ser útil.

Além disso, muitos veículos (e até celulares modernos) estão providos de acelerômetros que detectam movimento; o acompanhamento de sua atividade permite *navegação inercial*, com a qual uma nave calcula sua posição no espaço somente com base em seus sensores internos de movimento. No entanto, sistemas inerciais de navegação tendem a acumular erros.

O sistema de navegação principal da *Venture Star* é de fato o mais antigo de todos: baseado nas estrelas. Muitas naves espaciais não tripuladas têm levado sensores de estrelas exatamente por esta razão: no espaço exterior, cercado por um halo de estrelas brilhantes, é fácil escolher estrelas-alvo por sua luz característica e assim determinar sua posição em três dimensões.

Antes de qualquer missão estelar se concretizar, será preciso adquirir muita experiência em determinar distâncias interestelares, posições de estrelas e velocidades. O trabalho num catálogo de estrelas assim já começou, com as primeiras sondas espaciais dedicadas à *astrometria*. A missão espacial Hipparcos (High Precision Parallax Collecting Satellite – em português, Satélite Coletor de Paralaxes de Alta Precisão) da ESA, realizada de 1989 a 1993, produziu um mapeamento de alta precisão de 100 mil estrelas. O futuro sucessor de Hipparcos, Gaia, a ser lançado pela ESA no final de 2013 na Guiana Francesa, deve catalogar um bilhão de estrelas e fazer um mapeamento 3D da Via Láctea.[6]

Para a *Venture Star* não será suficiente usar as estrelas como marcos fixos, como os navegadores na Terra podem fazer. Da nave, movendo-se entre as estrelas, a tripulação verá as próprias estrelas movendo-se contra o pano de fundo estrelado – embora não muito. A distância até Alpha Centauri, 4,2 anos-luz, ainda é relativamente pequena em comparação com a distância até as mais distantes estrelas visíveis. As estrelas da constelação de Órion, por exemplo, estão espalhadas em meio a um volume de espaço com mil anos-luz de profundidade, e mesmo a mais próxima delas ainda dista quinhentos anos-luz do Sol. Talvez os navegadores interestelares na verdade venham a medir o deslocamento das estrelas próximas contra o fundo para determinar sua posição (aliás, foi assim que Thomas Henderson calculou a distância até Alpha Centauri – veja o Capítulo 12).

---

6 Site consultado: http://sci.esa.int/gaia/51978-europe-bids-gaia-a-safe-journey/ (N. do Ed.)

E, como seria de esperar, como a *Venture Star* estará viajando a uma fração respeitável da velocidade da luz, haverá os efeitos da relatividade para levar em conta.

Com certeza, haverá um *efeito Doppler*, o mesmo fenômeno que faz a altura do som da sirene de um carro de polícia subir quando ele se aproxima e baixar quando se afasta; as ondas sonoras são comprimidas numa direção e esticadas na outra. A matemática para a luz em velocidade relativística é diferente do caso do som, mas o princípio é o mesmo. Numa nave espacial, o efeito Doppler fará com que a luz das estrelas rumo às quais você esteja indo seja desviada para o lado azul do espectro (os comprimentos de onda mais curtos), e que as que você esteja deixando para trás se desviem na direção do vermelho (os comprimentos de onda mais longos), fenômenos conhecidos como desvio para o azul e desvio para o vermelho. Se você se mover rápido o bastante, as estrelas "visíveis" podem ficar invisíveis graças a esse efeito, enquanto as estrelas vermelhas à sua frente, normalmente invisíveis por serem mais apagadas, agora se tornam visíveis pelo desvio para o azul.

E há ainda um efeito chamado *aberração estelar*. A bordo da *Venture Star* você está viajando veloz através de uma tempestade de luz estelar, como se estivesse correndo em meio a gotas de chuva. Da mesma maneira como você sentiria a chuva batendo no seu rosto mesmo se ela estivesse caindo verticalmente, o ângulo aparente da luz estelar é ajustado pelo seu movimento. A 70% da velocidade da luz, uma estrela que estava ao longo de uma linha de visão formando um ângulo de 45 graus com sua direção de movimento pareceria estar a aproximadamente vinte graus. Em essência, as estrelas à sua frente pareceriam estar todas aglomeradas no seu campo de visão.

Do ponto de vista da navegação interestelar, todos esses efeitos podem ser explicados. Mas agora imagine uma paisagem estelar a velocidades interestelares! Você veria todas as estrelas no firmamento comprimidas num disco diante de si, e essas não são as estrelas familiares de nossas constelações, mas, sim, a população muito mais vasta de estrelas mais frias tornadas brilhantes pelo desvio para o azul, dezenas de milhares de estrelas normalmente invisíveis para o olho humano. Às suas costas só existe escuridão, uma esfera parcial da qual toda a luz foi desviada por aberração estelar, todas com exceção de um ponto diretamente atrás...

Espero que a *Venture Star* tenha uma cúpula de observação; a vista seria *fantástica* — embora você talvez se cansasse dela depois dos primeiros cinco anos de viagem.

A viagem para as estrelas precisa mesmo levar tanto tempo?

Se estivermos limitados pela velocidade da luz, então a viagem sempre tomará uma parte significativa da vida de um tripulante (não congelado), mesmo para alcançar as estrelas mais próximas, e boa parte da galáxia estará para sempre além de nosso alcance. *Se estivermos limitados pela velocidade da luz. Mas estamos?* Será que uma velocidade de dobra, como a da *Enterprise* de *Jornada nas Estrelas*, será possível algum dia?

A forma de quebrar a lei da velocidade da luz de Einstein é ler a letra miúda. Você não pode viajar mais rápido que a luz indo *pelo* espaço-tempo... Então, o que você tem a fazer é *dar a volta* no espaço-tempo... ou levá-lo com você.

A ideia do buraco de minhoca no tecido do espaço-tempo, um atalho pelo espaço, tornou-se familiar por intermédio de séries de TV como *Jornada nas Estrelas: Deep Space Nine*. O próprio Einstein (em sua teoria geral da relatividade) nos ensinou que o tecido do espaço-tempo é maleável, formatado pela massa e energia que ele contém. O conceito básico é: em uma dobra muito acentuada do espaço-tempo, dois pontos distantes se aproximam muito, por meio de uma dimensão maior, e são conectados por um túnel curto, o buraco de minhoca. Seria então possível cobrir imensas distâncias *sem* violar a velocidade da luz, usando o atalho do buraco de minhoca. Surpreendentemente, a ideia tem uma base teórica (razoavelmente) sólida. O astrônomo Carl Sagan, querendo usar a ideia em seu romance de ficção científica *Contato*, pediu ao físico Kip Thorne que desse algum conteúdo teórico a ela. (Se há uma área em que ficção científica e ciência se sobrepõem, é a de projetos de espaçonaves.) Thorne descobriu, para sua surpresa, que o conceito fazia sentido.

Outra possibilidade intrigante é o surfe espaçotemporal. Em 1994, o físico Miguel Alcubierre, trabalhando na Universidade de Gales, mostrou que pode ser possível criar ondas de espaço-tempo. Como essas ondas são *feitas* de espaço-

-tempo, elas não viajam *através* do tecido do espaço-tempo, portanto não estão sujeitas à lei da velocidade da luz. Uma espaçonave poderia "surfar" numa onda assim e ser carregada a velocidades arbitrariamente altas. O surfe de Alcubierre teria a vantagem de permitir ir a qualquer lugar que se queira; os buracos de minhoca, em comparação, só conectam dois pontos fixos. O próprio Alcubierre afirmou em seu artigo que isso provavelmente é o mais próximo que chegaremos do *warp drive*, o sistema de propulsão de dobra clássico da ficção científica — e desde a publicação do artigo toda uma geração de pesquisadores vem trabalhando para tentar encontrar formas de fazer a teoria funcionar na prática. (Por sinal, como uma nave mais rápida do que a luz não está presa à armadilha da causalidade da velocidade da luz, tudo o que foi dito no Capítulo 9 sobre relógios e simultaneidade fica *bem* mais complicado. Uma espaçonave dessas pode até se tornar uma máquina do tempo.)

Se algum dia criarmos um motor de dobra, provavelmente será bem depois do século XXII de *Avatar* — mas há uma pequena luz no fim do túnel.

Segundo Albert Einstein, nada, nem mesmo a informação, pode viajar mais rápido que a luz. Porém a RDA tem um canal de comunicação *superlumínica* (mais rápida que a luz), que funciona por "codificação de entrelaçamento quântico de McKinney". Não muito bem, é verdade; a taxa de transferência de *bits* é muito baixa.

Toda a teoria quântica refere-se à informação, em particular à informação necessária para especificar o estado de uma partícula como um elétron: sua carga, seu *spin*, sua velocidade, e por aí vai. Suponha que você tem dois elétrons submetidos a um processo que resulta no compartilhamento de uma propriedade — um *spin*, ou *momentum*. Diz-se que estão *emaranhados*, com os conjuntos de informações que os descrevem para sempre ligados. O entrelaçamento continua a valer, não importa a que distância eles estejam um do outro — mesmo se um elétron ficar na Terra e o outro for levado a Pandora. Se agora você medir a propriedade emaranhada da partícula na Terra, verá que o estado de sua partícula gêmea foi alterado, *instantaneamente*, independentemente da velocidade da luz. Einstein não gostava desse efeito, pois não era grande fã da mecânica quântica, mesmo tendo contribuído muito para seu desenvolvimento, e chamou-o de *fantasmagórica ação à distância*. Ele deve ter sentido algum consolo com a possibilidade de que não seria possível enviar informações úteis por esse canal.

Contudo, no universo de *Avatar*, um físico chamado Albert McKinney encontrou um modo de fazer exatamente isso, explorando outra propriedade quântica chamada "efeito túnel".

Pode ser que, quando de fato chegarmos às estrelas, tenhamos uma teoria física melhor do que a que temos hoje. Como Paul Dirac e outros afirmaram, a relatividade, a ciência do muito grande e do muito rápido, e a mecânica quântica, a ciência do muito pequeno, um dia deverão ser unificadas numa teoria de *gravidade quântica*, da qual naturalmente fluirão as comunicações mais rápidas que a luz, e algo de fato muito parecido a um sistema de dobra espacial.

Porém isso é coisa para um futuro mais distante.

Assim, chegamos ao fim da jornada interestelar da *Venture Star*. O grande motor foi acionado para nos desacelerar. O universo, visto da cúpula de observação, desabrocha como uma flor na primavera.

E, estendendo-se à nossa frente, um grandioso espetáculo: Alpha Centauri. Estamos chegando. Próxima parada: PANDORA!

# PARTE QUATRO

# PANDORA

"Vocês não estão mais no Kansas..."
— *Coronel Miles Quaritch*

# 12
## PRIMEIRA PARADA

A primeira viagem interestelar que faremos provavelmente será, como em *Avatar*, ao vizinho mais próximo de nosso Sol.

Alpha Centauri é um sistema estelar triplo. Duas estrelas principais, conhecidas como A e B, estão ligadas entre si pela gravidade. As gêmeas não orbitam uma ao redor da outra — ambas circulam um centro de massa comum, apenas um ponto no espaço, seguindo trajetórias elípticas. Cada um dos dois sóis centrais é parecido com o nosso Sol, sobretudo A, mas essas estrelas quase gêmeas não estão mais distantes entre si do que os planetas de nosso sistema solar. Alfa B aproxima-se de A mais ou menos a mesma distância que separa Saturno do Sol, embora sua trajetória elíptica a leve até uma distância equivalente à de Plutão.

Imagine estar em um planeta que orbita A, a estrela mais brilhante (como faz Polifemo). Daqui, A se parece com nosso Sol no céu. A companheira, B, é uma estrela brilhante e alaranjada. Mesmo a sua maior distância de A, B é cerca de duzentas vezes mais brilhante que a Lua cheia; quando está mais próxima, é mais de duas *mil* vezes mais brilhante que a Lua. Na verdade, ela aparece como um disco, para um olho nu aguçado o suficiente.

E em algum lugar do céu complexo a sua volta está Próxima Centauri, a terceira estrela no sistema, orbitando o par binário principal a quatrocentas vezes a distância que separa as gêmeas, descrevendo uma órbita que leva meio milhão de anos para completar-se. (Próxima está tão distante que há certa controvérsia quanto a ser de fato parte do sistema Alfa.) Na verdade, Próxima é a estrela mais próxima a nosso Sol, e é por isso que recebeu esse nome. É uma discreta anã vermelha, um componente de menor importância em seu sistema; mas é de grande interesse para os astrônomos, pois é na realidade mais representativa das estrelas da Galáxia do que Alfa A ou B, ou mesmo o Sol – 70% das estrelas são como Próxima.

Você está aqui! Alpha Centauri: a primeira parada para além do reino do Sol.

Sendo o mais próximo sistema estelar, não é de espantar que Alpha Centauri tenha aparecido em muitos estudos de espaçonaves e em representações ficcionais de viagens interestelares. Por exemplo, temos o emocionante *Alpha Centauri – Or Die!* [Alpha Centauri – Ou Morra!] (1963) de Leigh Brackett; *Encounter with Tiber* [Encontro com Tibério] (1996), escrito por Buzz Aldrin – que caminhou na Lua – em parceria com John Barnes; meu próprio *Space* [Espaço] (2000); e *Invasão!* (1985), de Larry Niven e Jerry Pournelle, sobre uma invasão da Terra a partir de Alpha Centauri, o oposto de *Avatar*. *Avatar* parece ser, na verdade, a primeira representação do sistema no cinema, embora tenha sido o alvo dos desafortunados viajantes estelares na série de tevê *Perdidos no Espaço* (1965-1968).

Faz quase dois séculos que sabemos que Alpha Centauri é o sistema estelar mais próximo a nós. Este fato foi determinado em 1832 por um astrônomo escocês chamado Thomas Henderson, que trabalhava em um observatório na África do Sul (Alpha Centauri é invisível no hemisfério norte). Ele usou um método denominado paralaxe. Se você colocar um dedo diante do nariz, bem perto, e então observá-lo primeiro com um olho e depois com o outro, você vai ver que ele parece deslocar-se em relação ao cenário ao fundo. Se souber qual é a distância entre seus olhos e medir o deslocamento aparente, você pode usar um pouco de geometria para calcular a distância do dedo até seu nariz. Foi esse método que Henderson usou numa escala apenas cem mil trilhões de vezes maior. Ele sabia o diâmetro da órbita da Terra ao redor do Sol e, estudando o modo como Alpha Centauri parecia deslocar-se contra o fundo de estrelas mais distantes, à medida que a Terra se movia de um extremo a outro de sua órbita, foi capaz de estabelecer a distância de Alpha. A paralaxe era um método muito empregado à época, tendo sido usado para medir as distâncias do Sol entre os planetas. Porém a distância interestelar que Henderson calculou era tão grande que o fez hesitar quanto à publicação de seu resultado; de repente o universo era muito maior do que todos pensavam.

Ainda assim, uma noite estrelada vista a partir de Alpha Centauri pode ser de uma familiaridade nostálgica.

Entretanto, claro, se você estiver em um mundo de Alfa A, não verá muitas noites escuras e estreladas, em virtude do brilho de B. E se o seu mundo é Pandora, uma lua próxima de um planeta gigante, o brilho desse mundo principal vai dominar o céu ainda mais. No entanto você vai ter um espetáculo magnífico à medida que o gigante passar por suas fases e eclipsar algum dos sóis.

Com o passar do tempo, porém, você vai ver B mover-se devagar pelo céu, como um planeta externo em nosso sistema solar. Algumas vezes, B vai estar no "céu noturno" de A e expulsará a escuridão. Entretanto, quando B estiver no céu durante o dia, e em especial quando os sóis estiverem perto um do outro, eles atuarão como um único ponto de luz, como nosso próprio Sol solitário, e o ciclo do dia e da noite vai parecer normal a um terrestre como você. Você talvez veja até um estranho eclipse solar — o eclipse de um sol pelo outro, quando B passar por trás de A.

E haverá umas poucas noites, quando os sóis estiverem bem próximos entre si e ambos abaixo do horizonte — e quando seu Polifemo local também tiver se posto —, quando as estrelas distantes por fim estarão visíveis.

Você está a apenas quatro anos-luz de casa. Se examinar o céu, como você o olhava na *Venture Star*, verá que as constelações mostram pouca mudança, pois a maioria das estrelas está muito mais distante do que isso. Contudo, se olhar para trás, na direção de onde a *Venture Star* veio, verá uma constelação compacta, familiar a qualquer astrônomo amador (do hemisfério norte). Aquela forma em W com certeza é Cassiopeia, uma das formações de estrelas mais fáceis de reconhecer. Porém há uma estrela extra à esquerda do desenho, que transforma a constelação em um zigue-zague malfeito. Aquela estrela é nosso Sol: apenas um ponto de luz amarelo-claro, brilhante, mas não muito. E, de onde você está, o Sol, a Terra e todos os planetas, e toda a história da humanidade anterior à partida dos colonizadores para Alpha Centauri, poderiam ser eclipsados por um grão de areia.

Alpha Centauri é, portanto, um lugar espetacular. Porém a questão principal é: existirão planetas lá? Poderia Pandora de fato existir?

# 13
# DESCOBRINDO NOVOS MUNDOS

No universo de *Avatar*, a geografia do sistema Alpha Centauri foi delineada com certo grau de detalhamento.

Todas as três estrelas — Alpha Centauri A, B e C — têm planetas. Mesmo C, a anã vermelha, tem um gigante gasoso interno e dois mundos sólidos (chamados também de *terrestres*). B tem um gigante gasoso e cinco mundos sólidos, e um cinturão de asteroides; o subsistema de B é, talvez, o mais parecido com o nosso próprio sistema solar.

A, a maior estrela, tem três gigantes gasosos e três mundos sólidos. Polifemo é um dos gigantes gasosos, semelhante em tamanho e massa ao Saturno de nosso sistema, mas sem anéis. Orbita ao redor de Alfa A num raio semelhante ao da Terra ao redor do Sol — diferente de Saturno, que dista do Sol cerca de nove vezes a distância da Terra. É interessante que, à semelhança dos asteroides troianos em nosso sistema solar (veja o Capítulo 6), dois corpos sólidos compartilham a órbita de Polifemo, em pontos de estabilidade gravitacional, sessenta graus adiante e atrás do planeta: um mundo sólido significativo e um planetoide. Polifemo tem catorze luas (em comparação com as assombrosas 62 de Saturno, pela última contagem, das quais sete são esféricas). Todos esses corpos (fictícios) têm nomes, diga-se de passagem. Todos aguardam explorações da imaginação em filmes, livros e quadrinhos...

O mundo que mais nos interessa, claro, é Pandora, quinta lua de Polifemo.

Os mundos maiores, como Pandora, provavelmente se formaram a partir do mesmo turbilhão de detritos que formou o próprio Polifemo; os menores podem ser asteroides capturados. Há limites para a localização possível de grandes luas com relação ao mundo principal. Luas esféricas sensatas devem situar-se além do "limite de Roche"[7] do principal, dentro do qual os efeitos da maré são tão intensos que acabam despedaçando a lua; no interior do limite de Roche, podemos ter grandes pedaços de rocha sem forma, semelhantes a asteroides, mas não planetas esféricos. A distância exata em que tal limite se situa depende da massa e da rotação do mundo principal, e da composição da lua, mas, como uma regra rápida, o limite de Roche situa-se por volta de duas vezes e meia o raio do principal, medindo-se a partir do centro do planeta. Sendo assim, a lua esférica mais interna de Saturno, Mimas, está a três raios de distância. Dá para ver, pelo tamanho que Polifemo parece ter no filme, no céu de Pandora, que Pandora está a salvo, além do limite de Roche. Algumas luas muito próximas de gigantes gasosos parecem ter um *acoplamento de maré*, de modo a manterem uma face permanentemente voltada para o planeta, como acontece com a Lua em relação à Terra. Não é o caso de Pandora; durante seu dia de 26 horas, Polifemo nasce e se põe.

Na vida real, não foram detectados mundos em Alpha Centauri. Porém já foi encontrado um número impressionante deles, orbitando outras estrelas.[8]

Um dos verdadeiros milagres científicos que presenciei na vida foi a descoberta dos *exoplanetas* e, em alguns casos, até mesmo de sistemas solares inteiros. Quando eu era um garoto, não se conhecia um planeta sequer além da família do Sol. Alguns cientistas afirmavam que *não havia* outros mundos, que o sistema solar era uma anomalia, uma questão de acaso. Agora, enquanto

---

[7] O limite de Roche é a distância mínima do centro do planeta a que um satélite fluído pode chegar sem se tornar instável frente a rompimento por maré. Foi demonstrado pela primeira vez em 1847 pelo astrônomo francês Édouard Roche, que primeiro propôs esse efeito e calculou seu limite teórico. (N. do Ed.)

[8] Com o título de "Um Exoplaneta na Vizinhança – Mundo do Tamanho da Terra descoberto nas proximidades do sistema estelar de Alpha Centauri", em 16 de outubro de 2012, esta notícia foi manchete na página *on-line* da revista *Nature* (http://www.nature.com/news/the-exoplanet-next-door-1.11605).

A descoberta de um planeta orbitando este sistema, mais precisamente em Alpha Centauri B. O nosso "vizinho" foi detectado com a ajuda do telescópio de 3,6 metros em La Silla, no Chile, o lar do espectrógrafo HARPS, que conseguiu detectar o planeta extrassolar. Ele é do tamanho da Terra e o mais próximo do nosso Sistema Solar até o momento. (N. do Ed.)

escrevo, conhecemos mais de quatrocentos outros mundos.[9] Estamos começando a aprender um bocado sobre a distribuição de planetas e de sistemas planetários e a formular novas teorias sobre formação planetária. E temos novas ideias de como planetas podem ser habitáveis, adequados à vida, mesmo que em alguns casos sejam dramaticamente diferentes da nossa própria Terra. Com certeza, é oportuno que *Avatar*, um filme sobre a viagem a mundos alienígenas, apareça neste momento. Subitamente vemos um céu repleto de Polifemos... e talvez de Pandoras.

O desafio de detectar mundos muito além do nosso é formidável, pois os planetas são pequenos e discretos, se comparados a seus sóis.

Suponha que estivéssemos estudando nosso sistema solar a partir de um planeta da estrela Altair, na constelação da Águia, a cerca de dezessete anos-luz de distância. Mesmo o poderoso Júpiter, o maior dos planetas do Sol, estaria perdido no brilho desse. A distância aparente de Júpiter, do ponto de vista de um altairiano, seria de apenas um milésimo da largura de uma Lua cheia vista da Terra, e sua luz, que é apenas luz solar refletida, apenas um *bilionésimo* da do Sol. No passado, acreditava-se que seriam necessários telescópios verdadeiramente gigantescos flutuando no espaço para distinguir, em meio ao resplendor, mundos como Júpiter, quanto mais Terras, menores, mais próximas do Sol e ainda mais tênues. Mas não.

Embora tentativas preliminares de observar planetas orbitando ao redor de pulsares (restos de pequenas supernovas) tenham sido feitas desde a década de 1980, em 6 de outubro de 1995 o mundo científico foi surpreendido pela primeira observação de um planeta, que orbitava 51 Pegasi B, uma estrela no meio da *sequência principal* (isto é, no meio de sua vida normal, como nosso Sol). A descoberta não foi feita com telescópios gigantes, mas com instrumentos mais precisos, observação cuidadosa e uma pitada de engenhosidade.

Um exoplaneta em geral é detectado de forma indireta: não por meio da observação do planeta em si, mas pelo estudo de seus efeitos sobre a estrela mãe. Até o momento, o método mais produtivo tem sido o da *velocidade radial*. À medida que o planeta orbita sua estrela, a própria estrela é atraída para fora de

---

9 Até a data de 12/7/2013, já foram detectados 910 planetas extrassolares. Fonte: http://exoplanet.eu/. (N. T.)

sua posição, um pouquinho apenas; se parte desse movimento se dá em direção à Terra ou afastando-se dela, ele pode ser detectado com um desvio tênue das linhas no espectro de luz da estrela. Isso é o efeito Doppler, o mesmo fenômeno que provoca o desvio para o azul e o desvio para o vermelho, tão familiares a viajantes interestelares calejados como nós (veja o Capítulo 11). Existe ainda, como alternativa, o *método de trânsito*. Se acontecer de o planeta cruzar pela face de seu sol voltada para a Terra — como o trânsito de Vênus e de Mercúrio, planetas de órbitas internas à da Terra, ao passarem diante da face do Sol —, o decréscimo no brilho aparente da estrela poderá ser detectado. Outras técnicas incluem o uso das estrelas na linha de visão como *lentes gravitacionais*.

Como você pode imaginar, esses efeitos, embora sejam detectáveis, são pequenos e tênues. Quanto maior o planeta, e quanto mais próximo ele for da estrela mãe, maior será o efeito e a probabilidade de detectá-lo. Por isso, os primeiros planetas encontrados, em geral, eram maiores que Júpiter, mas orbitavam (para surpresa de todos) bem próximos a suas estrelas mães. O primeiro a ser descoberto, em 51 Pegasi B, era um *joviano*, segundo o jargão técnico, um gigante gasoso como Júpiter, orbitando seu sol em apenas quatro dias (nosso mundo mais interno, Mercúrio, leva 88 dias). Polifemo é outro exemplo, um gigante gasoso que não dista de Alpha Centauri A muito mais do que a Terra dista do Sol.

Há um viés de observação inevitável em nossa detecção de exoplanetas. Por muito tempo ainda vamos encontrar mais mundos grandes e internos do que planetas pequenos e mais externos, e as estatísticas dos planetas já encontrados refletem esse fato. No entanto, já dispomos de dados suficientes para começar a classificar os exoplanetas e fazer algumas predições preliminares.

Por exemplo, 80% dos exoplanetas descobertos situam-se em "sistemas solares" de planetas múltiplos (que podem ser detectados pela observação das múltiplas oscilações que os planetas provocam no movimento da estrela mãe). Acredita-se que cerca de um terço de todas as estrelas semelhantes ao Sol apresentará planetas do tamanho de Netuno (por volta de dezessete vezes a massa da Terra), ou *super-Terras*, mundos de tamanho intermediário entre o da Terra e o de Netuno. Uma super-Terra, aliás, seria um lugar espetacular, apesar da gravidade maior; quanto maior o mundo, mais ativo geologicamente ele tende a ser, da mesma forma como a Terra é muito mais ativa que Marte ou a Lua. Devem ser mundos bravios, com vulcões tremendos.

As técnicas de observação estão progredindo, mas são ainda insuficientes para sermos capazes de detectar uma "Terra" orbitando a uma distância como a nossa ao redor de uma estrela parecida com o Sol.[10] Numa situação assim, a deflexão no planeta mãe seria de um milésimo da que um Júpiter muito próximo produziria (Júpiter tem cerca de trezentas vezes a massa da Terra).

Assim, de repente, estamos vendo esse monte de planetas. Mas e quanto à vida?

Costumava-se pensar que, para permitir a existência de criaturas como nós ou os Na'vi, um mundo deveria ser mais ou menos do mesmo tamanho que a Terra, e deveria ocorrer na "zona habitável" de sua estrela mãe, orbitando a uma distância da estrela que não fosse nem muito quente nem muito fria e que permitisse a existência de água líquida na superfície; mais ou menos, portanto, a uma distância como a da Terra ao Sol.

Porém, há pouco tempo, descobriu-se vida subsistindo em ambientes bem extremos na Terra: nas profundezas do oceano, onde a luz jamais penetra, em condições de frio e de calor, e mesmo em ambientes sujeitos à radiação. Talvez a vida seja muito mais robusta e flexível do que costumávamos pensar.

E descobrimos novos tipos de mundos, como Europa, a lua de Júpiter, que por baixo de uma crosta de gelo tem um oceano de água, mantido líquido pelos efeitos da maré. O oceano de Europa parece um ambiente perfeito para a vida, mesmo estando tão fora da zona habitável tradicional.

No universo fictício de *Avatar*, Pandora também é um exemplo. Alpha Centauri A é cerca de 50% mais brilhante que o Sol, e sua zona habitável é cerca de 22% mais ampla que o raio da órbita da Terra ao redor do Sol. Polifemo, com suas luas, segue uma órbita cerca de 40% mais ampla que a da Terra, e assim está um pouco além da zona habitável tradicional de Alpha A. No entanto, de qualquer modo, o oxigênio, uma marca registrada da vida, foi detectado no ar de Pandora. Acontece que Pandora é mantida aquecida por

---

10  Veja nota 8, página 91.

efeitos complexos que incluem aquecimento decorrente das marés, pelo efeito estufa de uma atmosfera rica em dióxido de carbono e por outros aspectos do complexo ambiente de uma lua de um gigante gasoso em um sistema de estrela dupla. Sem dúvida, encontraremos, no futuro, inúmeras outras exceções à regra da zona habitável.

De fato, nos dias de hoje, já não acreditamos sequer que a estrela mãe deva ser semelhante ao Sol para sustentar um mundo habitável. Mesmo anãs vermelhas, como Próxima do Centauro, talvez pudessem ter planetas capazes de comportar a vida. Tais estrelas são pequenas e pouco brilhantes, e o planeta precisaria estar bem perto do fogo central, provavelmente tão perto a ponto de ter um *acoplamento de maré* (como a Lua orbitando a Terra), com a mesma face perpetuamente voltada para a estrela. Poderíamos imaginar que o lado escuro, um lugar de noite eterna, seria tão gélido que toda a água e até mesmo o ar estariam congelados. Porém acredita-se que mesmo uma fina camada de atmosfera transportaria ao redor do planeta calor suficiente para manter afastado um frio tão extremo como esse. Visto a partir da superfície de um planeta assim, o sol seria imenso — róseo em vez de vermelho — e permanentemente fixo no céu, sem auroras ou crepúsculos. A ausência de marés e a luz solar de energia relativamente baixa com certeza influenciariam a origem e a evolução da vida. Talvez as plantas fossem pretas, para absorver toda a energia disponível da luz solar. Poderia ser um ambiente perigoso, pois estrelas como Próxima estão sujeitas a violentas erupções.

Talvez tudo isso não pareça muito emocionante. Mas lembre-se de que há não muito tempo as pessoas achavam que para ter vida seria *necessário* haver uma estrela semelhante ao Sol, com planetas a uma distância como a da Terra. Tendo em vista que, como foi dito no Capítulo 12, 70% das estrelas da galáxia são anãs vermelhas, com esse modelo nós multiplicamos várias vezes o número potencial de planetas habitáveis na galáxia. Não apenas isso, mas as anãs têm vidas muito longas como estrelas estáveis, talvez cem vezes a duração da vida do Sol. Subitamente, o universo parece muito mais hospitaleiro para a vida.

Aliás, até agora, o melhor candidato para ser outra Terra, o quarto planeta de uma estrela chamada Gliese 581, orbita uma anã vermelha. E como nosso vizinho mais próximo — justamente chamado de Próxima, no sistema de Alpha

Centauri — é uma anã vermelha, talvez seja lá que encontraremos uma "Pandora" na realidade, e não orbitando os mais glamourosos Alfa A ou B.[11]

Podemos detectar sinais de vida mesmo antes que consigamos ter imagens diretas de mundos habitáveis. A espectroscopia, a análise da luz refletida por um planeta, ou da luz estelar atravessando a atmosfera de um planeta durante o trânsito através da face de sua estrela mãe, pode mostrar evidências dos gases que compõem a atmosfera do planeta. Alguns gigantes gasosos já demonstraram ter metano em suas atmosferas. A espectroscopia direta pode ser possível em mais ou menos dez anos, por meio de missões como o telescópio infravermelho Spica, da ESA, a Agência Espacial Europeia (a ser lançado possivelmente em 2017). A detecção de gases como o oxigênio na atmosfera de um mundo seria um bom indicador da existência de vida, antes mesmo que pudéssemos ver o verde. Foi assim, inclusive, que no universo de *Avatar* a vida foi descoberta em Pandora.

O objetivo máximo é obter imagens de um mundo como a Terra — ver seus mares e suas calotas polares e seus continentes — bem como detectar a composição de sua atmosfera. Este é o alvo de futuras missões espaciais, incluindo o projeto Terrestrial Planet Finder [localizador de planetas terrestres], proposto pela NASA. E, se um mundo assim fosse descoberto, certamente haveria pressão para desenvolver e enviar uma sonda espacial. No universo de *Avatar*, a descoberta do planeta Polifemo e suas treze luas de Alpha Centauri A impulsionou um rápido desenvolvimento da tecnologia, que por fim levou ao envio das primeiras sondas interestelares.

Mas poderiam Polifemo e Pandora existir? E, caso existam, posto que Alpha Centauri é o sistema estelar mais próximo, por que ainda não os vimos?

✽

Muito do que costumávamos achar que sabíamos sobre Alpha Centauri acabou revelando-se equivocado.

Costumávamos achar que, em um sistema de estrelas múltiplas como Alpha Centauri, haveria mundos sólidos internos, mas que a formação de gigantes

---

11  Veja nota 8, página 91.

gasosos seria inibida pela proximidade dos sóis. Afinal, Alfa B está situada na órbita onde os jovianos de Alfa A deveriam ter se formado, e vice-versa. No entanto, em outubro de 2002, astrônomos trabalhando no Texas anunciaram a descoberta de um planeta joviano orbitando uma estrela do sistema binário Gama na constelação de Cefeu, a cerca de 45 anos-luz da Terra, um sistema de estrelas gêmeas com espaçamento semelhante ao dos dois sóis de Alpha. O joviano que encontraram é cerca de duas vezes maior que Júpiter e orbita muito satisfeito a mais ou menos o dobro da distância que separa a Terra do Sol.

Também pensávamos que mesmo que sistemas de estrelas múltiplas como Alpha Centauri tivessem planetas, as perturbações gravitacionais das estrelas desestabilizariam suas órbitas e os arremessariam para fora do sistema. Porém, estudos recentes mostraram que, para planetas tão próximos de Alpha A quanto a distância entre a Terra e o Sol, a estabilidade orbital não sofreria um efeito significativo da gravidade de B. Por isso Alpha Centauri talvez não tenha apenas estrelas gêmeas. Ela pode muito bem abrigar sistemas solares gêmeos: dois sistemas planetários separados entre si por apenas algumas horas-luz, tão próximos que, se a humanidade houvesse evoluído lá, talvez já tivesse realizado viagens interestelares.

E, ainda, achávamos que nunca encontraríamos um planeta gigante como Polifemo tão perto de sua estrela, à mesma distância entre a Terra e o Sol. Quando só tínhamos o exemplo de nosso sistema solar para estudar, acreditávamos que os gigantes gasosos só seriam encontrados longe da estrela mãe, além da distante *linha do gelo*: ali, imersos em frio e escuridão imperturbáveis, os mundos cresceriam até atingir tamanhos imensos, vaporosos, repletos de elementos leves como hidrogênio e hélio que teriam sido expulsos pela ebulição nos mundos cuja formação, como a da Terra, tivesse ocorrido junto ao calor de seus sóis. Assim, em nosso sistema solar, o joviano mais interno, o próprio Júpiter, está cinco vezes mais longe do Sol que a Terra. Entretanto, à medida que fomos estudando os novos exoplanetas, encontramos exemplos infindáveis de gigantes gasosos orbitando *muito* mais perto de seus sóis do que se julgava possível. De fato, como já foi mencionado, é exatamente a grande proximidade desses mundos enormes a seus sóis que nos permite detectá-los.

Parece que um joviano pode muito bem nascer além da linha do gelo, mas estará sujeito a uma espécie de fricção com o disco de poeira e de gás que circunda o sol e do qual justamente foi formado; com isso ele perde energia orbital e descreve uma espiral para dentro. Vários desses planetas podem ser devorados por seu sol até que, por fim, a radiação e o vento solar crescentes, ou talvez o impacto da explosão de alguma supernova vizinha, arremessem para longe os detritos, deixando os planetas sobreviventes acomodarem-se nas posições em que estão. Em nosso sistema, talvez Júpiter e os outros três gigantes sejam os últimos sobreviventes de um bando de mundos gasosos, a maioria dos quais foi consumida pelo jovem sol.

Em outros sistemas, já encontramos o equivalente a um "Júpiter quente", encalhado em órbitas estáveis muito mais próximas a seus sóis do que a do próprio Júpiter. O caso mais extremo até o momento, relatado em 2010, é de um planeta de uma estrela chamada WASP-12, que se localiza a quase novecentos anos-luz da Terra. Enquanto Júpiter leva doze anos para orbitar o Sol, esse pobre mundo o faz em um único dia. A gravidade da estrela o terá deixado com a forma de um ovo; a temperatura da superfície deve ser de milhares de graus, e o calor da estrela, que arremessa longe a atmosfera em ebulição, algum dia levará o planeta a desintegrar-se.

Mesmo não sendo um Júpiter quente, a proximidade dessa estrela influiria na formação de um gigante gasoso, em seu clima e em seu destino final. E, de fato, Polifemo difere de Saturno em composição, sendo menor e mais denso, e é muito mais tormentoso — com uma "grande mancha vermelha" de tempestade maior que a mancha vermelha em Júpiter.

Portanto é inteiramente possível que um joviano como Polifemo seja encontrado a uma distância como a da Terra, ao redor de Alpha Centauri A, com uma bela lua esférica como Pandora. Porém, mesmo que encontrássemos Polifemo usando técnicas de rastreamento de exoplanetas, seríamos nós capazes de ver Pandora? Talvez. Recentemente, a simulação de computador de uma *exolua* do tamanho da Terra, orbitando um gigante do tamanho de Netuno, mostrou que o movimento do planeta seria afetado pela órbita da lua o suficiente para ser detectado por uma observação "de trânsito" por um futuro telescópio espacial.

Na realidade, ainda não detectamos um Polifemo orbitando Alpha Centauri A, ou qualquer outro naquele sistema, a despeito de sua proximidade. No universo de *Avatar*, a explicação é simples. O plano dos planetas está inclinado 60 graus com relação ao nosso; nossos atuais métodos de detecção — de trânsito e rastreamento Doppler — funcionam melhor quando as órbitas dos planetas estão em nossa linha de visão. Há também outros fatores, como a comparativa instabilidade das órbitas planetárias dentro do sistema. Poderia muito bem ser esse o caso. A caça aos planetas é ainda um jogo de tentativa e erro. Contudo estamos planejando buscas por planetas mais tênues, com instrumentos poderosos lançados ao espaço. Creio que podemos estar certos de que se Polifemo e Pandora, ou algo semelhante, de fato existem, algum dia os veremos.

E, quem sabe, algum dia, nós os visitaremos.

# 14
# O CASO DA BIÓLOGA CILÍNDRICA

Polifemo e Pandora: que nomes sugestivos!

Ao dar aos novos mundos nomes da mitologia clássica, seus descobridores seguiram uma tradição que vem desde 1781, quando o astrônomo britânico Sir William Herschel descobriu o sétimo planeta do sistema solar, o primeiro descoberto além dos corpos errantes visíveis a olho nu, conhecidos desde antes de os humanos serem humanos. No fim, o novo planeta foi batizado de Urano, que na mitologia grega é a personificação do céu, e o filho e marido de Gaia, a deusa da Terra... Embora Herschel quisesse batizá-lo de Georgium Sidus, em homenagem ao rei Jorge III: um planeta chamado Jorge!

Na mitologia, Polifemo, cujo nome significa "muito famoso", era um ciclope, gigante canibal de um olho só, encontrado por Odisseu na *Odisseia*, de Homero. Parece um nome apropriado para um mundo gigante dominado pelo grande olho formado por uma tempestade. E Pandora, cujo nome significa "a doadora de tudo", para os gregos, foi a primeira mulher. Por curiosidade, ela abriu a famosa "caixa de Pandora" (na verdade, um frasco) e com isso libertou todos os males da humanidade, deixando apenas a Esperança no interior da caixa, como um consolo. Com certeza, parece adequado que um mundo tão fértil como Pandora recebesse o nome da Eva grega.

(Na verdade, já existem duas Pandoras astronômicas em nosso sistema solar. Uma é um asteroide do cinturão, uma rocha com cerca de sessenta quilômetros de largura, descoberta em 1858. A outra é a 17ª lua de Saturno, um pedaço de rocha ainda mais gasto, com cerca de cem quilômetros de comprimento por oitenta de largura, que acompanha o mais externo dos anéis de Saturno, seguindo uma órbita bastante complexa e caótica.)

No entanto se você descesse a rampa do Valquíria atrás de Jake Sully, provavelmente não estaria pensando no nome da lua durante seus primeiros momentos em Pandora, mas em sua baixa gravidade.

O Coronel Quaritch encara com desconfiança a baixa gravidade de Pandora. Ele malha obsessivamente, para não ficar "mole" em decorrência dela. A gravidade de Pandora é de cerca de 80% da gravidade da Terra. Seu diâmetro é de três quartos do diâmetro terrestre, e a massa é cerca da metade; em tamanho, é um mundo intermediário entre a Terra e Marte, que tem cerca de um terço da gravidade da Terra.

O ar de Pandora, porém, é mais espesso, cerca de 20% mais denso que o da Terra. Você pode estar imaginando como um mundo de baixa gravidade pode reter uma atmosfera densa, como evidentemente Pandora faz. Em qualquer mundo, as moléculas de ar podem ser aquecidas até atingirem velocidade de escape, e então simplesmente saem voando pelo espaço, como pequenas espaçonaves. A exposição ao vento solar, partículas carregadas que emanam do Sol, também contribui para esse vazamento. Quanto menor a gravidade, mais ar escapa para o espaço. Assim, com cerca de um sexto da gravidade da Terra, nossa Lua é virtualmente desprovida de ar.

A gravidade, entretanto, não é o único fator que interfere na retenção de atmosfera por um mundo. Titã tem mais ou menos a mesma gravidade que a Lua, mas, como vimos no Capítulo 7, sua atmosfera é mais densa que a da Terra. A causa é o frio extremo que faz na região da órbita de Saturno; as moléculas do ar de Titã em média movem-se muito mais devagar, e poucas escapam. Por outro lado, Vênus, só um pouquinho menor que a Terra, tem uma atmosfera muito mais espessa que a terrestre porque lá é quente demais; todo o pesado dióxido de carbono, que na Terra está aprisionado nas rochas, em Vênus, está solto no ar em consequência do calor intenso.

Ainda, o vazamento atmosférico pode ser espantosamente lento. Acredita-se que, se de algum modo Marte, com um terço da gravidade terrestre, pudesse ser dotado de uma atmosfera semelhante à da Terra (quem sabe como parte de um projeto de *terraformação*, transformando Marte em uma segunda Terra), levaria cerca de 10 milhões de anos para que ela vazasse para o espaço. É um processo lento o suficiente para que uma civilização possa criar, caso necessário, uma atmosfera artificial (lembremo-nos das máquinas de ar no planeta Barsoom de Edgar Rice Burroughs). Também existem fontes naturais de ar em um planeta, como as liberações de gás em vulcões, e impactos de cometas. E há outros fatores especiais. Pandora orbita entre os cinturões de radiação que rodeiam o mundo primário Polifemo, os quais desviam o vento de partículas carregadas provenientes do sol. Evidentemente, esta é uma questão complexa; a menor gravidade de um mundo não quer dizer que ele *deve* ter ar mais rarefeito.

Mas que efeito uma gravidade diferente teria sobre os seres vivos?

Em 1638, Galileu foi capaz de definir a física básica da gravidade e dos corpos: "Seria impossível construir esqueletos para homens, cavalos ou outros animais que pudessem resistir e desempenhar suas próprias funções se tais animais tivessem seu peso aumentado imensamente...".

Esse trabalho foi a origem da famosa "lei do quadrado e do cubo". Se duplicarmos o tamanho de um animal, o corte transversal aumentará ao quadrado do tamanho – quatro vezes –, mas seu volume, e, portanto, a massa, aumentará ao cubo – oito vezes. Essa regra básica é fundamental à *biomecânica*, disciplina que aborda a constituição mecânica dos seres vivos. Ela significa que não se pode achar que se duplicarmos o tamanho de um elefante em algum projeto de engenharia genética, ele ainda vá continuar funcionando; seus músculos quatro vezes mais espessos não serão capazes de erguer seu peso oito vezes maior.

Ah, mas e se transportarmos o referido elefante para um mundo com uma gravidade mais baixa, como Pandora?

Há uma diferença entre massa e peso. *Massa* é uma resistência ao movimento. Você teria a mesma massa até mesmo na gravidade zero, no espaço. Você tem *peso* em um campo gravitacional. Peso é a massa multiplicada pela aceleração decorrente da gravidade, que na Terra é de aproximadamente dez metros por segundo por segundo. Peso é a massa que você deve carregar. No espaço, você ainda teria massa, mas não peso.

Todos nós temos um peso máximo que podemos suportar, dada a força de nossos ossos e músculos. Porém, em um campo de gravidade mais baixa, você poderia carregar mais massa: massa maior vezes gravidade mais baixa resulta em peso igual. Quanta massa *a mais* depende de quanto a gravidade é menor.

Os humanos têm geometrias complicadas, por isso vamos simplificar as coisas. Existe uma velha piada sobre o fazendeiro que está tendo problemas com sua produção leiteira e chama um físico teórico de uma universidade próxima para ajudar. Depois de semanas de estudo intenso, ele envia um relatório que começa assim: "Considere uma vaca esférica...". (Bom, *eu* ri com isso.) O ponto é, para analisar princípios básicos, com frequência, os cientistas fazem modelos simplificados do mundo real, que facilitam os cálculos, mesmo que os modelos sejam um tanto diferentes da coisa real.

Nesse mesmo espírito, considere uma bióloga cilíndrica.

Eis a Dra. Grace Augustine na Terra, de pé em toda sua elevada estatura, talvez dificultando a vida de algum burocrata da RDA. Ela poderia ser representada por um pilar com um pouco menos de dois metros de altura, com, digamos, vinte centímetros de diâmetro. A *pressão* que ela exerce nos ossos que a mantêm de pé é seu peso dividido pela área de seu corte transversal.

Agora suponhamos que a façamos crescer 25% para cima, sem alterar sua largura. Ela ainda será mais baixa do que o Na'vi médio, que tem cerca de três metros. A massa dela aumentou cerca de 25%, assim como seu peso, mas sua seção transversal não mudou. Assim, a pressão sobre os ossos aumentou também 25%.

Seria um problema se continuássemos encompridando-a. Os ossos de Grace podem sustentar apenas um determinado peso máximo, pois, além disso, a pressão ultrapassaria a força de união das moléculas dos ossos; os ossos se partiriam e Grace cairia. Assim, em um dado campo de gravidade, e com ossos de determinada força, há um limite para a altura de Grace – e também para sua massa –, a menos que os ossos sejam engrossados, como os de um elefante.

Mas agora levemos a Grace Alta para Pandora. A gravidade lá é de 80% a da Terra. E assim, embora a massa da bióloga esteja inalterada, seu peso (25% mais massa vezes 80% de gravidade) é o mesmo da Grace Baixa lá na Terra, porque a gravidade mais baixa cancelou o peso extra. E, assim, a pressão sobre os ossos da Grace Alta é tão baixa como era para a Grace Alta na Terra, e ela não sente qualquer desconforto.

Existe um sem-número de detalhes para além dessa visão simplista. Mesmo com toda a sua altura, os Na'vi têm aparência notavelmente esguia — ossos mais finos significam maior pressão —, mas, como veremos no Capítulo 25, seus ossos são reforçados por uma fibra de carbono de incidência natural.

E devemos nos lembrar de que os Na'vi não *precisavam* ser tão altos como são. Nenhum animal *precisa* crescer até o tamanho máximo que as leis da física permitem. O suposto parente mais próximo dos Na'vi, o prolêmure (*Prolemuris noctis*), não mede mais do que um metro e meio de altura, da mesma forma como na Terra nossos ancestrais hominídeos tinham o tamanho de um chimpanzé até o aparecimento do *Homo erectus*, quase tão alto quanto nós, cerca de 2 milhões de anos atrás. Os Na'vi são altos como são porque algo em sua história evolutiva fez com que isso fosse conveniente. No entanto sua altura demonstra que uma forma corporal humana que na Terra seria excessivamente esguia e alta pode funcionar em Pandora.

Quais são os limites? Até que tamanho pode um animal terrestre crescer em Pandora?

Os animais de Pandora são grandes. Mesmo o *direhorse* (*Equidirus hoplites*) é maior que qualquer cavalo da Terra. Em nosso planeta, o mais pesado animal terrestre vivente é o elefante africano; um macho pode atingir quatro metros de altura na espádua. O animal terrestre mais pesado que já existiu foi o braquiossauro,[12] que se extinguiu há cerca de 130 milhões de anos — ele chegava a sete metros de altura na espádua. Em *Avatar*, o maior animal de hábito terrestre que vemos em Pandora é, provavelmente, o titanotério cabeça de martelo (*Titanotheris hammercephalis*), com talvez seis metros de altura — como um elefante em escala ampliada na gravidade de Pandora. Talvez animais maiores habitem partes de Pandora ainda inexploradas.

---

12  Calcula-se que a maior espécie de braquiossauro, a africana (atualmente denominada *Giraffatitan*), teria atingido 37 toneladas de peso e 26 metros de comprimento. Na verdade, o maior dinossauro conhecido até o momento seria o argentinossauro, que teria alcançado 73 toneladas de peso e 26 metros de comprimento. [N. T.]

A baixa gravidade de Pandora tornaria mais fácil o voo, em especial com a ajuda do ar mais denso. Em Titã, o ar é tão denso e a gravidade tão baixa que um ser humano poderia voar com a força de sua própria musculatura, batendo asas artificiais. Assim, poderíamos prever grandes animais voadores em Pandora.

A maior criatura voadora da Terra foi o réptil alado *Pteranodon ingens*, que voava nos céus do que hoje é o Kansas (nos Estados Unidos) cerca de 80 milhões de anos atrás, com uma envergadura de nove metros.[13] Em Pandora, uma *banshee* da montanha chega a uma envergadura de doze metros, e o *Leonopteryx* (*Leonopteryx rex*) é muito maior, com uma envergadura de trinta metros. O tamanho ao qual uma criatura voadora pode chegar depende não apenas da gravidade, mas de outros fatores como densidade do ar e quantidade de oxigênio — quanto mais oxigênio, mais energia um animal tem disponível para manter-se em voo.

Na Terra, você terá de buscar no mar os animais de tamanho realmente monstruoso. A baleia-azul é considerada o animal mais pesado que já existiu — pode chegar a cerca de 190 toneladas (em comparação com cerca de cinco toneladas de um elefante africano). Se no futuro visitarmos os oceanos de Pandora, lá existirão monstros, não tenho dúvida.

E quanto às gigantescas árvores de Pandora?

Na Terra, a restrição física fundamental para a altura das árvores é a necessidade da planta de fazer a água subir até as folhas mais altas. A árvore mais alta conhecida na Terra é uma sequoia do norte da Califórnia, nos Estados Unidos, com 116 metros de altura. A teoria diz que uma árvore poderia atingir até 130 metros; existem relatos históricos de árvores com 120 metros de altura. Em comparação, a Árvore-Lar de Pandora tem cerca de trezentos metros de altura, quase três vezes o tamanho daquela grande e velha sequoia. A questão vai além do que o simples ajuste de escala decorrente da gravidade pode sugerir, mas está claro que a Árvore-Lar tem arquitetura diferente da sequoia, com múltiplos troncos semelhantes a pilares, cada um tão robusto quanto uma sequoia, circundando um grande espaço interno.

---

13  Na verdade, o maior animal voador conhecido foi outro réptil alado, *Quetzalcoatlus northropi*, um pterossauro que existiu no atual Texas (também nos Estados Unidos), há cerca de 65 milhões de anos, que atingia entre dez e onze metros de envergadura. [N. T.]

A gravidade baixa de Pandora permitiria algumas estruturas arquitetônicas poéticas: arcos longos demais, colunas delgadas demais. Não vemos nenhuma arquitetura nativa em Pandora; com as Árvores-Lar disponíveis como moradia, suponho que seja desnecessário construir. E os humanos no Portal do Inferno não demonstram qualquer imaginação em seus próprios edifícios funcionais. Talvez os Arcos de Pedra sejam um indício do que seria possível.

No entanto os Arcos de Pedra parecem ser de fato um produto do fenômeno físico mais notável em Pandora: seu unobtanium, e os campos magnéticos aos quais está associado. E se você seguir Jake Sully até Pandora, vai descobrir rapidamente que o unobtanium é a razão pela qual você e a RDA estão aqui.

# 15
# OBTENDO O QUE NÃO PODE SER OBTIDO

O que é que torna tão valioso o unobtanium?
O unobtanium é um supercondutor a temperatura ambiente; veremos mais adiante o que isso significa. Sobre a mesa de Parker Selfridge vemos a demonstração de uma de suas propriedades aparentemente mágicas: um fragmento desse material flutuando no ar, desafiando a gravidade, por cima do que parece ser um ímã. O unobtanium moldou a geologia de Pandora. É sua propriedade de desafiar a gravidade que mantém as Montanhas Aleluia flutuando no ar. Quando Jake sobe a "escada para o céu", rumando para o *Iknimaya*, o desafio frente a uma *banshee* da montanha, você pode ver o que parecem grandes rochas presas entre raízes e gavinhas, fazendo força para ascender como balões ancorados, rochedos presumivelmente repletos de unobtanium.

Porém o valor real do unobtanium está em suas propriedades supercondutoras, que levaram a uma nova revolução industrial na Terra, incluindo a construção das espaçonaves da classe *Venture Star*... e gerando vastos lucros nesse processo.

Será tudo isso fantasioso?

O próprio nome *unobtanium*[14] sugere que estamos lidando com uma física impossível. De acordo com o estudioso de ficção científica David Langford, a palavra é uma piada interna entre engenheiros, datando de meados do século

---

14  Em inglês, *unobtanium* faz um jogo de palavras com *unobtainable* (algo que não pode ser obtido). [N. T.]

XX, aplicada a qualquer substância ideal necessária para conseguir o impossível — mancais sem atrito, por exemplo. A palavra unobtanium foi definida formalmente no *Interim Glossary* [Glossário Temporário] de 1958, da US Air Force University [Universidade da Força Aérea dos Estados Unidos], como "uma substância que apresenta exatamente as propriedades específicas exigidas para uma peça de algum equipamento ou qualquer outro item de utilidade, mas que não pode ser obtida, seja porque em teoria não pode existir ou porque a tecnologia não está adiantada o suficiente para produzi-la". A palavra já foi usada em ficção científica antes de *Avatar*, por exemplo, no romance *Startide Rising* [Maré Alta Estelar] (1983), de David Brin, e no filme *O Núcleo*. Cameron sugeriu que talvez os descobridores do unobtanium em Pandora tenham adotado o nome por brincadeira, e ele acabou pegando.

No entanto, talvez não seja de fato impossível obter o unobtanium. A supercondutividade é uma propriedade real. E um supercondutor pode mesmo desafiar a gravidade, ao menos na presença de um campo magnético.

É chamado de supercondutor qualquer material que, como o nome sugere, seja um *super*condutor de eletricidade — tão super que, diferente de condutores comuns (como fios de cobre), conduza eletricidade *sem praticamente resistência alguma*. Isso significa que não há gasto de energia elétrica para aquecer o condutor e que a corrente poderia circular para sempre, sem perdas.

Essa propriedade aparentemente impossível foi descoberta por acidente, como consequência de pesquisas em física de baixas temperaturas.

Em 1908, o cientista holandês Kamerlingh Onnes foi o primeiro pesquisador a transformar o gás hélio em líquido. Enquanto o vapor de água se liquefaz em temperaturas abaixo de cem graus centígrados, para liquefazer o hélio é necessário atingir uma temperatura espantosamente baixa: apenas quatro graus acima do zero absoluto, isto é, por volta de 270 graus centígrados abaixo de zero. Tendo obtido esse hélio líquido, Onnes experimentou mergulhar nele materiais familiares, só para ver o que acontecia (bem, você também faria isso, não?). Ele descobriu que, ao resfriar certos metais puros, a resistência elétrica deles de repente desaparecia — ou pelo menos caía a valores baixos demais para serem medidos.

As aplicações industriais de uma substância assim são incríveis. Seria possível transmitir correntes muitíssimo altas, por exemplo, para alimentar os poderosos eletroímãs necessários em reatores de fusão e em armadilhas de antimatéria em naves espaciais, sem temer que o calor danifique seu equipamento. Outra possibilidade são as linhas de transmissão de força com perda reduzida. O calor gerado pela resistência elétrica é um problema em computadores, impondo um limite máximo para o quanto de conectividade pode ser acomodado em um espaço finito — quanto menor for seu computador fisicamente, mais rápido ele poderá operar. Com a supercondutividade, em teoria, não haveria limitações graças ao calor.

E supercondutores podem ser usados para gerar força de sustentação — para desafiar a gravidade.

Um supercondutor em um campo magnético tem uma propriedade notável chamada *diamagnetismo perfeito*; ele expulsa o campo magnético de seu interior, ao criar uma corrente elétrica que corre por sua superfície. O campo magnético reage empurrando para trás o supercondutor. Esse é o chamado efeito de Meissner, descoberto em 1933, e provavelmente é ele que sustenta no ar a rocha em cima da mesa de Selfridge, com a pressão magnética compensando a gravidade.[15]

Esse efeito, a *levitação magnética*, ou *maglev*, pode ser controlado como um mecanismo de transporte de cargas sem fricção. Podemos imaginar seu uso em mancais e volantes sem fricção. Aplicações industriais de larga escala poderiam incluir o levantamento de grandes pesos e a circulação de trens sobre trilhos sem fricção. Trens maglev são mencionados em uma cena excluída de *Avatar*, que constava do roteiro de 2007. Na verdade, trens maglev já foram testados, mas usando somente condutores elétricos convencionais. No Japão, em 2003, um trem desses atingiu uma velocidade de quase seiscentos quilômetros por hora, mais rápido que o recorde estabelecido por trens convencionais. Sem fricção com os trilhos, a maior resistência ao movimento do trem vem do ar; se um trem desses viajasse por um túnel com vácuo, supõe-se que poderia atingir velocidades de *milhares* de quilômetros por hora. Seria algo muito útil em um mundo desprovido de atmosfera, como a Lua, onde poderia ser construída uma

---

15 O fenômeno foi descoberto pelos físicos alemães Walther Meissner e Robert Ochsenfeld, e foi batizado em homenagem ao primeiro. [N. T.]

catapulta eletromagnética, ideia de Arthur C. Clarke, basicamente um trem tão veloz que poderia decolar e entrar em órbita.

Assim, a supercondutividade é um fenômeno real, e os supercondutores de fato têm enorme potencial industrial. O problema com os primeiros supercondutores, porém, era a necessidade de um frio extremo que desencadeasse a supercondutividade. Não é uma ideia realista operar uma ferrovia maglev dentro de um túnel de cem quilômetros de comprimento cheio de hélio líquido.

Mas é evidente que o unobtanium está em temperatura ambiente, pois vemos quando Parker Selfridge apanha a pedra de cima da mesa sem que sua mão congele. Seria possível algo assim?

Depois da descoberta acidental de Onnes, passaram-se décadas até que o mecanismo da supercondutividade fosse desvendado. Na realidade, foi necessário esperar que um novo ramo da física surgisse. Uma vez mais devemos abordar a estranha ciência do *quantum*.

A corrente elétrica em um condutor é um fluxo de elétrons. O fato é que, a uma temperatura baixa o suficiente, os elétrons de um condutor unem-se em pares, chamados *pares de Cooper* (Leon Cooper era integrante de uma equipe que ganhou o prêmio Nobel de 1972 por essa descoberta). Como no entrelaçamento (Capítulo 11), esses pareamentos são um típico efeito fantasmagórico da física quântica; os elétrons não precisam estar fisicamente próximos um do outro, mas continuam conectados. O físico e autor de ficção científica Charles Sheffield comparou-os a um casal em uma festa apinhada de gente: separado, mas sempre unido.

O aspecto relevante é que cada par deixa de comportar-se como os elétrons que o compõem e passa a agir como outra classe diferente de partículas chamadas *bósons*, que incluem os fótons, partículas formadoras de luz. E os bósons têm propriedades muito diferentes da classe de partículas que incluem os elétrons (os *férmions*). Os pares de elétrons se tornam *correlacionados*, alinhados, como se todo o interior do condutor fosse um único objeto quântico. Todos os fótons em um raio *laser* estão correlacionados do mesmo modo. A forma como costumo imaginar esse fenômeno é a seguinte: em um condutor convencional, os elétrons, todos solitários, são como uma multidão acotovelando-se, tentando passar por um corredor. Os pares de Cooper são como um batalhão bem sincronizado, suave e preciso, marchando com muito menos choques contra a mobília.

O problema é que a formação dos pares de Cooper é um fenômeno sutil, facilmente destruído pelo calor. Por décadas, acreditou-se que, por conta disso, jamais seria encontrado algo como o unobtanium, um supercondutor a temperatura ambiente.

Por isso foi uma surpresa para todos quando, na década de 1980, foram descobertas certas cerâmicas que podem continuar superconduzindo a temperaturas "amenas" de 90 graus acima do zero absoluto — acima do ponto de fervura do nitrogênio, quanto mais do hélio. Mais tarde, supercondutores à base de óxido de cobre elevaram o limite para mais de 130 graus acima do zero absoluto. Os progressos mais recentes incluem a descoberta, em 2008, de supercondutores à base de óxido de ferro, que atuam mais ou menos nessa mesma temperatura. Ainda não se sabe como se dá essa ação, mas presume-se que seja por meio de um análogo, em alta temperatura, do efeito de correlação de pares de elétrons observado a baixas temperaturas. Por enquanto, o sonho de um verdadeiro supercondutor a temperatura ambiente ainda está fora de alcance. Porém está cada vez mais próximo.

Dentro da narrativa de *Avatar*, o unobtanium tem outras propriedades fundamentais. Ele pode excluir campos magnéticos muito mais fortes do que outros supercondutores são capazes — se o campo for forte o bastante, a maioria dos supercondutores no final acabará colapsando. E não apenas ele exclui campos magnéticos, mas também tem a habilidade de ancorar fortes campos magnéticos em porções de sua estrutura, talvez pela presença de componentes que não sejam supercondutores incrustados em uma matriz supercondutora. É isso que permite que o próprio mundo de Pandora sustente fortes campos magnéticos, como veremos no próximo capítulo. Nada disso é completamente implausível; em teoria, as propriedades supercondutoras do unobtanium não parecem impossíveis de obter, e ele certamente teria um valor elevado na indústria.

De onde veio o unobtanium de Pandora? A resposta vem da peculiar (e fictícia) história da formação de Alpha Centauri. À medida que as estrelas jovens se juntavam, eram perturbadas por uma intrusa, uma estrela de nêutrons fugitiva, o núcleo sobrevivente à explosão de uma supernova, uma massa composta unicamente de nêutrons muito aglomerados, com a massa de uma estrela, mas o tamanho de um quarteirão. A estrela de nêutrons, ela própria fonte de poderosos campos magnéticos, penetrou com violência entre as jovens estrelas de Centauro, e algumas bizarras reações nucleares acabaram acontecendo. O resultado foi um sistema coalhado de unobtanium. E é por isso que o unobtanium não está presente em nosso sistema solar, cuja origem não foi perturbada por estrelas de nêutrons.

No entanto, mesmo que conseguíssemos encontrá-lo, poderia um mineral supercondutor como o unobtanium erguer de fato uma montanha?

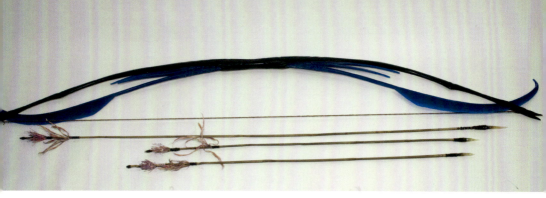

**Arco e flechas Na'vi.** Evidência de um nível elevado de inteligência entre os nativos de Pandora e um exemplo notável de convergência cultural.

**A Terra de Jake Sully.** Apenas vislumbrada no filme, a Terra do futuro é um mundo de alta tecnologia, mas de colapso ecológico, divisões sociais e conflitos.

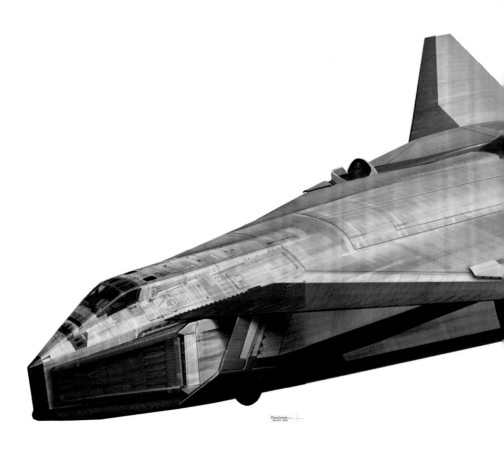

**Uma concepção artística para o ônibus espacial Valquíria.** Um exemplo de nave capaz de entrar em órbita partindo da superfície do planeta, sem a necessidade de propulsores descartáveis: um passo decisivo para ganhar acesso ao espaço.

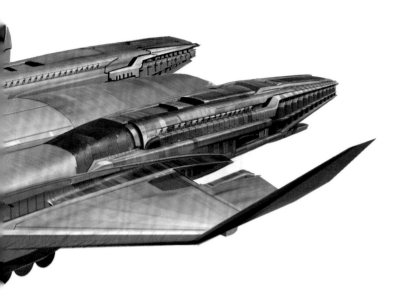

**O ISV Venture Star** (Interestelar Vehicle, ou Veículo Interestelar). Uma das primeiras espaçonaves interestelares humanas. Note os escudos frontais, para proteção contra a erosão causada pela matéria interestelar, o módulo do motor na parte de trás e o longo eixo que mantém os compartimentos habitáveis distantes do motor e dos vazamentos de radiação.

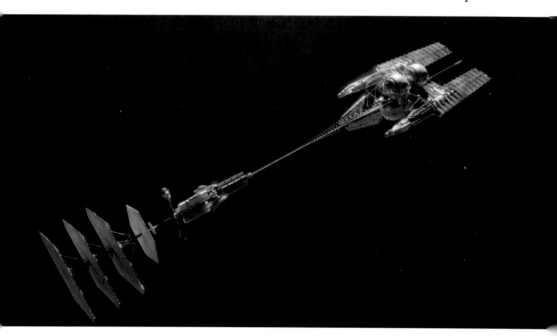

**As montanhas Aleluia.** Tremendas massas rochosas suspensas no ar por forças magnéticas, com a ajuda do supercondutor unobtanium.

**Uma concepção artística para a nave de assalto Scorpion.** A tecnologia bélica humana exportada para Pandora, testada em conflitos na Terra e adaptada para as condições de Pandora.

**Uma banshee.** Exemplo da fauna de Pandora: uma criatura alienígena inventada que faz parte de um ecossistema consistente, extrapolado a partir de paralelos com a Terra.

**Tsu'tey, um guerreiro Na'vi.**
Os Na'vi: humanoides, porém mais altos que os humanos, e com tecnologia equivalente, em linhas gerais, à do nosso período Neolítico.

**Uma concepção de projeto para um avatar.** Uma forma de vida artificial, combinando estruturas biológicas humanas e pandorianas; capaz de hospedar uma mente humana e sobreviver às condições físicas de Pandora.

**Neytiri.** Eis a alienígena.

# 16
# MONTANHAS NO CÉU

As Montanhas Aleluia, cujo tamanho varia desde um rochedo até vários quilômetros de largura, flutuam a milhares de metros acima do solo. As Aleluias são um delicioso conceito visual, inspirado em parte nas montanhas Huang Shan, na China, espetaculares formações calcárias cársticas que também parecem delicadas demais para existirem.

As Aleluias flutuam graças ao empuxo exercido pelo campo magnético de Pandora sobre o unobtanium supercondutor das rochas das montanhas. O campo magnético em si é o produto complexo da presença de unobtanium no solo. Na verdade, foi justamente o avistamento inicial das Aleluias que levou os cientistas humanos a suspeitar da presença do supercondutor.

Na ficção, as ilhas voadoras remontam ao menos ao excêntrico reino aéreo de Laputa, nas *Viagens de Gulliver* (1726), de Jonathan Swift. E, aliás, Laputa também flutua graças ao magnetismo. Ele contém uma rocha magnética, "uma pedra magnética de tamanho prodigioso [...] Em um de seus lados, a rocha está dotada de um poder atrativo, e do outro, de um repulsivo [...] Quando a extremidade repelente aponta para baixo, a ilha se move diretamente para cima" (Parte Três, Capítulo 3).

Mas quão forte deveria ser um campo magnético para erguer uma montanha?

✳

Considere o pedaço de rocha que Selfridge mantém como *souvenir* em sua mesa. Digamos que seja equivalente a um cubo de dez centímetros; se a densidade for semelhante à de uma rocha terrestre (cerca de duas toneladas por metro cúbico), então sua massa deve ser de uns dois quilos. Ele flutua no ar empurrado pela força de um ímã na base. Essa força vem de uma *pressão magnética*, que é a densidade de energia associada a um campo magnético. É de fato uma pressão, uma força por unidade de área, medida em pascals (newtons por metro quadrado) da mesma forma que a pressão do ar (que na Terra é de cerca de 100 mil pascals ao nível do mar).

Desse modo, com uma seção transversal de dez centímetros quadrados, e se a gravidade de Pandora for de 80% a da Terra, a pressão exigida para manter no ar o pedaço de rocha será de (peso dividido por área) mais ou menos 1.600 pascals.

A fórmula-padrão para a pressão magnética (fácil de achar em qualquer manual de física) nos diz que a pressão exercida por um campo magnético é proporcional ao quadrado da força do campo. E a unidade padrão de força do campo magnético, ou "densidade de fluxo", é o tesla (T) — batizado em homenagem a Nikola Tesla, inventor sérvio-americano que já foi representado por David Bowie no filme *O Grande Truque*, de 2006. (Um tesla é equivalente a 10 mil gauss, em outra unidade.)

O fato é que, para obter uma pressão de 1.300 pascals, é necessária uma força de campo magnético de cerca de 60 mT (militeslas — cada milésimo de um tesla). Quanta força isso representa? Bem, são várias centenas de vezes a força do campo magnético da Terra ao nível do solo (equivalente a cerca de um décimo de milésimo de um tesla; um tesla, na verdade, é um valor muito elevado). É mais forte do que um ímã de geladeira, que tem alguns militeslas, porém mais fraca do que a bobina em um alto-falante, que pode ter cerca de um tesla. Sendo assim, com certeza, é plausível que uma pedra como o enfeite de mesa de Selfridge pudesse ser erguida por um ímã de uso doméstico.

Parece incrível que mesmo um ímã de geladeira seja tão mais forte que o campo magnético da Terra — e se você usá-lo para pegar um alfinete, estará testemunhando como o magnetismo dele vence a atração gravitacional de *um planeta inteiro*. No entanto devemos pensar na força do campo magnético como um tipo de densidade; há uma quantidade enorme de energia armazenada no campo da Terra que age globalmente — ainda que, localmente, em uma escala muito pequena, seja muito mais fraca que o ímã de geladeira. E, em escalas maiores, enquanto as forças elétricas e magnéticas podem atrair ou repelir (pense nas cargas positiva e negativa, e nos polos norte e sul), a gravidade apenas atrai, sempre. Assim, as forças eletromagnéticas podem ser fortes em uma escala pequena, mas anular-se em escalas maiores, enquanto a força de atração da gravidade apenas acumula-se mais e mais. É por isso que a estrutura de nosso corpo é dominada por forças eletromagnéticas, mas a estrutura do universo, como a órbita dos planetas e as formas espiraladas das galáxias, é determinada pela gravidade, e não pelo eletromagnetismo.

O brinquedo de Selfridge é uma coisa. Mas e quanto às Montanhas Aleluia?

Assim como imaginei uma bióloga como um cilindro (Capítulo 14), agora imaginemos uma montanha como um cubo, com cem metros de lado (muitas das montanhas são bem maiores), com a densidade de uma rocha. Esse cubo contém bem mais massa que o enfeite de mesa — cerca de 2 milhões de toneladas — e a pressão necessária para mantê-lo no ar é também muito maior, por volta de 1,6 milhão de pascals. A força de campo magnético de que necessitamos também é maior, por volta de dois teslas.

Dois teslas podem não parecer muito. Está bem dentro dos limites do que a moderna tecnologia humana pode produzir — os grandes sistemas de imagem por ressonância magnética dos hospitais podem operar com campos de vários teslas numa escala pequena.

Entretanto, dois teslas equivalem a vários *milhares* de vezes a força do campo terrestre. É mais forte que o campo magnético ao redor de Júpiter. É mais forte até que o campo do Sol no ponto de uma tempestade solar, evento forte o bastante para fustigar a Terra, através de mais de cem milhões de quilômetros, com suficientes partículas carregadas para derrubar redes elétricas. Na natureza existem, porém, campos magnéticos mais fortes; o campo na superfície de uma estrela de nêutrons, que é o remanescente compacto de uma supernova e responsável, aliás, pela geração do unobtanium, pode ser de centenas de milhões de teslas. (O romance de 1980 *Dragon's Egg* [O Ovo do Dragão], de Robert L.

Forward, e meu próprio *Flux* [Fluxo] (1993) mostram formas de vida moldadas por esse estranho ambiente.)

O filme *Avatar* exibe evidências visuais de fortes campos magnéticos de um tipo poético. Os Arcos de Pedra que se congregam sobre áreas de forte fluxo, como a Árvore das Almas, fazem lembrar as *protuberâncias solares*, áreas de intensa atividade magnética na superfície do Sol, onde plasma incandescente é erguido ao longo de linhas de fluxo, formando arcos imensos — alguns grandes o suficiente para envolver a Terra. Os Arcos são, na verdade, um resquício dos campos magnéticos de Pandora. Durante a formação da região, a circulação do fluxo da rocha ainda líquida num circuito fechado modelou-a e manteve-a em posição até que esfriasse, solidificando-se. Como resultado, as formações em arco podem ser utilizadas na localização dos depósitos de unobtanium, servindo como alerta para os pilotos de aeronaves quanto à presença de campos magnéticos de risco.

Com relação às montanhas voadoras, mesmo que tivéssemos a força de campo, existem também problemas de estabilidade. Se você fizer alguns experimentos com ímãs de geladeira, vai descobrir que sustentar um objeto por repulsão não é fácil, pois ele vai escorregar para um ou outro lado, ou virar ao contrário, de forma que os polos diferentes são atraídos e se grudam. Com um corpo supercondutor é diferente, pois o corpo flutuante permanece sustentado pelo campo magnético excluído de seu interior. Experimentos maglev demonstraram que, para obter estabilidade, é necessário que o campo de sustentação seja mais forte na periferia do que no centro, mantendo o objeto flutuante no lugar. Em Pandora, como poderia um campo com esse formato surgir na natureza? Talvez tenha havido algum tipo de efeito de retroalimentação entre os campos magnéticos das rochas flutuantes e o solo ainda não tivesse sido solidificado quando as montanhas se formaram. Ou, como aventaram alguns pesquisadores no universo de *Avatar*, as Aleluias poderiam representar um equilíbrio obtido por uma espécie de consciência, da mesma forma como Eywa é parte integral do equilíbrio ecológico... Contudo, ainda assim, as Aleluias não são totalmente estáveis. Sabe-se que pode haver colisões entre elas, daí seu nome Na'vi de "Pedras do Trovão", *tktktk*.

Com certeza, os intensos campos magnéticos de Pandora tornam ainda mais arriscado um mundo de alto risco.

# 17
# UMA LUA PERIGOSA

O Coronel Quaritch gosta de dar as boas-vindas aos recém-chegados em Pandora com uma descrição assustadora de suas formas de vida perigosas, suas plantas, seus animais e principalmente sobre os nativos, que, segundo ele, não querem outra coisa senão matar os humanos.

No entanto Pandora seria um lugar terrivelmente perigoso mesmo se fosse desprovido de qualquer forma de vida.

Pandora é um mundo vulcânico. E isso se deve ao local em que orbita.

Considere as luas de Júpiter. Das quatro maiores, descobertas por Galileu – Io, Europa, Ganimedes e Calisto –, a mais interna, Io, dista de Júpiter cerca de seis raios do planeta gigante, enquanto Calisto, a mais distante, está a 26 raios. A órbita de Io foi distorcida por seus vizinhos, Europa e Ganimedes, e transformada numa elipse. Como resultado, Júpiter e as luas vizinhas, em conjunto, produzem marés violentas em Io — mas não de água, como as marés geradas pela Lua nos oceanos terrestres, e sim de rocha. A lua toda é dobrada e espremida, um efeito que aquece Io por dentro, assim como uma bola de borracha fica quente se for continuamente apertada com a mão. Acontece o mesmo com Pandora, que também orbita um gigante gasoso e tem luas irmãs, de modo que é esperado que também sofra deformações pelas marés.

Devido ao calor gerado pelo estica e puxa gravitacional, Io é o mais vulcânico dos mundos conhecidos. Suas caldeiras vulcânicas vomitam cem vezes mais lava que todos os vulcões da Terra, e isso em uma área superficial com um doze avos da terrestre. Toda a superfície está sulcada por poços sulfúricos, poças de lava e fissuras que liberam magma. Nas imagens das naves espaciais da NASA, Io parece muito com uma imensa pizza. Isso é incomum para um mundo pequeno. Os planetas menores perdem seu calor interno mais rapidamente, e em geral a atividade tectônica se extingue; este é o caso da Lua e até de Marte. Mas não em Io – nem em Pandora.

Está claro que Pandora não é tão ativo quanto Io, mas é palco de uma atividade tectônica muito mais intensa que a da Terra: um mundo de continentes fraturados, de vulcões e terremotos, de fontes termais e gêiseres, e com a atmosfera poluída com dióxido de carbono, sulfeto de hidrogênio e outros produtos vulcânicos.

Todo vulcanismo é ruim para o maquinário, por causa das cinzas e dos gases que os vulcões expelem no ar. Na Terra, tivemos um exemplo disso em abril de 2010, quando as viagens aéreas pela Europa foram canceladas durante dias por conta da nuvem de cinzas emitida por um vulcão na Islândia. A erupção não foi muito grande pelos padrões históricos, e fora da Islândia não era possível sequer ver a nuvem. Porém uma aeronave que voasse através dela tragaria 60 bilhões de partículas de cinzas abrasivas por segundo. O grande perigo era que partículas da sílica presente nas cinzas se fundissem, entupindo os sistemas de resfriamento dos motores, o que provavelmente desligaria todos os motores da aeronave ao mesmo tempo, em vez de um ou dois, como os aviões estão projetados para aguentar. Pandora é obviamente um ambiente difícil para a indústria, como discutiremos no Capítulo 18.

Para os humanos, o ar de Pandora é letal. "Colocar *exopacks*!", ordena o chefe da tripulação quando os passageiros do Valquíria se preparam para caminhar em Pandora pela primeira vez. "Lembrem-se, pessoal, se perderem a máscara, vão perder a consciência em vinte segundos e estarão mortos em quatro minutos. Vamos ver se ninguém morre hoje, pega mal em meu relatório..."

Graças ao vulcanismo, se comparado com a atmosfera da Terra, o ar espesso de Pandora está repleto de dióxido de carbono, xenônio e sulfeto de hidrogênio. É o dióxido de carbono que mantém a lua quente o suficiente para que haja vida. Entretanto é o dióxido de carbono que mataria você – ou o sulfeto de hidrogênio, se você lhe der uma chance (o xenônio é inofensivo).

O dióxido de carbono é um componente essencial de nossa biosfera, mas é tóxico em maiores concentrações, um assassino silencioso e inodoro. Em 1988, em Camarões, dióxido de carbono foi expelido de lagos por fenômenos vulcânicos; os animais da área foram atingidos e mortos, assim como 1.700 pessoas. Os mineiros de carvão temem o *blackdamp* nos túneis, ar tóxico em que os níveis elevados de dióxido de carbono estão acompanhados por uma redução no oxigênio. Canários eram usados como sistema de alerta para os perigos de *blackdamp*; mais sensíveis ao ar tóxico, as aves morriam antes das pessoas.

O conteúdo de dióxido de carbono na atmosfera da Terra é uma fração de 1%. Acima de 1%, ele pode causar sonolência. Em concentrações maiores, provoca tontura, falta de ar, dificuldade para respirar e ataques de pânico. Com 8%, você perde a consciência após alguns minutos. Em Pandora, a concentração é de 19%... Depois do ataque culminante de Quaritch com seu traje AMP ao laboratório de conexão, Jake fica exposto ao ar de Pandora sem um *exopack*, e sua rápida quase asfixia é convincente.

A alta concentração de sulfeto de hidrogênio também é um risco. Esse gás é mortal em concentrações acima de uns poucos décimos de 1%, mas capaz de causar tosse e irritações cutâneas em níveis muito mais baixos.

É claro que as formas de vida em Pandora se adaptaram ao ar do planeta. Existe até uma espécie, a árvore-bola (*Obesus rotundus*), que absorve gases tóxicos da atmosfera e beneficia o resto da biota. Os humanos, no entanto, sempre precisarão da proteção proporcionada por sistemas como os exopacks, que removem o excesso de dióxido de carbono e o sulfeto de hidrogênio do ar de seu usuário.

Se, porém, o ar de Pandora não acabar com você, existe ainda o magnetismo.

O próprio campo magnético de Pandora já constitui um grande risco. Nesse ambiente, como vemos no filme, o magnetismo é forte o suficiente para afetar a tecnologia humana — e é por isso que regiões de fluxo intenso, como a Árvore das Almas, são bons lugares para Grace, Jake e os rebeldes se esconderem. Como veremos no Capítulo 18, uma das razões pelas quais boa parte da tecnologia da RDA tem um ar pesado e retrô se deve simplesmente ao fato de os equipamentos terem de ser robustos o suficiente para, entre outras dificuldades, continuar funcionando no ambiente de magnetismo intenso.

O campo magnético também teria efeitos em seres vivos. Pode-se supor que seria possível *sentir* a presença de um forte campo local ao passarmos através dele. Você se recorda de que o unobtanium é repelido pelos campos magnéticos porque, como um supercondutor, ele tem um *diamagnetismo perfeito* — um bloco desse material expele os campos magnéticos de seu interior. Mas, até certo ponto, *qualquer* condutor é diamagnético, como, por exemplo, seu próprio corpo repleto de água, e pode ser repelido por um campo forte o suficiente. É possível fazer os corpos de rãs e de camundongos flutuarem em campos magnéticos, como foi constatado por pesquisadores que dispunham de muito tempo livre para pensar em experimentos como esses.

O magnetismo tem influências mais sutis. A vida na Terra explora rotineiramente o campo magnético do planeta. O grupo de animais que dispõem de "bússolas" magnéticas internas, que obtêm informações de orientação a partir da direção para a qual o campo aponta, inclui aves, tartarugas marinhas, morcegos, lagostas e salamandras. Supõe-se que alguns, como tartarugas e salamandras, possuem "mapas" magnéticos internos baseados em variações tridimensionais do campo. Esses animais podem "ver" aspectos do campo sobrepostos à imagem visual normal do mundo, como o *head-up display*[16] de um piloto. Obviamente, esses sentidos são úteis para espécies migratórias de aves, mas a *magnetorrecepção* tem ampla distribuição também em animais não migratórios, como galinhas e até moscas. Mesmo as vacas que pastam às vezes são vistas alinhando-se nos pastos de acordo com a direção de campos magnéticos.

Tem sido difícil identificar os receptores desses sentidos, pois os campos magnéticos passam através da carne e do sangue; os sensores magnéticos de um animal poderiam estar localizados em qualquer lugar do corpo, não necessariamente na superfície, onde se situam, por exemplo, os olhos. Não está claro sequer como os sentidos magnéticos funcionam no interior do organismo: talvez os campos magnéticos gerem alguma voltagem, ou ajam sobre o mineral magnético chamado magnetita, ou quem sabe causem alguma reação

---

16 Dispositivo transparente que apresenta informações diante do usuário, sem que ele necessite desviar o olhar do que estiver a sua frente. [N. T.]

bioquímica incomum. Uma revisão relativamente recente do assunto na revista *Nature* (22 de abril de 2010) resume-o como "um jogo fascinante entre biologia, química e física".

Seres vivos sensíveis ao magnetismo e adaptados aos campos mais suaves da Terra provavelmente sofreriam em Pandora. Pesquisadores demonstraram que a colocação de barras magnéticas padrão, muito mais fortes que o campo da Terra, em pombos-correio e tartarugas marinhas perturba sua habilidade de navegação. No entanto, formas de vida nativas de Pandora exploram os fortes campos magnéticos do planeta com outras finalidades além da orientação (veja o Capítulo 21). A vida demonstra uma engenhosidade interminável ao explorar os recursos oferecidos por seu ambiente.

Para os humanos, os efeitos médicos da exposição de longa duração a campos magnéticos potentes não são bem assimilados. Entretanto, trabalhadores humanos hoje em dia estão expostos rotineiramente a campos de vários teslas de magnitude, equivalentes aos de Pandora, por exemplo, enquanto operam escâneres de ressonância magnética em hospitais. Em 2007, o departamento de Proteção à Saúde e ao Consumidor da União Europeia publicou um estudo sobre os "possíveis efeitos dos campos eletromagnéticos na saúde humana". O relatório demonstrou que campos magnéticos potentes afetam moléculas biológicas de propriedades magnéticas, como a hemoglobina, e que existe alguma evidência de que a atividade elétrica de neurônios e áreas cerebrais inteiras pode ser afetada por campos intensos.

Pobres mineiros da RDA... As minas de unobtanium tendem a estar localizadas nas regiões de fluxo magnético mais intenso. Inclusive não é permitida a aproximação de humanos aos depósitos de unobtanium; sintomas como distorções visuais e sensações táteis estranhas são relatadas a distâncias de centenas de metros, bem como batimento cardíaco irregular, tremores musculares, náusea e outros sintomas. As operações minerárias da RDA são forçosamente conduzidas por controle remoto.

Aquelas montanhas voadoras representam outro risco para os mineiros. Se o unobtanium for escavado no lugar errado, o campo magnético que sustenta uma Aleluia pode ser desestabilizado...

Sendo assim, o campo magnético de Pandora já constitui um risco por si só. Sua interação com o campo de Polifemo só piora as coisas.

O campo magnético de Júpiter tem dez vezes a força do campo magnético terrestre. Como resultado, o planeta gigante está cercado por uma potente *magnetosfera*, uma região do espaço cheia de partículas carregadas de alta energia. Essa magnetosfera se estende a uma distância entre cinquenta e cem raios planetários, bem além da órbita de Calisto. É uma *grande* estrutura; se fosse um objeto visível, a partir da Terra seria visto com o tamanho do Sol. Dentro da magnetosfera está o cinturão de radiação de Van Allen — faixas formadas por partículas carregadas, do tipo que se sabe ser perigoso para os astronautas que orbitam a Terra —, mas os cinturões de Júpiter são dez *mil* vezes mais intensos do que aqueles ao redor da Terra. A magnetosfera tem efeitos visíveis sobre o próprio planeta Júpiter, como auroras polares estupendas, causadas pelo impacto das partículas carregadas na alta atmosfera: fantásticos espetáculos de luzes, cerca de sessenta vezes mais brilhantes que as auroras boreais e austrais da Terra. E a magnetosfera também faz com que Júpiter emita uma cacofonia atordoante em frequências de rádio, mais intensa do que qualquer outra fonte de rádio no sistema solar, salvo o Sol. Io e as outras grandes luas estão bem no interior da magnetosfera de Júpiter.

A situação é parecida em Polifemo, cuja magnetosfera envolve seis de suas luas, incluindo Pandora. A interação entre as magnetosferas de Polifemo e de Pandora é complexa e interessante. Os *hot spots* magnéticos pontuais na superfície de Pandora canalizam as partículas carregadas da magnetosfera de Polifemo ou do sol até a superfície. O resultado são tempestades espaciais semelhantes àquelas causadas na Terra pelas tempestades solares, que são descargas violentas de partículas energéticas a partir de regiões magneticamente ativas na face solar. Na Terra, os eventos mais graves podem derrubar redes elétricas, interferir nas comunicações entre aviões e controladores em terra e afetar serviços de telefonia móvel.

Nossa própria magnetosfera, porém, é basicamente um escudo. Em geral, ela desvia a pior das tempestades solares, empurrando para longe os fluxos de partículas carregadas. A complexa magnetosfera de Pandora na verdade produz tempestades que atingem a superfície do planeta. Uma tempestade intensa o suficiente pode ser letal para as formas de vida; no pior dos casos, a morte é instantânea, quando o tecido cerebral é ionizado e simplesmente sofre um curto-circuito.

Outra característica notável que Pandora compartilha com Io é um tubo de fluxo. Io está conectado com seu genitor Júpiter por um tremendo rastro de plasma, um condutor natural que transporta uma corrente de 5 milhões de ampères, através de uma diferença de potencial de centenas de milhares de volts, com uma força setenta vezes maior do que toda a capacidade de geração da Terra. Essa estrutura assombrosa despeja energia calorífica adicional na superfície agitada de Io. O tubo de fluxo de Pandora é mais intermitente, mas quando funciona ele cria tremendas tempestades elétricas, auroras polares e outros fenômenos.

Quaritch está certo. Pandora é um mundo de alto risco.

No entanto a RDA se instalou em Pandora sem considerar os riscos. A riqueza a ser encontrada sob a superfície de Pandora faz valer a pena enfrentar os riscos. E a RDA é muito eficiente em extrair essa riqueza.

## PARTE CINCO

# PORTAL DO INFERNO

"É por isso que estamos aqui. Unobtanium. Porque essa pedrinha cinzenta é vendida a 20 milhões o quilo. Não há outra razão."

– *Parker Selfridge*

# 18
# PERTURBANDO O MUNDO

Entre as muitas imagens impressionantes de *Avatar* estão as vistas aéreas da grande mina de unobtanium da RDA em Pandora. Parece uma paisagem lunar recortada em meio ao verde, por onde as máquinas gigantescas arrastam-se. A escala imensa já nos é apresentada nas primeiras cenas de Jake em Pandora, quando, recém-saído do transportador Valquíria que o trouxe de órbita, ele aparece pequenino ao lado dos caminhões de descarga, cujas rodas são mais altas que um ser humano — mas em outras cenas vemos como os próprios caminhões parecem anões ao lado das tremendas escavadoras, na mina.

O tamanho de uma escavadora da RDA, uma carregadeira DD40 Heavy Duty Class, é assombroso. Em cima dela poderiam ser acomodados dezessete campos de futebol. Com quinhentos metros de comprimento, tem cem metros a mais que o maior navio atualmente em operação nos oceanos da Terra (os navios de contêineres Maersk, da classe E). E ela tem mais de trezentos metros de altura: atualmente, existem apenas uns cinquenta arranha-céus mais altos no mundo todo. É uma máquina do tamanho de um quarteirão.

Existe algo de assombroso na visão de máquinas assim tão colossais e de propósito único. Quando eu era garoto, na década de 1960, ficava impressionado com as máquinas futurísticas na série *Thunderbirds*, de Gerry Anderson, como o Crablogger, no episódio "A Caminho da Destruição", que atravessa a floresta arrancando árvores com suas garras gigantescas, como uma criança puxando folhas de capim. Até hoje não consigo deixar de me assombrar quando vejo as máquinas que cortam os grandes pinheirais manejados perto da minha casa, no norte da Inglaterra. Um *harvester* (trator cortador de árvores) derruba a árvore com sua serra elétrica, seus rolamentos forçam o tronco entre lâminas que removem todos os galhos, e as toras são cortadas em um tamanho determinado. Uma enorme árvore de vinte anos de idade pode ser processada em minutos. Depois, uma garra florestal ergue as toras e as leva até grandes pilhas ao lado da estrada, onde esperam pelo transporte. Há humanos nas cabines dessas máquinas, mas os pés desses lenhadores jamais tocam o solo. Não é exatamente o gigantesco cortador de florestas que vemos em *Avatar*, mas o princípio não é muito diferente.

As minas de unobtanium em Pandora assemelham-se às minas a céu aberto aqui na Terra – e, sobretudo, às imensas operações agora em atividade para extração de areias betuminosas, um tipo de depósito de betume. O betume é uma forma densa e viscosa de petróleo que pode acumular-se em camadas de areia ou argila e água. Esses depósitos são encontrados em muitos lugares do mundo, e eram explorados na Antiguidade, no Oriente Médio, para impermeabilizar barcos de junco e também no processo de elaboração das múmias egípcias. Os maiores depósitos do mundo localizam-se na Venezuela e no Canadá, e diz-se que em cada um desses países há reservas equivalentes ao total das reservas globais de petróleo cru (talvez tenha sido por isso que Jake foi enviado para lutar na Venezuela). As Areias Betuminosas de Athabasca, em Alberta, no Canadá, têm sido palco da extração comercial de betume desde 1967. A operação Athabasca utiliza as que talvez sejam as maiores pás escavadoras e os maiores caminhões de descarga do mundo. As areias exploradas de forma geral estão numa camada a cerca de cinquenta metros de profundidade, por cima de um estrato de rocha calcária. Para minerá-las, é necessário eliminar toda a vegetação e então remover o que os mineradores chamam de *capeamento*, o solo e as camadas de turfa, areia e cascalho, e então tem início a escavação. Esta é mais ou menos a técnica usada nas minas de unobtanium em Pandora.

O processo moderno de extração, que exige quantidades imensas de energia para a injeção de vapor e refinamento, até recentemente era considerado inviável economicamente, mas isso mudou graças a uma combinação de tecnologia melhor e aumentos do preço do petróleo. A produção do Canadá aumentou a ponto de o país ter se tornado o principal fornecedor de petróleo e produtos refinados para os Estados Unidos. Problemas ambientais são denunciados regularmente. As administrações estadual e federal aplicam regras rígidas; por exemplo, exige-se que todos os projetos implementem programas de recuperação de áreas degradadas. Porém os ambientalistas afirmam que a extração das areias betuminosas gera mais gases de efeito estufa por barril do que a produção do petróleo convencional.

Enquanto isso, no momento em que escrevo, há planos para a abertura de uma gigantesca mina de ferro no Ártico canadense, muito mais ao norte do que qualquer projeto anterior dessa magnitude – uma oportunidade surgida, ironicamente, pela redução do gelo polar decorrente do aquecimento global. Como em Pandora, existe uma fauna nativa a ser removida do caminho, incluindo caribus (renas), raposas árticas e ursos polares, e a população nativa, os Inuits, com que lidar.

Suponho que, se o mundo vier a sofrer o ecocídio que vimos no Capítulo 2, podemos esperar a proliferação de projetos como esse. Ninguém se importaria com os impactos sobre o ambiente porque *não haveria* ambiente a ser salvo, não mais do que em nossa Lua sem vida. Com certeza, quando vistas a partir de satélites, as minas em Athabasca e em outros locais têm uma semelhança sombria com as cenas da mineração de unobtanium em *Avatar*.

A mais remota operação industrial da humanidade é a principal mina de unobtanium, conhecida como RDA ESM 01 – Mina Extrassolar RDA 01. Operadores em cabinas blindadas utilizam cargas químicas para fragmentar o capeamento, que então é removido por escavadeiras, tratores de esteira e caminhões de descarga. O minério é removido com escavadeiras e caminhões, mas um depósito puro o suficiente pode levitar espontaneamente, exigindo esteiras transportadoras especializadas para transportá-lo até caminhões cobertos. Ao final dos trinta anos de sua vida útil estimada, as três cavas da ESM 01 estarão unidas em uma cratera de quatro quilômetros de extensão. No entanto, a RDA já está de olho em novos depósitos a serem explorados. Tudo isso é muito plausível. Atualmente já somos bastante hábeis em minerar a Terra. E já estamos pensando em como fazê-lo em outros mundos.

Na época em que se passa a história de *Avatar*, 2154, já existem colônias humanas na Lua e em Marte. E em nosso tempo muitos estudos já abordaram modos de minerar esses novos mundos.

O que existe para ser minerado na Lua? Bem (veja o Capítulo 6), há água, talvez em quantidades vestigiais no solo lunar, e hélio-3, o isótopo certo desse elemento para o funcionamento mais efetivo das usinas de fusão, e que falta na Terra. Porém esses tesouros têm uma distribuição esparsa — seria como colher orvalho — e exigiriam mineração de superfície de grande magnitude. Imagine tratores-robôs rastejando pela superfície lunar, recolhendo o regolito, processando toneladas de material para recolher as frações diminutas de água e de hélio-3, e talvez torrando o resto para extrair oxigênio. Quanto à energia, a luz solar intensa é uma fonte óbvia; talvez grandes áreas dos mares lunares, amplos e planos, pudessem ser fundidas para formar gigantescos coletores de energia solar.

As condições lunares tornariam inútil a maior parte de nossa experiência terrestre com indústria e manufatura pesadas; teremos de repensar tudo. A poeira lunar, fragmentada pela chuva de meteoritos, mas não submetida às intempéries, é incrivelmente abrasiva, como descobriram os astronautas da Apollo quando tentaram lacrar seus trajes espaciais para novas caminhadas lunares após a primeira. O vácuo torna inútil a maioria dos lubrificantes; eles simplesmente se dissipariam. E a baixa gravidade causa problemas a processos comuns como o fluxo de fluidos, por conta de efeitos de bolhas nos líquidos. As lições que aprendermos na Lua, porém, podem ser levadas para outros mundos. É estranho pensar que as adaptações à baixa gravidade, introduzidas nos tubos de alimentação do *rotorcraft* (um similar do helicóptero) Samson para permitir que opere em Pandora, por exemplo, podem ter sido desenvolvidas na humilde Lua.

No futuro em que *Avatar* se situa, inclusive, a RDA mantém uma usina lunar de hélio-3. E a atividade minerária deve ter deixado cicatrizes. Talvez na época de Jake Sully a face da Lua no céu, que se manteve mais ou menos inalterada por bilhões de anos antes que os humanos aparecessem, esteja perfurada e arranhada por minas, e os mares de poeira brilhem cobertos por tremendos painéis solares.

Enquanto isso, os melhores planos que temos de uma viagem de ida e volta a Marte envolvem o processamento industrial dos recursos marcianos logo na primeira aterrissagem — de fato, ele deveria ter início antes mesmo de os humanos chegarem lá. De acordo com a proposta *Mars Direct*, de Robert Zubrin, seria enviada a Marte uma onda de espaçonaves capazes de manufaturar seu próprio combustível para a volta, a partir do dióxido de carbono da atmosfera do planeta, a uma fração do custo de carregar combustível desde a Terra (a nave Apollo levou consigo o combustível para a viagem de retorno à Terra).

O ingrediente-chave para o suporte à vida, porém, é, como sempre, a água. E parece haver muita em Marte. Como suspeitava Percival Lowell, há água na forma de gelo na superfície dos polos marcianos, apenas esperando para ser recolhida. Em latitudes mais baixas, as sondas espaciais encontraram evidências da existência passada de água: por exemplo, o que parecem ser os vestígios de inundações gigantescas e catastróficas, e talvez até mesmo as marcas de marés de antigos mares. Para onde foi toda essa água? Talvez tenha sido drenada para aquíferos no interior do planeta por processos geológicos como os grandes fluxos de subducção que ocorrem na Terra; menor que nosso planeta, Marte esfriou mais rapidamente, tornando sua crosta e seu manto mais capazes de aprisionar e armazenar água. Assim, a primeira operação industrial em larga escala em Marte seriam perfurações em busca de água — e os desafios técnicos lá são quase tão severos quanto na Lua.

De 2004 a 2007, trabalhei com uma equipe da venerável Sociedade Interplanetária Britânica, num estudo conceitual de uma base tripulada no polo norte marciano. Era um estudo alentado; o líder do projeto, Charles Cockell, é um professor de astrobiologia na Universidade Aberta. E no decorrer do estudo analisamos propostas de como fazer perfurações em Marte, e em nosso caso específico queríamos extrair um testemunho de gelo. Como na Terra, tais testemunhos, obtidos em perfurações através das calotas de gelo formadas pelas nevascas no correr de anos e anos, contêm o registro de variações climáticas desde um passado remoto.

As perfurações de profundidade, como as que são necessárias para descer quilômetros até um aquífero marciano de baixa latitude, são um desafio tremendo em termos de massa, energia e mão de obra. A perfuração rotativa — como usamos na Terra — é uma técnica testada que demanda relativamente pouca energia, simples em termos mecânicos e que pode ser reparada com certa facilidade em caso de dano. No entanto requer uma pesada infraestrutura de apoio, e, no ambiente marciano empoeirado, frio e muito abrasivo, qualquer sistema de partes móveis estaria vulnerável a uma grande variedade de falhas — de lubrificação, de abrasão das peças, perda da integridade do lacre.

O poço de uma perfuração profunda sempre requer estabilização para evitar o colapso. O que se faz na Terra é bombear para seu interior um *líquido de perfuração*, como água ou uma espécie de lama. Esses líquidos *não* funcionariam nas condições marcianas; ambos congelariam imediatamente. Talvez algum óleo lubrificante de baixa temperatura fosse adequado, mas sairia muito caro importá-lo da Terra: seriam toneladas de material, e, em caso de perda, essa carga líquida não poderia ser reposta. A saída seria usar fluidos produzidos a partir de material local, e a melhor aposta seria liquefazer a atmosfera marciana de dióxido de carbono. Infelizmente, dióxido de carbono mais água líquida resulta em ácido carbônico, um ácido fraco, mas corrosivo; seria necessário manter as temperaturas baixas o suficiente em todo o poço para evitar o derretimento das crostas de gelo, o que afeta a velocidade da perfuração, e também usar materiais resistentes à corrosão.

Essa breve experiência me ensinou muito a respeito dos desafios das transferências de atividades industriais pesadas para outro mundo. Na baixa gravidade e na atmosfera tóxica de Pandora, cada ferramenta, cada máquina e cada material usado terão de ser redesenhados; e cada técnica deverá ser reexaminada.

E os intensos campos magnéticos ao redor dos depósitos de unobtanium pandorianos são um problema inédito e significativo para a indústria. Máquinas e ferramentas não podem conter qualquer elemento ferromagnético, como ferro, cobalto ou níquel, pois iriam magnetizar-se de tal forma que suas partes móveis se imobilizariam. Mesmo alguns elementos não ferromagnéticos, como o manganês, ficam magnetizados quando combinados com outros elementos, o que limitaria o uso de ligas de aço e outros materiais. Alguns compostos funcionariam, como o carboneto de tungstênio, mas eles são raros e caros. Além do mais, sempre que você move um material condutor em um campo magnético, são induzidas correntes elétricas. Elas podem aquecer o material, interferir com os circuitos e interagir com o campo magnético global para produzir uma resistência ao movimento.

Um mineiro usando uma picareta sentiria como se estivesse debaixo d'água, e quanto mais depressa se movesse, mais quente ficaria a picareta — não que fosse permitido a um trabalhador humano sequer aproximar-se de um veio de unobtanium.

Mas quando a RDA conseguir chegar a Pandora, estará apta a basear-se em décadas de experiência na dominação de ambientes hostis no Sistema Solar. E tudo que aprendemos na Terra, desde os dias em que, milhares de anos atrás, lascávamos nódulos de sílex em leitos calcários, terá sido repensado.

# 19
## CÓPIAS, CÉLULAS E COMPUTADORES

No filme *Avatar*, apenas avistamos a Terra, mas vemos bem mais detalhes da colônia humana em Pandora, a Colônia Extrassolar da Administração de Desenvolvimento de Recursos, mais conhecida popularmente como Portal do Inferno.

E então conseguimos ver alguns dos avanços tecnológicos obtidos pela Terra de meados do século XXII.

Um dos desafios das atividades que vemos em Pandora é a massa monstruosa do maquinário necessário, como o equipamento de mineração, o armamento militar, as estruturas fixas no Portal do Inferno e em outros locais. Voos interestelares provavelmente sempre serão caros, e quanto mais massa tiver de ser carregada, mais caros serão.

Considerando isso, faria sentido manufaturar a maior quantidade possível de equipamento em Pandora usando os recursos locais. Para conseguir estruturar as coisas e colocá-las em funcionamento o mais rápido possível, seria necessário trazer da Terra componentes "inteligentes", mas leves, como equipamentos eletrônicos, e manufaturar objetos pouco sofisticados e pesados em Pandora.

E o modo como a RDA consegue isso é usando uma versão muito avançada de uma técnica nova chamada estereolitografia ou *impressão em 3-D*.

Esta é uma espécie de fotocópia de objetos sólidos, na qual máquinas controladas por computador constroem um componente camada por camada, depositadas por um *spray*. Os sistemas hoje em uso utilizam basicamente plástico, mas já houve experimentos usando metais e cerâmicas. As vantagens da técnica são sua habilidade em construir formas mais complicadas e intricadas do que qualquer outra tecnologia de manufatura primária e sua flexibilidade – um sistema pode produzir qualquer componente que você desejar, enquanto por outros métodos seria necessário trazer equipamento especializado para cada tipo.

Hoje em dia, os sistemas comerciais são usados para manufaturar peças de joalheria, mas também estão sendo testados em uma escala maior, por exemplo, em projetos em que edifícios são construídos camada a camada por robôs que depositam concreto de secagem rápida. Também há experimentos para oficinas caseiras que podem ser baixados da internet, como o projeto *RepRap*, o Replicating Rapid Prototyper [Máquina de prototipagem e replicação rápida], idealizado por Adrian Bowyer, do Buckinghamshire Chilterns University College, na Inglaterra. Como você pode imaginar, existem problemas fascinantes de direitos de propriedade intelectual para serem resolvidos com relação a essa tecnologia.

Mesmo na Terra, se pudéssemos manufaturar em casa um monte de coisas das quais precisamos, poderíamos cortar de forma significativa os custos de transporte. E a estereolitografia com certeza corta os custos de transporte para Alpha Centauri, onde a RDA manufatura seus próprios veículos de terra, equipamentos de mineração, armas, elementos de construção e até roupas. Como veremos, porém, o uso dessa tecnologia impõe algumas restrições quanto ao tipo de maquinário que pode ser usado em Pandora.

De forma notável, em experimentos no Instituto de Tecnologia de Massachusetts, tentaram usar a impressão em 3-D para fazer ossos humanos artificiais. No decurso de *Avatar*, podemos ver diversos outros avanços médicos.

✶

O ex-fuzileiro naval Jake Sully está preso a uma cadeira de rodas, resultado de um ferimento traumático que ele sofreu quando estava na ativa. Ele sabe que um "espinal" pode ser reparado, mas apenas a um custo que está além de sua pensão como veterano. No contexto do filme, a paralisia de Jake tem uma função-chave na narrativa. Assim como a Terra ecodevastada, ela fornece um ponto de partida extremo para a história pessoal do personagem; ela deixa Jake vulnerável à manipulação por Quaritch e amplifica a felicidade que ele sente, e que compartilhamos, quando pela primeira vez comanda seu corpo avatar, e pode fazer algo tão simples como voltar a correr.

Entretanto é bom saber que, no mundo real, estão sendo dados alguns passos para aliviar essa condição dramática.

Um "espinal" é uma lesão na medula espinal, um feixe longo e fino de tecido nervoso que se estende a partir do encéfalo, onde se situa o cérebro. A medula está circundada pela coluna vertebral, que a protege. Juntos, medula espinal e encéfalo constituem o sistema nervoso central. A função principal da medula é transmitir sinais nervosos entre o cérebro e o resto do corpo: a *informação motora*, que são as instruções para que se realizem os movimentos do corpo, desce pela medula, indo do cérebro para o corpo; e a *informação sensorial*, que são os dados registrados pelos sentidos, sobe pela medula até o cérebro. A medula espinal tem algumas funções independentes — ela serve como centro de coordenação para vários reflexos.

Estima-se que, nos Estados Unidos, por exemplo, anualmente, ocorram quarenta casos de lesão da medula espinal por milhão de pessoas. A medula pode ser danificada por um trauma, como no ferimento de guerra de Jake, por um tumor, por um distúrbio do desenvolvimento (como a espinha bífida) ou por uma doença neurodegenerativa. As vértebras ou os discos que ficam entre elas podem se estilhaçar e perfurar a própria medula espinal. Em casos mais graves, como o de Jake, o paciente pode sofrer perdas significativas de funções motoras e sensoriais em porções extensas do corpo, que podem chegar à paralisia total do corpo abaixo do local da lesão. Além disso, o paciente pode sofrer mau funcionamento do intestino e da bexiga, perda da função sexual, espasticidade e dor neuropática; em longo prazo, pode haver atrofia muscular e degeneração óssea.

Os tratamentos atuais consistem na administração de agentes anti-inflamatórios ou de solução salina gelada imediatamente após o ferimento. Porém tais substâncias não ajudariam Jake a andar de novo. Parece que, no presente, a despeito dos resultados terríveis de uma lesão da medula espinal, relativamente pouca pesquisa é feita para desenvolver novos tratamentos, por conta do pequeno número (em termos percentuais) de pessoas afetadas.

No entanto há alguns avanços promissores. Procedimentos envolvendo proteção neuronal e mesmo a regeneração dos neurônios lesionados estão sendo investigados para o tratamento de condições como o mal de Alzheimer e a doença de Parkinson, enfermidades do sistema nervoso que guardam algumas semelhanças com as lesões de medula espinal.

A abordagem mais promissora para a regeneração neurológica parece ser o tratamento com células-tronco, que está cercado de grande publicidade. As células-tronco estão presentes na maioria dos organismos multicelulares. Elas podem renovar-se por meio de divisão celular, mas também podem diferenciar-se em uma grande gama de tipos especializados de células. Podem ser encontradas em embriões, onde se multiplicam para formar todos os tecidos específicos que o organismo requer. Em adultos também existem células-tronco que podem atuar como um mecanismo de reparo do corpo, substituindo células especializadas que tenham sofrido dano.

Em sua aplicação na medicina, as células-tronco são injetadas nos tecidos danificados; elas provêm do próprio corpo do paciente, de modo que não há risco de rejeição. Com um manejo adequado, essas células-tronco podem ser treinadas para diferenciarem-se nos tipos de células necessários para reparar o dano. O primeiro tratamento bem-sucedido com células-tronco remonta a 1968, um transplante de medula óssea. Existe a esperança de que o tratamento com células-tronco algum dia transforme a medicina, tratando de condições que vão do câncer à insuficiência cardíaca.

Para casos "espinais" como o de Jake, esses tratamentos ainda estão em sua infância. Tem se revelado muito difícil persuadir as células-tronco a diferenciarem-se em neurônios motores espinhais, células que transmitem as mensagens do cérebro para a medula espinal. Nesse sentido, porém, certo sucesso foi relatado em 2005 por pesquisadores da University of Wisconsin-Madison. E em 2010, o primeiro paciente de lesão espinal foi tratado com células-tronco de embrião humano.

Outra evidência de técnicas biomédicas avançadas do século XXII de *Avatar* é a criação dos próprios avatares, derivados de "DNA humano combinado com DNA dos nativos" – os Na'vi. Voltaremos a esse tópico no Capítulo 31, mas por ora podemos assinalar que este é um feito notável da engenharia genética.

Aqui, no início do século XXI, a genética é outro campo de acelerado progresso e grande promessa para a medicina. O gene é a unidade do material hereditário, codificada por filamentos de DNA, uma molécula em dupla hélice (ou pelo menos é como a coisa funciona nas criaturas terrestres). Em medicina, a ideia da terapia gênica é a inserção de genes nas células de um indivíduo, para tratar problemas como doenças hereditárias, em que versões mutantes prejudiciais de um gene podem ser substituídas por versões funcionais. A ideia surgiu na década de 1970, e as primeiras tentativas concentraram-se em doenças causadas por defeitos de um gene único, como a fibrose cística. O primeiro tratamento bem-sucedido nos Estados Unidos teve lugar em 1990, quando uma menina de quatro anos foi tratada de um defeito genético que a deixou com deficiências no sistema imune. Numa tentativa em Londres, em 2007, um paciente foi tratado de uma doença ocular herdada, e em 2009 pesquisadores norte-americanos deram a um macaco-de-cheiro uma visão em cores melhorada, em experimentos que se espera conduzirem a uma cura para o daltonismo.

Uma revisão interessante, publicada na edição de abril de 2010 da revista *Nature*, resumiu a década transcorrida desde que o genoma humano, com seus 100 mil genes, foi totalmente decodificado, o *mapa da vida*. No entanto o progresso no uso de informações genéticas na medicina tem sido muito mais lento do que se esperava, em consequência da complexidade genética de muitas enfermidades; parece ter havido muito exagero na divulgação de alguns êxitos na década de 1990, e em 1999 um paciente morreu em decorrência de uma reação violenta à tentativa de injetar-lhe genes corrigidos. No momento em que escrevo, não houve qualquer cura de pacientes com doenças hereditárias comuns por meio de terapia gênica.

Existem ainda outras dúvidas, inclusive éticas, quanto à técnica, como em inúmeras áreas da medicina moderna. Por exemplo, os bebês podem ser examinados ainda no útero, em busca de problemas genéticos, para eventual tratamento ou, quem sabe, um aborto, dependendo da decisão dos pais. Muita gente ainda tem dúvida sobre onde traçar uma linha com relação a escolhas como essa. Existe ainda a questão da hereditariedade. Há dois tipos básicos de terapia genética. Você pode inserir os genes terapêuticos nas *células somáticas* do paciente — isto é, nas células não reprodutivas do corpo. Neste caso, quaisquer efeitos ficarão restritos ao paciente em si, e não serão repassados a seus descendentes. Ou os genes podem ser enxertados nas *células germinativas*, isto é, as células reprodutivas, espermatozoides ou oócitos. Essas mudanças poderiam ser herdadas e passadas adiante para gerações futuras. Essas técnicas são tão controvertidas que em muitos países, incluindo o Reino Unido, a alteração de linhagens germinativas humanas é um crime específico.

Uma ramificação muito desagradável da pesquisa de terapia gênica poderia ser as armas biológicas "inteligentes". Seria possível focar em um grupo humano ou em indivíduos específicos com um determinado padrão de DNA e desencadear uma doença natural ou desenvolvida por engenharia genética. Precisamos torcer para que essa ideia não ocorra a nenhum dos grupos de planejamento da SecOps em Pandora – mas é uma possibilidade, pois sabemos, por conta da criação dos avatares, que os humanos parecem dominar a genética Na'vi tão bem quanto a sua.

Os tratamentos médicos aqui discutidos até certo ponto estão hoje em estágio experimental. Aqueles que obtiverem sucesso talvez estejam rotineiramente disponíveis em meados do século XXII. Mas parece provável que sejam caros. Além do custo evidente de reparar a lesão espinal de Jake, vemos que o cientista Max Patel usa óculos! Se for possível construir um avatar, talvez também seja possível corrigir a miopia – obviamente, porém, por um preço justo.

Outro avanço tecnológico evidente em Portal do Inferno é a tecnologia de computadores.

Vejamos a sala de controle do Centro de Operações do Portal do Inferno (a equipe de criação de *Avatar* visitou instalações semelhantes, como uma plataforma de petróleo do mundo real, a gigantesca Noble Clyde Boudreaux, no Golfo do México, para usar como modelo para ambientes interiores como esse). Vemos imensos monitores *wraparound*, ou seja, curvos e panorâmicos, que respondem ao toque e ao movimento do operador. Em outra cena, no laboratório de avatares, Max Patel passa a imagem de um monitor tipo *tablet* para outro, levando-a consigo para mostrar a Grace Augustine, com tanta facilidade como se tirasse um pedaço de papel de um quadro de recados. *Displays* tridimensionais são a norma, e é dada ênfase às interações gráficas e táteis, em um ambiente saturado de computação. Essas cenas fazem lembrar experimentos recentes com *computação ubíqua*, em que os computadores são incorporados ao entorno. O Ubice, da Nokia, é um dos protótipos. No sistema Lightspace, da Microsoft, as superfícies em uma sala de conferências tornam-se telas para a exibição de documentos e imagens; como Max, você pode pegar um item virtual de um monitor e movê-lo para outro.

O Centro de Operações exibe também uma holomesa, com um resumo continuamente atualizado das condições por toda a área de atividade da RDA em Pandora. É um *display* holográfico impressionante, onde é possível fazer buscas, e no qual as mãos de Jake podem penetrar e traçar para Quaritch a estrutura interna da Árvore-Lar. A holografia, ciência da projeção 3-D, é uma tecnologia já bem antiga. Os princípios nos quais se baseia foram delineados em 1947 pelo físico britânico Dennis Gabor, que ganhou um prêmio Nobel por isso. As informações sobre amplitude e fase das ondas de luz — isto é, o quão intensa são e como se relacionam umas com as outras — são armazenadas como padrões de interferência. Programas de computador fazem um *traçado de raios* (*ray tracing*) desses padrões de interferência para recriar os raios de luz que os originaram e dar assim a ilusão de que o objeto que inicialmente emitiu ou refletiu a luz está presente. Na verdade, aquele "objeto" pode ter existido apenas na imaginação eletrônica de um computador.

A interação humano-computador (IHC) é o estudo acadêmico da interação entre pessoas e computadores. É a intersecção de diversos campos, da ergonomia e de fatores humanos ao *design* de computadores. Essa disciplina surgiu parcialmente por conta de *maus* exemplos de interfaces humano-máquinas que levaram a catástrofes — por exemplo, acredita-se que o acidente nuclear de Three Mile Island foi em parte consequência de os operadores terem de lidar com uma interface ruim e confusa. Os pesquisadores em IHC desenvolvem teorias de interação, criam novas metodologias e processos de *design* e inventam novos tipos de interfaces e técnicas de interação. Um objetivo de longo prazo é minimizar as barreiras entre o modelo cognitivo criado pelo humano quanto ao que ele deseja realizar e o entendimento dessa tarefa por parte da máquina.

Tudo isso faz sentido em termos do que podemos ver das interfaces de computadores em *Avatar*, que parecem a evolução lógica da tecnologia moderna, nossos *tablets* e *smart phones*, com seus aplicativos que respondem ao toque e que podem detectar movimentos físicos como inclinar e sacudir, graças a acelerômetros internos e à sensibilidade ao posicionamento por GPS. Esses fatores criam uma ilusão de que os aplicativos de computador são parte de nosso mundo físico.

Entretanto, se as interfaces humanas parecem familiares, as tendências atuais sugeririam que enormes avanços na capacidade dos computadores devem ser esperados até 2154.

A *lei de Moore* é uma observação empírica de que, graças aos avanços tecnológicos e à pressão comercial, a velocidade dos sistemas de computador (bem como outros parâmetros como capacidade de memória e preço relativamente baixo) está crescendo exponencialmente. O fenômeno foi descrito inicialmente pelo cofundador da Intel, Gordon E. Moore, que notou, em 1965, que o número de componentes em circuitos integrados havia duplicado a cada ano após a invenção desses circuitos, em 1958. A duplicação é cumulativa, como juros compostos, de modo que em dez anos o aumento (dois multiplicado por si mesmo dez vezes) seria de mil vezes.

Estudos semelhantes baseados em outros métodos de calcular a capacidade de computação dão valores diferentes para o período de duplicação, mas nem todos têm a mesma ordem de grandeza. O futurologista Ray Kurzweil afirma que essa lei tem funcionado desde as máquinas de calcular mecânicas do início do século XX. E ainda funciona quase meio século depois do artigo original de Moore. Em novembro de 2010, de acordo com a lista do TOP500 que mantém o *ranking* de coisas desse tipo, o mais poderoso sistema não distribuído de computador do mundo, um supercomputador chinês denominado Tianhe-1A ("a Via Láctea"), era capaz de cerca de dois mil e quinhentos *trilhões* de operações matemáticas elementares por segundo (2,5 petaflops, em linguagem técnica). A lista do TOP500, mantida desde 1993, confirma uma versão da lei de Moore, com base na velocidade de processamento das grandes máquinas, com um período de duplicação a cada catorze meses.

Porém a lei de Moore faz até mesmo máquinas bastante poderosas muito rapidamente parecerem estúpidas. Com uma duplicação a cada catorze meses, essa lei garante que um laptop, possivelmente disponível por um preço comparável ao atual, ultrapassará a capacidade daquela grande máquina chinesa em apenas *quinze anos*. Não vou deixá-lo deprimido mencionando aqui quando será que os supercomputadores, ou até mesmo seu *celular*, vão atingir uma capacidade maior que o seu cérebro. Trataremos disso no Capítulo 32; com certeza, seria útil, para a complicada tarefa de conectar Jake a seu avatar, que todo o processo contasse com o respaldo de computadores mais poderosos do que ambos os cérebros.

A lei de Moore deve ter um limite além do qual entra em colapso; no fim, ela vai se confrontar com limites físicos fundamentais. Porém, no século XXII de *Avatar* o mundo com certeza estará totalmente saturado por uma tecnologia de computação extremamente avançada. Do mesmo modo como hoje ela está em sua TV, em seu carro e em seu celular, por ora devemos supor que ela estará por toda parte, em roupas, nas casas, em cada equipamento usado — e até mesmo dentro do nosso corpo, que pode estar apinhado de minúsculos nanorrobôs inteligentes de reparos médicos.

Durante a maior parte do filme, porém, os humanos estão ocupados com outro tipo de inteligência — os Na'vi — e com a guerra contra eles.

# 20
# APOCALIPSE LOGO

A guerra tem uma grande participação em *Avatar*, tanto em Pandora quanto na Terra. Quaritch e Jake serviram em locais como Nigéria e Venezuela. São situações muito plausíveis. No Capítulo 2, vimos que não é muito provável que as guerras desapareçam de nosso mundo num futuro próximo, graças a pressões decorrentes do esgotamento de recursos e da mudança climática.

E, no futuro de *Avatar*, estamos orgulhosamente exportando a arte da guerra para as estrelas.

A RDA precisava ter armas em Pandora muito antes de seu confronto com os Na'vi ter tido início. Como Quaritch alertou os novatos, a vida animal da lua — dos cabeças de martelo atacando as pessoas e das alcateias de *viperwolves* [lobos víboras] às *banshees* da montanha que atacam pelo ar — é agressiva o suficiente. Porém o foco do filme é a batalha contra os Na'vi.

A estratégia militar que a RDA e a SecOps usam em Pandora tem alguns paralelos com os conflitos recentes no Golfo e a ocupação do Iraque. Esses paralelos contemporâneos são deliberados da parte dos cineastas, como indicado, por exemplo, pelo uso que Max Patel faz da frase de efeito "choque e pavor", para descrever o ataque à Árvore-Lar. Vemos uma mistura da ameaça constante da força agressiva com esforços de conquistar "os corações e as mentes" da população local usando os avatares.

E, assim como no Iraque, os soldados terceirizados, como Miles Quaritch, da SecOps, empreiteiro militar a serviço da RDA, são parte significativa da paisagem pandoriana.

Atualmente, os exércitos privados constituem uma indústria que vale, no mundo todo, 100 bilhões de dólares. Mas não ouse chamá-los de *mercenários*. Hoje em dia, são conhecidos por termos como "empreiteiras militares" (em inglês, *private military contractors*, PMCs). Muitos deles já serviram em exércitos, como Quaritch; de fato, o número de recrutas em potencial foi ampliado pela dispensa de militares na década de 1990, ao final da Guerra Fria.

Por volta de duas dúzias de empresas de PMC prestam serviços para o Pentágono no momento. Elas são usadas para dar apoio suplementar às forças regulares em áreas de conflito ao redor do mundo. No Afeganistão, foram usadas como corpo de guarda do presidente afegão. Em muitas partes do mundo, são usadas para dar suporte a operações de pacificação, na ausência de soldados regulares, ou para treinar forças locais.

As PMCs também são usadas por companhias privadas e por organizações internacionais e não governamentais. Por exemplo, a companhia irlandesa Integrated Risk Management Services [Serviços de Manejo Integrado de Risco] presta serviços de segurança para a Shell Oil na Bolívia. Dessa forma, o uso da SecOps pela RDA em *Avatar* para assegurar a atividade minerária em Pandora é bem realista.

Existem problemas relativos ao uso de PMCs, incluindo o fato de que, sob os sistemas regulatórios, os soldados podem ser considerados *combatentes ilegais*, sem direito à condição de prisioneiros de guerra, caso utilizem força ofensiva em uma zona de guerra. A postura da Convenção de Genebra sobre esse assunto me parece pouco clara, se considerarmos que um protocolo de revisão, de 1977, não foi ratificado pelos Estados Unidos. Ainda assim, um oficial que passe a trabalhar por conta própria, como Miles Quaritch – e como a companhia de PMC que tenta armar um golpe contra o governo norte-americano, na sétima temporada da série de TV *24 Horas* –, possivelmente, e afortunadamente, nunca representará uma situação típica.

Se o uso de PMCs para proteger a atividade da RDA em Pandora é realista, a tecnologia militar que vemos sendo empregada também é totalmente realista.

As cenas de guerra em *Avatar*, sobretudo o ataque à Árvore-Lar e a cataclísmica batalha final pela Árvore das Almas, são memoráveis e perturbadoras. E a representação do uso de máquinas voadoras é visualmente muito impressionante.

Os soldados de Quaritch são transportados por diversos tipos de aeronaves especializadas. Os aparelhos mostrados são todos capazes de reproduzir um voo VTOL (vertical take-off and landing – ou *decolagem e aterrissagem vertical*, incluindo a capacidade de pairar em voo). Aliás, o VTOL funcionaria melhor na baixa gravidade e no ar denso de Pandora do que na Terra. E o uso do VTOL é uma escolha realista para os planejadores, em termos táticos; os aparelhos VTOL seriam extremamente úteis para ações em selva fechada sem pistas de pouso.

Algumas das aeronaves são *rotorcrafts*, semelhantes aos helicópteros contemporâneos, que usam hélices em duto em vez de rotores convencionais. O rotorcraft tem dois rotores em contrarrotação em cada suporte de rotor. Essa disposição impede que o aparelho todo rodopie em resposta ao giro do rotor; aparelhos com um único rotor necessitam de um rotor de cauda para mantê-los estáveis. O ônibus espacial Valquíria, por outro lado, paira por meio do redirecionamento de seus jatos, da mesma forma que faz um caça Harrier.

O uso de aparelhos de hélice em confrontos bélicos desenvolveu-se desde a Segunda Guerra Mundial. Nessa guerra, foram usados helicópteros para remoções médicas, mas foi na guerra da Coreia que ganharam um uso em grande escala. O relevo acidentado da Coreia tornava difíceis as remoções por terra, e o uso de helicópteros como o Sikorsky H-19, junto a hospitais cirúrgicos móveis do exército – Mobile Army Surgical Hospitals, o M.A.S.H. que ficou famoso na série de TV –, reduziu de forma dramática as baixas fatais no campo de batalha. Mais tarde, no Vietnã, veículos como o helicóptero de ataque AH-1 Cobra e o UH-1 Huey tornaram possível um novo tipo de ação bélica, em que as tropas se tornaram uma espécie de "cavalaria aérea", não mais presas a uma posição fixa, mas capazes de deslocarem-se com rapidez pelos céus do país. Os Hueys tornaram-se um ícone daquela guerra; estavam envolvidos no apoio tático às tropas terrestres e eram usados nos batalhões de artilharia aérea.

Ao idealizar *Avatar*, Cameron queria que as aeronaves fossem visualmente impactantes, mas que também refletissem a tecnologia do mundo real. Como resultado, muitos aparelhos têm análogos no arsenal das forças bélicas norte-americanas atuais. O Samson é uma aeronave utilitária multiuso, comparável em tamanho e função ao UH-60 Blackhawk contemporâneo, usado para funções gerais de suporte aéreo, como remoção médica, transporte, comando e controle, e suporte para operações especiais. A nave de assalto Scorpion, de armamento pesado, é comparável aos atuais helicópteros de ataque como o AH-64 Apache, usado para missões de ataque de precisão e reconhecimento armado — os Apaches estão bem ativos no conflito na Líbia, no momento em que escrevo. O Dragon, de armamento pesado, é um aparelho de transporte, combate, e comando e controle, híbrido de vários modelos atuais; é um transporte como o C-130 Hércules, mas seu armamento pesado talvez se assemelhe mais ao AC-130 Spectre, uma variante do Hércules, desenvolvida como uma plataforma de armas para ataque terrestre durante a guerra do Vietnã.

O ônibus espacial Valquíria é colocado em ação como um bombardeiro durante o ataque à Árvore das Almas. Em combate, o Valquíria cumpre um papel como o do Boeing C-17 Globemaster III, um grande transporte militar em operação desde a década de 1990, na USAF e em outras forças aéreas. O uso do C-17 é o transporte aéreo de tropas e carga para bases operacionais; ele combina uma grande capacidade de transportar peso com a habilidade de pousar em pistas curtas.

Outras armas usadas em Pandora são amplamente reconhecíveis a partir de paralelos modernos. Com certeza, seria possível disparar uma arma no ar úmido e tóxico de Pandora, desde que suas partes móveis não estivessem corroídas ou emperradas — assim como seria possível disparar uma arma no espaço. Uma bala leva seu próprio agente oxidante no explosivo do cartucho selado, de forma que as armas não dependem do conteúdo de oxigênio do ar. Quanto à corrosão, os exércitos lidam com os problemas decorrentes de ambientes quentes e úmidos como Pandora há um século ou mais, com o uso de lubrificantes apropriados e limpeza frequente. Porém em Pandora sempre seria necessário ter cautela com o emperramento de componentes causado pelos intensos campos magnéticos.

Para o ataque contra a Árvore das Almas, os engenheiros montam paletes de minas explosivas, para serem jogados da parte traseira dos Valquíria. É a piloto Trudy Chacon que descreve essas armas improvisadas como *daisycutters* (em português, "corta-margaridas"). Esse apelido era dado, na época da Guerra do Vietnã, ao sistema BLU-82, uma bomba convencional de 6.800 quilos jogada de um avião como o C-130. Foi uma das maiores armas convencionais já empregadas, e foi aposentada em 2008, ao ser substituída pela GBU-43/B MOAB — Massive Ordnance Air Blast [Bomba de explosão maciça], mais poderosa. O propósito original da *daisycutter* era aplainar um trecho de floresta do Vietnã, transformando-o em área de pouso de helicóptero. Mais tarde, no Afeganistão, foi usada como arma antipessoal para propósitos de intimidação. Tem um raio letal muito grande, de cem metros ou mais, e gera uma explosão que pode ser vista e ouvida a grande distância.

De acordo com seus estatutos, a RDA não pode usar quaisquer armas de destruição em massa em Pandora ou mesmo utilizar força militar excessiva. Vemos dilemas éticos com relação a esses aspectos surgirem ao longo do filme, à medida que Jake, Grace e os demais se opõem a Quaritch e Selfridge. Mas talvez essas diferenças éticas mais sutis não fossem evidentes para os Na'vi, vítimas da *daisycutter* improvisada da RDA. Ainda assim, uma organização capaz de realizar viagens espaciais poderia facilmente causar muito mais dano se quisesse: um pequeno asteroide empurrado para cair na Árvore de Almas poderia liberar energia equivalente à de uma arma nuclear.

Pode-se perguntar se os autores de *Avatar* foram conservadores em suas cenas de confronto bélico. O ataque a Pandora ocorre cerca de 140 anos no nosso futuro. Cento e quarenta anos atrás transcorreram a Guerra Civil nos Estados Unidos e a Guerra Franco-Prussiana na Europa. Táticas e tecnologias bélicas evoluíram muito desde então. Em 2154, estarão as forças armadas ainda usando aeronaves e armas tão parecidas com aquelas atualmente em uso?

Bem, *designs* específicos de tecnologia militar podem durar muito tempo se funcionarem bem (como também acontece no mundo civil). O Hércules, ou suas variantes, já voa há cinquenta anos, e o bombardeiro B-52, que voou pela primeira vez em 1952, deve sair de serviço por volta de 2050, quando terá um século de idade! E, em *Avatar*, o Samson, por exemplo, é um modelo com cem anos de idade.

E existe ainda o desafio do ambiente. As aeronaves que aparecem no filme foram originalmente projetadas para atuar na atmosfera da Terra e foram adaptadas para Pandora, com seus gases tóxicos e produtos vulcânicos no ar (veja o Capítulo 17) e poderosos campos magnéticos. Seria preciso recalibrar sistemas de turbinas e rotores, remodelar dutos de entrada de ar, recalcular misturas de combustível e tornar os sistemas mais resistentes aos campos eletromagnéticos. Para encarar os desafios de um ambiente tão difícil, seria desejável contar com um cavalo de batalha robusto, já testado e veterano. O Samson é exatamente isso, testado por décadas numa variedade de ambientes terrestres, da Antártida a Honduras — incluindo operações em que era necessário um reforço contra campos eletromagnéticos, razão pela qual em Pandora ele responde relativamente bem quando sobrevoa um *fluxcon*, área de forte fluxo magnético.

E lembre-se de que as aeronaves que vemos na tela, exceto pelos componentes mais complexos como rastreamento de mísseis e navegação eletrônica, tiveram de ser produzidas nas fábricas de estereolitografia em Pandora. Foi necessário escolher equipamentos, independentemente de idade, que não exigissem a tecnologia mais moderna de materiais sofisticados, como (em 2154) a cerâmica técnica e os nanomateriais exóticos, fora do alcance de impressoras 3D. O Samson é, de novo, tal equipamento veterano. Outro fator é a escassez de apoio de solo em Pandora para sistemas mais avançados.

No entanto este é um caso em que também devemos permitir alguma licença poética. *Avatar* é uma obra sobre um choque de culturas, a agressiva civilização tecnológica humana contra os graciosos Na'vi, vivendo em seu mundo de um modo suave. Quanto mais agressiva a tecnologia humana, e quanto mais grosseira parece, maior o contraste nas cenas em que vemos os dois lados se enfrentando. E os ecos ao Vietnã são propositais, incluindo referências ao filme *Apocalipse Now* (de 1979), com as famosas cenas de helicópteros de guerra pairando sobre a selva.

O modo como boa parte do equipamento militar é mostrado e usado no filme é, portanto, totalmente realista, ao menos em termos da tecnologia de hoje. Entretanto, um equipamento que você não verá nos campos de batalha atuais é o traje AMP.

Com quatro metros de altura, duas pernas e mãos capazes de apreender coisas, a Plataforma de Mobilidade Ampliada Mk-6 tem uma cabine vedada na qual se aloja seu condutor. Os movimentos do traje imitam os do condutor, por meio de servomecanismos movidos pelos braços da pessoa, como vemos quando Quaritch "boxeia" dentro de um traje, com os enormes braços da máquina imitando os golpes do coronel. Pedais nos pés acionam as pernas. Os trajes têm uma blindagem pesada, com armas que vão de um canhão automático a um facão de aparência assustadora. Os trajes incorporam uma boa dose de capacidade própria, como a habilidade autônoma de manter o equilíbrio e mesmo uma capacidade de *retorno automático* à base se o condutor estiver fora de ação. Porém é necessário muito treino para conseguir controlar a amplificação de força e amplitude de movimento entre os gestos do condutor e a resposta do traje.

O traje AMP é o resultado de experimentos atuais para desenvolver *exoesqueletos* motorizados para fins militares. Um exoesqueleto seria como um robô que se pode vestir, uma máquina móvel semelhante a uma armadura, com os movimentos dos membros sustentados ao menos em parte pela fonte de energia. Seu objetivo seria fornecer maior força e velocidade, bem como blindagem e amplificação sensorial, sem redução da coordenação motora fina do usuário sobre seus próprios movimentos corporais. Outras aplicações, talvez para exoesqueletos parciais, podem incluir protética e cuidados médicos — ajudar enfermeiros a levantar pacientes pesados com suavidade, por exemplo.

O primeiro exoesqueleto experimental foi codesenvolvido pela General Electric e pelas forças armadas dos Estados Unidos na década de 1960. Diz-se que esse programa foi inspirado pelo exoesqueleto-armadura do romance de 1959 de Robert Heinlein, *Tropas Estelares*, um caso clássico da interação entre ficção científica e ciência. Exemplos posteriores na ficção incluem o Homem de Ferro da Marvel e, claro, os "robôs empilhadeiras" de *Aliens, o Resgate* (1986), do próprio James Cameron.

O primeiro traje da GE era pesado demais, com movimentos violentos demais e descontrolados. Uma fonte de alimentação leve e potente tem sido um problema recorrente de *design*. Porém os avanços prosseguem em várias frentes. O HULC (Human Universal Load Carrier — em português, "carregador humano universal") da Lockheed Martin, que faz jus a seu nome, consiste num par de pernas hidráulicas movidas a bateria que reforçam as pernas de um soldado e lhe dão a capacidade de carregar grandes pesos a cerca de quinze quilômetros por hora. Os exoesqueletos também estão sendo estudados como parte da *Future Force Warrior* – projeto de demonstração de tecnologia avançada das forças armadas americanas, um sistema de combate de infantaria leve e que pode ser vestido, projetado para satisfazer às necessidades da *Army After Next* (o exército da geração seguinte) no futuro. Há até um exoesqueleto para civis, o HAL-5 (Hybrid Assistive Limb – em português, "Membro Híbrido Auxiliar"), uma máquina de corpo inteiro fabricada pela companhia Cyberdyne; já está à venda no Japão e está sendo usado por pessoas idosas e com dificuldades de locomoção.

Por outro lado, o traje AMP pode ser visto não como um exoesqueleto, mas como um exemplo de *mecha*, nome dado a robôs lutadores ambulantes tripulados em uma ficção de gênero específica.[17] A distinção entre *mecha* e exoesqueleto é vaga, mas, falando de modo geral, um *mecha* é pilotado, enquanto o exoesqueleto se veste. As máquinas de guerra *trípodes* da *Guerra dos Mundos* de H. G. Wells são exemplos primordiais de *mecha*. Os *andadores* da série *Guerra nas Estrelas* também. Ao contrário dos exoesqueletos, parece que o investimento militar feito nos mechas foi baixo – mas uma subsidiária da John Deere produziu um *harvester* (máquina cortadora de lenha) experimental, que caminha sobre seis pernas! Ainda verei um desses andando nos bosques da minha região.

Na cronologia de *Avatar*, os trajes AMP foram derivados de projetos anteriores de exoesqueletos usados em várias zonas de conflito na Terra, e desenvolvidos para uso na Lua e em Marte. São armas formidáveis em circunstâncias apropriadas, como vemos no filme, no confronto próximo ao remoto laboratório de conexão, quando Quaritch, em seu traje, consegue derrotar um *thanator* – e em seguida é capaz de usar a precisão de movimentos do traje para introduzir o braço no laboratório e danificar o equipamento. A locomoção bípede do traje poderia vir a calhar em situações como as das densas florestas de Pandora, onde a mobilidade de veículos com rodas seria difícil. Contudo, um traje AMP

---

17 *Mecha* vem da abreviatura japonesa para "mecânico". Gênero de ficção centrado em máquinas e robôs, especialmente armaduras de vestir. [N. T.]

estaria vulnerável a simples fios esticados para fazê-lo tropeçar e cair, e a ataques com boleadeiras, cordas com pesos atados como as que os guerreiros Na'vi lançam para derrubar Jake. Os poderosos andadores de *Guerra nas Estrelas* também eram vulneráveis a boleadeiras.

A habilidade de promover guerras em um planeta de outra estrela é um feito notável da RDA, exímia mercenária interestelar. Porém no fim a RDA se viu lutando não só contra os Na'vi, mas contra a própria Pandora: um mundo vivo.

## PARTE SEIS

# MUNDO VIVO

"Nossa grande mãe Eywa não toma partidos, Jake; ela só protege o equilíbrio da vida."

– *Neytiri*

# 21
## UM ECOSSISTEMA CLÍMAX

Uma das sequências mais fantásticas de *Avatar* é aquela em que Jake Sully, em seu corpo avatar, se encontra com o rico ambiente da floresta de Pandora pela primeira vez. É verdade que a cena termina em uma correria desabalada, com ele fugindo de um *thanator*. Mas quem poderá se esquecer de Jake descobrindo aquelas grandes plantas espirais com aparência de trompete (as helicorrádias) que, quando tocadas, se encolhem no solo?

Como foi que os *designers* de *Avatar* conceberam um mundo tão maravilhoso e tão convincente?

Primeiras impressões: a ecosfera que vemos em Pandora é evidentemente um tipo de floresta pluvial, dominada por gigantescas árvores que são muito importantes para os Na'vi. Vários outros elementos da flora incluem seres parecidos a samambaias, palmeiras, bambus e gramíneas da Terra. Pandora é obviamente um ambiente tão rico em recursos e fluxos de energia quanto os trópicos da Terra, e a seleção natural produziu uma teia de relações ecológicas tão diversa e complexa quanto a que existe na Terra.

No entanto as condições de Pandora diferem das terrestres. A gravidade menor, o ar mais denso, os fortes campos magnéticos e ciclos de noite e dia diferentes moldaram a evolução da vida, como veremos. Um exemplo óbvio é o gigantismo; graças a menor gravidade, muitas das plantas que vemos são como formas terrestres que cresceram demais. Quanto ao magnetismo, a anemonoide é uma planta carnívora que absorve metal do solo, o que lhe confere a capacidade de usar o campo magnético de Pandora para se mover, uma característica que os biólogos da RDA denominam *magnetonastia*. E uma planta chamada deleite-do-sol, ou *Calamariphyllum elegans* ("planta elegante semelhante a uma lula"), é *magnetotrópica*, ou seja, cresce na direção dos campos magnéticos. O "deleite" vem por conta de a planta ajudar os mineradores da RDA a detectar depósitos de unobtanium ao crescer, convenientemente, na direção deles.

No entanto, ao imaginar essa teia ecológica, como em outros aspectos do filme, os *designers* sempre levaram em conta as expectativas do público. Deram-nos um mundo estranho, mas com elementos familiares da Terra, torcidos e distorcidos para dar uma *impressão* alienígena. É por isso que Pandora é verde! As plantas terrestres são verdes por causa da clorofila em suas células, o composto químico que sustenta a fotossíntese, processando a energia solar para permitir o crescimento. Como a luz solar é uma fonte de energia tão acessível, talvez algum tipo de fotossíntese sempre surja por evolução em mundos com atmosfera transparente, como a Terra e Pandora. Porém há diferentes formas químicas de realizar fotossíntese; as folhas não precisam ser verdes. O verdor de Pandora é uma opção visual do projeto.

As árvores são o elemento mais importante da floresta em Pandora, assim como em todas as florestas da Terra. A principal árvore do dossel da floresta é a chamada palmeira-pé-de-feijão, que atinge uma altura de 150 metros. Os Na'vi a chamam de *tautral*, a "árvore do céu".

As maiores árvores da Terra, as sequoias, não chegam a crescer tanto assim, mas são organismos notáveis. Atualmente, as sequoias estão confinadas a uma faixa da costa do Pacífico da América do Norte. Elas crescem nas montanhas, que capturam a umidade proveniente do oceano; os espécimes mais altos crescem em vales e em ravinas onde os cursos d'água correm o ano todo e onde há uma névoa úmida constante, que contribui para fornecer umidade às folhas mais elevadas. As sequoias formam parte de um *habitat* que sustenta muitas espécies de plantas e animais. Na década de 1990, os biólogos que escalaram as árvores descobriram uma teia de relações ecológicas no dossel da floresta, baseada no solo que se forma a grande altura a partir de folhas e demais restos vegetais em decomposição.

As sequoias podem ser mais altas que um foguete Saturno V[18] e mais antigas que o cristianismo. São habitantes notáveis de nosso planeta.

Entretanto, o sub-bosque denso, rico e luminoso da floresta de Pandora passa algo da sensação visual do mundo submarino — talvez você pense num recife de coral. De fato, em alguns recifes *existe* um ser semelhante à planta-trompete que se encolhe, que Jake encontra, o poliqueta *Spirobranchus giganteus*, um verme marinho que realmente se recolhe para dentro do tubo quando incomodado. Os *woodsprites*, "as sementes da árvore sagrada", parecem-se muito com águas-vivas. Outros seres semelhantes a águas-vivas, muito maiores, flutuam no ar como enormes aeronaves. A árvore mãe na Árvore das Almas exibe filamentos que lembram os tentáculos de criaturas marinhas. Essa influência oceânica não surpreende. Depois de filmar *O Segredo do Abismo* e *Titanic*, ambos bastante marinhos, James Cameron fez seis expedições ao fundo oceânico — que foram filmadas em 3D. No momento em que escrevo, ele planeja uma expedição à Fossa das Marianas, o ponto mais profundo da Terra, onde ninguém mais esteve desde 1960.[19]

E Cameron de fato baseou (em parte) sua concepção das florestas de Pandora nos recifes de coral que encontrou durante suas explorações no mar. Isso é apropriado porque um recife, como uma floresta pluvial, é um exemplo de ecossistema clímax, um ambiente complexo e rico onde um grande número de espécies de animais e plantas coevoluíram.

Foi o próprio Charles Darwin que descobriu como os recifes de coral funcionam. Os corais são minúsculos organismos parecidos com anêmonas que ao morrerem deixam pequenos esqueletos duros. (No passado, recifes também foram construídos por outros organismos, como algas, esponjas, moluscos e vermes tubícolas). Com o passar do tempo, esses esqueletos podem se acumular, formando enormes recifes; a Grande Barreira de Coral da Austrália se estende por 2 mil quilômetros ao longo da costa nordeste da Austrália.

O segredo do recife como *habitat* para a vida é que ele "preenche" o que de outra forma seria uma coluna de água vazia sobre um fundo oceânico plano.

---

18  O Saturno V mede aproximadamente 111 metros de altura. [N. T.]
19  Cameron mergulhou sozinho a bordo do submersível Vertical Challenger em 26 de março de 2012 e permaneceu no fundo, a 11 quilômetros de profundidade, por três horas. [N. T.]

Um recife é uma estrutura tridimensional muito complexa, cheia de fendas, dobras e rachaduras, disponível para colonização por outras formas de vida. Em terra firme, as florestas desempenham o mesmo papel, as árvores que se elevam muitos metros acima do solo aumentam muito a superfície de área disponível para a vida. E, dessa forma, os recifes de coral estão repletos de peixes, moluscos, esponjas, equinodermos (estrelas-do-mar e ouriços-do-mar) e outras formas de vida, todas moldadas pela evolução para formar complexas teias de simbiose, competição e cooperação — exatamente como vemos nas florestas de Pandora. (Ironicamente, na Terra, os recifes de coral que tanto serviram de inspiração a *Avatar* estão morrendo. Isso não é só um desastre ecológico, mas também humano, pois haverá perdas econômicas para a indústria pesqueira e para os pontos turísticos, e as áreas costeiras estarão menos protegidas do oceano.)

Mas em Pandora, dentro daquela biosfera de intricadas interconexões, há um grande número de seres vivos que mordem.

O primeiro animal realmente espetacular com que o Jake-avatar se depara é um titanotério cabeça de martelo. É um animal volumoso, quase um rinoceronte de seis pernas, com blindagem pesada e um focinho "cabeça de martelo" que lembra mais uma criatura aquática, o tubarão-martelo. E o animal tem uma aparência ameaçadora fantástica, calculada para assustar qualquer predador ambicioso, e também possíveis rivais da própria espécie; essa é uma espécie muito territorial.

Porém o cabeça de martelo, um herbívoro, está perto da base da cadeia alimentar dos ambientes de terra firme de Pandora. O cabeça de martelo alimenta-se do equivalente pandoriano de capim, arbustos e folhas, e por sua vez é comido por predadores como os *viperwolves*. Esses animais assustadores, de seis pernas, caçam em matilhas e correm como cães, mas, graças a patas preênseis como mãos de macacos, são também ótimos escaladores. E são muito inteligentes, como revela o indício de comunicação que se vê na tela quando caçam Jake. É evidente que há animais que, por sua vez, também predam os *viperwolves*, como o *thanator*, um animal como um leão ou uma pantera, parente do *viperwolf*.

Da mesma forma, há uma cadeia alimentar aérea. As *banshees* da montanha, graciosos animais voadores que lembram pterossauros, também caçam em bandos. São os equivalentes aéreos dos *viperwolves* — e, novamente, são caçadas por um predador ainda mais assustador, o poderoso *leonopteryx*.

Sempre vemos o *thanator* sozinho, assim como o *leonopteryx*, e isso faz sentido se considerarmos o que sabemos de cadeias alimentares na Terra. Em nosso planeta, em cada degrau que se sobe na cadeia alimentar, a eficiência é de 10% do anterior em termos de valor nutricional. Mil toneladas de capim podem sustentar cem toneladas de carne de cabeça de martelo, que só podem sustentar dez toneladas de carne de *viperwolf*, que só podem sustentar uma tonelada de carne de *thanator*... Assim, se você for um predador de topo de cadeia, como se acredita que sejam um *thanator* ou um *leonopteryx* em Pandora, ou um leão ou tiranossauro na Terra, o ambiente pode sustentar apenas alguns poucos membros da sua espécie. Acredita-se que a área de vida de um único tiranossauro chegasse a ter centenas de quilômetros quadrados; a de um *thanator* é de trezentos quilômetros quadrados. Em Pandora, como na Terra, sejam animais com seis ou quatro patas, as regras da economia natural são imutáveis.

Esse aspecto selvagem e violento da natureza de Pandora se reflete em algo mais que vemos no filme: a guerra armada entre predador e presa.

Para escapar de um grande predador feroz, ou você desenvolve a capacidade de correr muito, como os hexápedes esguios semelhantes a veados, ou uma blindagem pesada, como a dos cabeças de martelo — ou as duas coisas, como os *direhorses*. Outra possibilidade é usar exibições de ameaça como os cabeças de martelo e, com sorte, assustar o caçador e fazê-lo afastar-se. Enquanto isso, o predador também está evoluindo, desenvolvendo maior rapidez e dentes ainda mais afiados... O resultado de uma corrida armamentista evolutiva é um monstro assassino como um *thanator* ou um tiranossauro, caçando um animal tipo tanque como um cabeça de martelo ou um estiracossauro — um dinossauro parecido com um rinoceronte, com um chifre no nariz, projeções ósseas sobre os olhos e nas faces, e um "colar" ósseo sobre o pescoço com chifres ainda mais longos e pontudos.

Embora Pandora nos seja apresentada como um mundo de harmonia natural, a natureza aqui é evidentemente "rubra em presas e garras": um mundo tão difícil que até predadores de topo de cadeia como os *thanators* precisam de blindagem. E embora a floresta tenha um visual oceânico onírico, os ferozes predadores e suas presas de blindagem pesada foram inspirados nas poderosas criaturas da era dos dinossauros na Terra.

Porém há elementos mais sutis também. Muitos dos animais são sociáveis — os *direhorses*, as *sturmbeests* que lembram búfalos em suas manadas, as revoadas de *banshees*. E podemos ver grupos familiares, os *sturmbeests* em marcha protegendo seus jovens, os filhotes de *direwolf* brincando.

Sem dúvida, você percebeu que muitos dos animais de Pandora têm características em comum: seis patas, dois tentáculos neurais (chamados *tranças* nos Na'vi, que as prendem entre os cabelos trançados), aberturas respiratórias suplementares e quatro olhos. Isso vale para criaturas aéreas como a *banshee* e o *leonopteryx*, bem como para os animais terrestres, dos cabeças de martelo aos *thanators*. (A exceção à regra são os Na'vi e seus possíveis parentes, os prolêmures, como veremos na próxima seção.) Essa consistência realista é um testemunho à imaginação disciplinada dos idealizadores do filme, e à sua criatividade, como o modo muito plausível de andar de muitos dos animais de seis patas, e a aparência natural do bater de quatro asas.

Os tentáculos neurais com aparência de antenas são usados para conectar os sistemas nervosos dos animais, para conectar os Na'vi aos animais e, inclusive, conectar um Na'vi a outro. Enquanto um Na'vi tem só uma trança, muitos animais têm dois tentáculos. Os *direhorses*, de aparência equina, conectam-se uns com os outros por seus tentáculos, criando vínculos emocionais e também transmitindo informação sobre fontes alimentares e ameaças. Examinaremos em mais detalhe as tranças neurais ao examinarmos os próprios Na'vi, bem como a rede neural de Eywa.

E quanto aos diversos tipos de aberturas respiratórias que muitos animais exibem? Na Terra, alguns insetos têm *espiráculos*, orifícios para a entrada de ar. Em Pandora, as aberturas servem para supercompressão — a obtenção rápida de maior quantidade de oxigênio, uma característica particularmente útil para criaturas aéreas, e de fato vemos entradas de ar proeminentes nas *banshees* que, como as aves, gastam muita energia e precisam de sistemas eficientes de dissipação de calor. No entanto essas entradas também são um resquício de uma fase anterior do processo de planejamento do filme; James Cameron queria que alguns dos animais que imaginou tivessem o aspecto de automóveis, e as entradas de ar são um vestígio dessa fonte de inspiração!

Os olhos múltiplos são outra característica marcante. Por que dois conjuntos de olhos? Na Terra, embora os insetos tenham conjuntos múltiplos de olhos, um par de olhos é a regra no Reino Animal — se bem que os moluscos do gênero *Spondylus* tenham olhos múltiplos espalhados pela borda da concha. Existe um peixe sul-americano, o tralhoto ou quatro-olhos, que sobe à superfície da água para localizar suas presas no ar; enquanto caça, porém, está exposto aos perigos que vêm de baixo. Assim, cada um de seus olhos funciona como dois sistemas ópticos separados, o superior para visão aérea e o inferior para visão aquática; o animal pode vigiar os perigos que vêm de baixo enquanto vigia o ar em busca de comida. Esses sistemas têm retinas separadas, mas há um só nervo óptico por olho: dois olhos que agem como quatro.

Em Pandora, os olhos múltiplos evoluíram, sobretudo, como decorrência das condições variáveis de luz. Talvez não haja nenhum modelo de olho capaz de lidar igualmente com a luminosidade de um céu aberto com uma estrela dupla, a penumbra bioluminescente da floresta e as raras noites de profunda escuridão. Por exemplo, os olhos primários das *banshees* enxergam as cores, com uma visão semelhante, em linhas gerais, à humana. Os olhos secundários enxergam o infravermelho para caçar à noite: são como tecnologia militar de visão noturna, capaz de detectar a presa pelo calor do corpo.

Talvez os seres de visual mais impressionante em Pandora sejam as criaturas voadoras.

As *banshees* lembram pterossauros, os répteis voadores da pré-história, ou os morcegos, muito mais do que as aves. Entretanto também se parecem um pouco com arraias ou jamantas, outra referência visual marinha, e têm mandíbulas um pouco semelhantes às de peixes, indicando uma possível linha de descendência evolutiva. O voo em Pandora é ajudado pela gravidade mais baixa e pelo ar mais denso, que dá ao corpo do animal mais impulso a cada batida de asa. Porém uma desvantagem é a maior dificuldade de movimento em meio ao ar denso, e é preciso ter muita aerodinâmica para atingir grandes velocidades.

Na Terra, o voo parece ter se originado de modo independente em três grupos de vertebrados — as aves, os pterossauros contemporâneos dos dinossauros e os morcegos (os insetos também desenvolveram o voo, e também de modo independente). Os três grupos descendem, em última análise, do mesmo peixe ósseo com quatro membros que se arrastou para fora do oceano há uns 400 milhões de anos, para ser o progenitor de toda a vida vertebrada na terra firme e no ar. Cada um desses três grupos tem membros anteriores adaptados como asas — mas em cada grupo uma estratégia evolutiva diferente foi usada, como se o esqueleto primordial fosse repuxado, daqui e dali, para assumir novas formas. Nas aves, todo o antebraço é usado na batida de asas; os dedos desapareceram ou foram fundidos, a mão foi reduzida e tornou-se uma âncora para as penas. Nos pterossauros, as asas eram membranas que se estendiam a partir de um quarto dedo muito alongado, e se prendiam às pernas traseiras. E os morcegos não batem os antebraços; suas asas são membranas presas a uma armação constituída pelos dedos muito alongados. A asa de um morcego é, em essência, sua mão.

As asas de uma *banshee* consistem de membranas esticadas sobre uma estrutura de ossos, mais ou menos como uma tenda sobre uma armação; parecem um pouco com as asas de um morcego ou de um pterossauro. Cada asa anterior principal tem, na extremidade, três estruturas em forma de vela, esticadas por esteios de osso. Esses painéis são usados para gerar sustentação adicional e proporcionar controle fino em voo. A asa é também dotada de uma garra impressionante.

Porém há uma complicação: as *banshees* também têm asas posteriores. Na Terra, não há animais vertebrados com quatro asas, embora haja insetos assim — por exemplo, os lepidópteros, o grande grupo que inclui borboletas e mariposas. Esses insetos têm vários mecanismos de acoplamento para garantir que as asas funcionem juntas. As asas posteriores adicionais, combinadas com os painéis nas pontas das asas, dão à *banshee* mais controle sobre o voo, além de fornecer empuxo adicional quando necessário.

Animais voadores têm diferentes formatos de asa, descritos pela razão entre comprimento e largura da asa. Uma asa longa e estreita é aerodinamicamente eficiente, mas seu batimento consome muita energia. Por isso asas longas são mais apropriadas para seres que podem voar em espaços abertos, especialmente onde você simplesmente pode pular de um penhasco para conseguir sustentação: isso inclui os albatrozes, os grandes pterossauros e as *banshees* da montanha de Pandora. Se você vive em um terreno com bosque, a habilidade de decolar do solo, a ascensão sustentada e a capacidade de manobra são essenciais, então asas mais curtas são favoráveis. Assim, a *banshee* da floresta tem uma envergadura bem menor que a de sua prima da montanha.

Quando Jake, passando pelo teste de iniciação *Iknimaya*, é levado para a colônia *banshee* para escolher sua montaria, vemos as *banshees* no solo, onde parecem grandes, desajeitadas, mal adaptadas; como os membros posteriores foram transformados em asas, essas criaturas não têm pernas e são obrigadas a se locomover apoiando-se nas asas coriáceas dobradas. Os grandes pterossauros eram também mal adaptados à vida no solo. Pela eficiência em voo, as *banshees* sacrificaram todo o resto e até sua capacidade de manobrar em terra. De qualquer forma, nenhum outro animal poderá atacá-las em terra.

Nenhum, a não ser o *leonopteryx*.

A "Última Sombra", como os Na'vi o chamam, tem uma semelhança superficial com as *banshees*, mas uma relação evolutiva bem distante. As *banshees* evoluíram de criaturas com quatro membros, enquanto os ancestrais dos *leonopteryx* tinham seis membros; eles têm dois pares de asas, como as *banshees*, mas têm também um par de pernas de verdade, que as *banshees* não têm. E suas asas são formadas por painéis individuais, que podem se separar como os elementos de uma persiana ou se fechar para formar uma superfície inteiriça; os painéis são mais ou menos como as grandes penas de voo de uma ave da Terra.

Sendo um mundo onde até mesmo grandes criaturas como as *banshees* têm algo a temer, ao menos em Pandora você raramente precisa ter medo do escuro.

A primeira vez em que realmente notamos a luminescência onipresente da floresta pandoriana, do brilho dos seres vivos, é no primeiro encontro de Neytiri com Jake, em que ela o salva dos *viperwolves*. Quando sua tocha é apagada,

Jake descobre que na verdade não precisa dela para enxergar, pois praticamente tudo a seu redor tem brilho próprio.

As raízes gregas da palavra "bioluminescência" são "vida" e "luz". Seres vivos podem emitir luz por meio de reações químicas que liberam energia acumulada, embora os detalhes do processo variem de espécie para espécie. Na Terra, a bioluminescência é comum no mar profundo — abaixo de uns mil metros. Na escuridão eterna de águas profundas demais para que a luz penetre, estima-se que por volta de 80% dos organismos utilizem a bioluminescência. Em terra firme, por comparação, ela é usada por pouquíssimos seres — vaga-lumes, larvas de insetos luminescentes, alguns fungos.

Em nossos oceanos, a bioluminescência é usada para finalidades variadas. Algumas criaturas usam a luz brilhante na atração de consortes. Porém ela é usada, sobretudo, no jogo interminável de predador contra presa. Muitas presas usam a escuridão para se ocultar; durante o dia, descem para águas profundas e escuras, e só à noite sobem à superfície farta em alimento. Então, se você for um caçador, pode vir bem a calhar ter um farol embutido para rastrear sua presa fugidia, como acontece com muitos camarões, peixes e lulas predadores.

Por outro lado, algumas presas como o peixe *Cyclothone acclinidens* usam a bioluminescência como uma espécie de camuflagem, para distorcer a própria silhueta recortada contra a iluminação vinda de cima. Outra tática é disparar um "alarme antirroubo" ao ser atacado por um predador, para atrair um predador ainda maior que espante o atacante. E uma terceira tática usada por alguns camarões e lulas é assustar o predador jogando material bioluminescente na cara dele.

Por outro lado, alguns predadores utilizam a bioluminescência para *atrair* a presa. No mar, parte da matéria em decomposição que afunda a partir de águas mais superficiais pode vir carregada de bactérias luminescentes. Se você puder imitar o brilho delas, sua presa talvez nade direto para você esperando encontrar comida, para se tornar o *seu* almoço.

Na floresta de Pandora, a bioluminescência é comum entre plantas, mas animais como os *direhorses* também a utilizam. Mesmo os Na'vi têm manchas de pele que brilham — amarelo sobre azul. Eles iluminam a Árvore-Lar com seres bioluminescentes aprisionados em bolsas. Por que tantos habitantes de terra firme desenvolveram bioluminescência em Pandora, comparado com tão poucos na Terra? A resposta é que, em Pandora, poucas noites podem ser escuras de fato, graças ao espetáculo de luzes proporcionado pelos dois sóis de Alpha Centauri em conjunto com Polifemo e as outras luas. Enquanto as *banshees*, por exemplo, desenvolveram boa visão noturna com seus olhos secundários – e talvez outros animais tenham desenvolvido ecolocalização, um sistema de detecção baseado em sons como o dos morcegos –, muitas criaturas entraram numa espécie de "corrida armamentista" cooperativa baseada em luz. Se todos estiverem banhados em luz o tempo todo, não será necessário desenvolver visão noturna ou ecolocalização.

Visualmente, as luzes vivas de Pandora são um dos aspectos mais fascinantes do filme, mesmo que a bioluminescência não seja usada do mesmo modo que na Terra.

Há muito mais detalhes sobre a flora e a fauna de Pandora disponíveis em fontes como a enciclopédia *on-line* Pandorapedia. Consultando-as, percebe-se que a biosfera inventada de Pandora tem tanto profundidade intelectual quanto emocional.

Intelectualmente, os criadores deram nomes científicos a todas as suas criações: assim, a Árvore-Lar é *Megalopedians giesei*, algo como "grande árvore", em latim. (E, claro, a árvore tem um nome Na'vi, *Kelutral*.) Esse procedimento reflete a classificação biológica da vida na Terra, que separa os seres vivos em hierarquias: cada uma pertence a uma espécie, que pertence a um gênero, que pertence a uma família, que pertence a uma ordem, que pertence a uma classe, que pertence a um filo, que pertence a um reino. Os cinco reinos, incluindo animais, plantas, fungos e bactérias, são atualmente o nível mais alto dessa divisão; cada forma viva da Terra em teoria pertence a um deles. O biólogo Peter Ward sugeriu que, se acaso descobrirmos vida em outro planeta, talvez precisaremos estender a hierarquia para um nível mais alto para incluir super-reinos, cada um abrangendo toda a vida na Terra, Marte, Titã ou Pandora; os detalhes vão depender da existência de qualquer parentesco entre a vida de diferentes mundos.

E, emocionalmente, os criadores tentaram dar uma sensação visual da interconexão da biosfera de Pandora. Pense na ubiquidade da resposta ao toque que vemos em muitas criaturas de Pandora, como as helicorrádias, e na maneira como os musgos nos galhos das árvores se iluminam com as passadas de Jake, como num videoclipe de Michael Jackson. Tudo reage a todo o resto, tudo está interligado.

Esse breve passeio pela flora e pela fauna de Pandora nos mostrou que alguns aspectos da vida de Pandora têm paralelos com a vida na Terra — há predadores e presas, carnívoros e herbívoros — enquanto outros não têm correspondentes, como a onipresença da bioluminescência. No entanto estamos nos referindo a outro sistema estelar, a um mundo totalmente alienígena. Por que a vida em Pandora deveria ter qualquer semelhança com a vida na Terra?

E, de fato, por que existe vida? É evidente que Pandora é habitável. Seria mesmo necessário que fosse habitada?

# 22
## PEQUENAS POÇAS TÉPIDAS

Teríamos uma ideia bem melhor da probabilidade de um mundo como Pandora abrigar vida se tivéssemos uma ideia clara de como a vida começou na própria Terra. Existem várias teorias plausíveis a esse respeito, mas não há consenso.

A questão intrigava o próprio Darwin. Sua teoria da evolução fornece um relato convincente da história da vida após seu surgimento, mas não diz nada sobre o surgimento em si. Uma ideia antiga era de que a vida podia simplesmente irromper por *geração espontânea*. Acreditava-se, por exemplo, que a carne em decomposição espontaneamente gerasse vermes. Na época de Darwin, essas ideias já estavam sendo atacadas por cientistas como Pasteur.

O próprio Darwin achava difícil acreditar que toda uma forma de vida pudesse ser gerada a partir do nada. Em vez disso, ele refletiu sobre algum tipo de evolução química que poderia ter levado aos componentes básicos da vida: "Se pudermos imaginar que, em uma pequena poça tépida contendo todo tipo de amônia e sais fosfóricos, luz, calor, eletricidade, etc., um composto proteico se formasse quimicamente, pronto para sofrer outras mudanças mais...".

Um século e meio depois, esta ainda é a direção das teorias sobre a origem da vida. Se a vida emergiu espontaneamente na Terra (e mais adiante considerarei a alternativa: que tenha vindo de outro lugar), então por definição ela deverá ter surgido a partir de algum meio pré-biótico (inanimado). E desde a época de Darwin avançamos um pouco tentando imaginar como isso aconteceu.

*Quando* a vida se formou?

Vestígios de vida foram encontrados em rochas muito antigas, por exemplo, no antigo e estável coração da Austrália. A vida parece ter começado na Terra assim que surgiram condições adequadas — com o resfriamento do planeta após sua formação e depois de ele ter-se recobrado do bombardeio terrível sofrido nos estágios finais da gênese do sistema solar. Esses fatos nos deixam otimistas quanto a encontrar vida em outros lugares: se a vida surgiu neste mundo assim que foi fisicamente possível, talvez então ela possa surgir por toda parte.

Quanto ao local onde surgiu inicialmente, a sugestão de Darwin de pequenas poças tépidas foi corroborada por conceitos como o da *biosfera profunda e quente*, inspirado pela extraordinária descoberta, nos anos 1970, de formas de vida nos ambientes marinhos de grandes profundidades, vivendo em escuridão perpétua, alimentando-se não de luz solar, mas de emissões de calor e minerais derivadas de gases vulcânicos. Algumas bactérias vivem ainda mais no fundo, no útero quente das rochas sob a superfície. Alguns biólogos sugerem que mesmo hoje *a maior parte* da biomassa da Terra pode estar lá embaixo, nas rochas (e a salvo das agressões humanas, como sugeri no Capítulo 2).

*Como* a vida surgiu? Assim como Darwin, não imaginamos que organismos completos tenham surgido — já formados — de alguma pocinha tépida, mas alguns componentes básicos da vida podem ter surgido: células, talvez, ou material autorreplicante. Alguns cientistas defendem a ideia de que primeiro surgiram células, algum tipo de envoltório talvez derivado de estruturas minerais que forneceu à pré-vida um ambiente isolado no qual pudesse se desenvolver. Outros, como Richard Dawkins, acreditam que a replicação deve ter aparecido antes. Afinal, a replicação, a transmissão de informação de uma geração à seguinte, juntamente com a habilidade de construir essa geração, é a própria essência da vida.

Pequenos avanços rumo ao entendimento desse processo foram dados com experimentos como o de Stanley Miller e Harold Urey, em Chicago, em 1952. Os dois pesquisadores reproduziram num frasco a suposta atmosfera antiga da Terra — metano, água, amônia e hidrogênio — e, ao passar faíscas elétricas através dela, simulando relâmpagos, tiveram a agradável surpresa de ver formar-se um resíduo negro no fundo do frasco contendo aminoácidos, os constituintes das proteínas, que por sua vez são os constituintes de vida orgânica. Esse experimento, no fim das contas, revelou-se um beco sem saída. Em termos de complexidade, um aminoácido está muito distante de uma proteína, e na verdade esses ácidos são comuns no universo, em nuvens interestelares de moléculas. No entanto, de qualquer forma, essa ao menos foi uma demonstração conceitual de como a "pequena poça tépida" de Darwin poderia ter gerado os materiais da vida a partir de matéria inanimada.

Mas de onde veio a *complexidade* da vida? Anos recentes viram o aparecimento de novas ideias de *sistemas auto-organizadores*, nos quais a aplicação repetida de algumas regras simples pode gerar grande complexidade. Na matemática, exemplos incluem o famoso *conjunto de Mandelbrot* da teoria dos fractais, um objeto de complexidade literalmente infinita gerado por meio da aplicação repetida de uma regra de mapeamento simples. O biólogo norte-americano Stuart Kauffman desenvolveu teorias de como a vida pode ter surgido e como a complexidade biológica pode ter se desenvolvido, da auto-organização de *conjuntos autocatalíticos*, de redes de reações químicas com circuitos autossustentantes de retroalimentação. Um catalisador é uma substância que favorece a ocorrência de uma reação química. Uma reação autocatalítica não precisa de um catalisador externo para funcionar, mas ela própria o gera, de modo que, uma vez iniciada, ela prossegue, como um fogo que se alastra. Kauffman argumenta que a propensão do universo a sustentar auto-organização e o decorrente surgimento da complexidade são propriedades cósmicas fundamentais subjacentes à origem da vida.

Talvez essas várias linhas de pesquisa acabem por fornecer um quadro específico de como a nossa vida começou. Richard Dawkins sugeriu que, como no caso da teoria da evolução de Darwin, quando finalmente encontrarmos a resposta, será um conceito tão simples e convincente que, olhando para trás, vamos nos perguntar como levamos tanto tempo para enxergá-la.

Porém, até termos tal resposta, as opiniões sobre a vida ser provável ou improvável e ser rara ou comum no universo continuarão divididas.

Percebe-se que aceitar ou não a probabilidade de surgimento da vida em um mundo como Pandora depende de achar provável ou não a origem da vida. Francis Crick, codescobridor da estrutura em espiral do DNA, certa vez escreveu: "A origem da vida no momento parece ser quase um milagre, tantas são as condições que deveriam ser satisfeitas para que ela pudesse ter início". Já o biólogo Christian de Duve acredita que a vida possa ser um "imperativo cósmico", com sua formação tão programada nas leis do universo quanto a formação de átomos e estrelas.

Ao menos podemos nos reconfortar com o fato básico de que a vida claramente foi criada *pelo menos uma vez*, ou não estaríamos aqui discutindo a questão. Essa é a demonstração de que a formação de vida é possível. Essa verdade incontestável é pelo menos uma base para a esperança de que ela poderia surgir em outro lugar.

E uma das respostas possíveis à pergunta de como a vida começou na Terra é: *não* começou aqui. Começou em outro lugar e *viajou* até aqui...

A ideia de *panspermia* — a propagação da vida entre mundos, talvez até entre as estrelas — nos remete ao filósofo grego Anaxágoras, que, já no século V antes de Cristo, imaginou "sementes de vida" se espalhando pelo universo. Uma hipótese moderna de panspermia foi desenvolvida nos anos 1970 pelos astrônomos Fred Hoyle e Chandra Wikramasinghe, que propuseram que o processo talvez fosse tão comum que novos vírus poderiam chegar à Terra quase todo dia, trazidos por cometas.

Na década de 1990, o estudo do famoso "meteorito de Marte", encontrado na Antártida e que a NASA apresentou como contendo possíveis vestígios de vida marciana, deu nova credibilidade à ideia. Essa rocha foi arrancada da superfície de Marte pela colisão com um asteroide ou cometa, vagou pelo espaço talvez por milhões de anos antes de, por acaso, tomar o rumo da Terra, suportou uma entrada tórrida na atmosfera da Terra e então caiu no gelo polar. Poderia um processo tão violento transportar entre mundos não só fósseis como os que a NASA encontrou no meteorito, mas também seres vivos?

É possível. Jay Melosh, especialista em colisões, demonstrou que um impacto muito forte pode arrancar rochas de um planeta sem necessariamente aquecê-las demais; um grande impacto faz as rochas superficiais se flexionarem e os rochedos serem arremessados como ervilhas secas em um trampolim. Melosh também mostrou que, como o poço gravitacional da Terra é um "alvo" grande o bastante para uma rocha errante de Marte, provavelmente houve um transporte bem significativo de matéria do Planeta Vermelho para o Azul no decorrer das eras — embora nem tanto no sentido oposto.

E, incrivelmente, parece que alguns micróbios poderiam sobreviver à jornada de muitos milhões de anos de Marte à Terra, mesmo sem o benefício do sono criogênico. Na Terra, microbiólogos encontraram micróbios fossilizados em estratos de sal com 250 milhões de anos de idade; alguns dos quais, quando tratados com muito carinho, reviveram.

Tudo isso contribui para despertar o interesse em relação à ideia da panspermia. E, como parece provável que Marte tenha sido "quente e úmido" e um refúgio apropriado para a vida muito antes da Terra, embora tenha "envelhecido" muito mais rápido, e como é mais fácil ir de Marte à Terra do que o contrário, pode ser que a vida terrestre na verdade tenha se originado em Marte. Talvez sejamos todos marcianos!

Mas e quanto a Pandora? Poderiam os pandorianos descender da vida na Terra? Ou será que nós todos poderíamos ser pandorianos? A última hipótese é inclusive mais provável, já que Alpha Centauri é por volta de um quarto de bilhão de anos mais velha que o Sol (como os astrofísicos podem inferir a partir da composição das estrelas).

Porém o transporte de material por distâncias interestelares parece muito menos provável do que entre planetas. Simulações matemáticas feitas por Jay Melosh mostraram que, durante a existência do sistema solar, provavelmente só um punhado de rochas chegaram até Alpha Centauri, e vice-versa, e mesmo assim a chance de alguma delas cair num planeta é remota. Mas não é impossível.

E há outra possibilidade extrema, conhecida pelo título árido de *panspermia dirigida*.

Esqueça a viagem de carona nas rochas. Em *Avatar*, as espaçonaves da RDA transportaram vida da Terra para outra estrela — e trouxeram vida de Pandora para a Terra também. Se conseguimos transportar vida entre as estrelas, talvez outras espécies inteligentes tenham feito o mesmo antes de nós. Talvez, em certo sentido, seja esse o *propósito* da inteligência: sermos transportadores de vida entre mundos, não importa o que *pensemos* que estamos realmente fazendo.

Deixo a você a tarefa de informar ao Coronel Quaritch que ele não passa de um espermatozoide interestelar.

De um ponto de vista filosófico, a panspermia (dirigida ou não) equivale a tirar o corpo fora. Ela só adia a questão mais profunda da origem última da vida. Mas que ideia maravilhosa ela é... e como é satisfatória do ponto de vista emocional! E se algum dia chegarmos de fato a Alpha Centauri, e se encontrarmos vida num mundo parecido com a Terra, não sei o que será mais maravilhoso: encontrar primos nossos ou uma forma de vida totalmente diferente.

No entanto, mesmo se soubéssemos como a vida começou em Pandora, haveria mais perguntas a responder. Ainda que a vida em Pandora seja parecida com a nossa, estamos separados por anos-luz, e, presume-se, por bilhões de anos de evolução divergente. Qual é a probabilidade de que a vida em Pandora tivesse semelhança com a nossa?

# 23

## QUATRO PATAS, BOM — SEIS PATAS, MELHOR

Alguns elementos que vemos nos seres vivos em Pandora são familiares. Há vida multicelular complexa por todos os lados. Dentre a fauna, muitos são vertebrados, com esqueletos internos, assim como nós. A flora inclui árvores e flores. Há herbívoros e carnívoros, e predadores e presas estão distribuídos pela cadeia alimentar. E há diferenças. Os animais que vemos nas florestas de Pandora geralmente têm seis membros inferiores, enquanto nós temos quatro. Quando têm dedos, ao contrário de nós, *pentadáctilos*, eles têm três dígitos mais um polegar — como os Simpsons do desenho animado.

Qual é a probabilidade de que, se viajássemos a Pandora, mesmo supondo que a vida tivesse começado lá, os seres vivos tivessem algo mesmo remotamente em comum conosco? Ou senão, pode-se perguntar, por que esperaríamos que a biosfera pandoriana tivesse alguma *diferença* significativa em relação à nossa? Por que os Na'vi deveriam ser diferentes dos humanos, mesmo superficialmente?

A exploração de tais questões lança luz sobre a história da vida na Terra e nos oferece meios de imaginar o que poderíamos encontrar em outros planetas.

Costumava ser ponto pacífico, creio, a hipótese de que outros mundos fossem habitados e provavelmente dominados por humanoides mais ou menos semelhantes a nós. Foi o que John Carter encontrou no planeta Barsoom, em *Uma Princesa de Marte*, de Burroughs. Dejah Thoris diz a Carter: "Quase todo planeta e toda estrela com condições atmosféricas minimamente parecidas com as de Barsoom têm formas de vida animal quase idênticas a sua e a minha". Essa ideia era conhecida como *evolução convergente*, a noção de que condições similares produzem resultados evolutivos semelhantes.

No século XX, essa ideia perdeu credibilidade por conta não só da compreensão crescente da complexidade da vida, a começar pela complexidade no nível do DNA, mas também pela descoberta de eventos aparentemente fortuitos que moldaram a evolução da vida, como o impacto do asteroide que varreu o mundo e eliminou os dinossauros.

Por volta de 1985, biólogos como Stuart Kauffman já procuravam descobrir o que aconteceria se a história da vida fosse rebobinada e reiniciada a partir dos primórdios da Era Pré-Cambriana, quando as primeiras formas de vida surgiram. Se a história da vida pudesse ser revivida, que proporção do resultado seria familiar e que proporção não seria? Ou, em outras palavras, que propriedades são "fáceis" de ser produzidas pela evolução e quais são difíceis? Que propriedades da vida são "necessárias" e quais são *contingências*, meros acidentes isolados? O debate se intensificou desde então, tendo de um lado o biólogo norte-americano Stephen Jay Gould, afirmando que praticamente nada se repetiria, e de outro o biólogo britânico Simon Conway Morris, que defende a inevitabilidade tanto em termos morfológicos (os alienígenas devem ter aparência mais ou menos humana) quanto metabólicos (devem ter uma bioquímica que lembra nosso DNA).

Por incrível que pareça, a história da vida na Terra nos forneceu uma série de experimentos naturais para testar essas ideias. Graças à deriva continental, muitas massas continentais passaram dezenas ou centenas de milhões de anos mais ou menos isoladas, incluindo Austrália, Nova Zelândia, Madagascar e América do Sul. Houve isolamento também no tempo: o longo experimento evolutivo dos dinossauros foi abortado pela queda de um asteroide para ser substituído pelo seu equivalente mamífero. É como se a Terra houvesse tido uma série de suas próprias Pandoras, isoladas por oceanos em vez de serem separadas pelo espaço sideral, e por anos, e não anos-luz – cada uma delas constituindo um laboratório da evolução.

E o que observamos nesse laboratório natural é que a vida na Terra parece continuar redescobrindo padrões familiares.

A árvore, tão importante em Pandora, é um clássico exemplo de evolução convergente. Para os biólogos, uma "árvore" na verdade é definida por sua forma: uma planta lenhosa, com ramos secundários sustentados longe do solo num único caule principal, ou *tronco*. E a forma de árvore surgiu em muitas classes divergentes de plantas. A maioria das árvores de hoje faz parte da classe das angiospermas (isto é, plantas com flores e frutos) ou coníferas, mas as primeiras foram samambaiaçus, cavalinhas e licopódios, que cresceram nas florestas do período Carbonífero, há uns 300 milhões de anos, e podiam ser tão altas quanto as árvores atuais. Ainda existem samambaiaçus por aí, mas os descendentes das cavalinhas e dos licopódios já não têm forma de árvore. O plano corporal da árvore é, claramente, uma resposta universal a desafios ambientais similares: as árvores aparecem em situações em que a planta deve crescer em altura para competir por luz, enquanto permanece enraizada no solo para obter nutrientes. Por isso não é nenhuma grande surpresa encontrar árvores em Pandora.

Entre os animais, também vemos criaturas não aparentadas cuja evolução resulta em formas semelhantes para desempenhar determinados papéis. Seja qual for o grupo animal dominante, sempre há herbívoros e carnívoros, os que se alimentam de gramíneas e os que se alimentam de plantas de folhas largas, corredores, voadores e nadadores. Sempre há cadeias alimentares e hierarquias predador-presa, exatamente como vimos em Pandora. Isso se aplicava aos dinossauros como também se aplica aos mamíferos; acontece no mar e também na terra. Assim, entre os mamíferos, a partir de uma linhagem de seres pequeninos que sobreviveram à era dos dinossauros, rapidamente surgiram, por evolução, predadores ferozes e presas velozes, que ocuparam os espaços deixados pelos dinossauros.

Para mim, um dos exemplos mais fascinantes é a Nova Zelândia, onde, fora os morcegos, não havia praticamente nenhum mamífero nativo, e todos os papéis ecológicos usuais estavam tomados pelos descendentes das aves e dos insetos que voaram até lá ou foram carregados pelos ventos a partir do continente. Assim, os enormes moas eram pastadores que não voavam, e eram predados por águias gigantes. Essa cadeia ecológica única se rompeu quando os seres humanos chegaram à ilha, há cerca de treze séculos.

É como se houvesse uma série de *nichos* no espaço evolutivo, papéis idealizados que, estando vazios, serão preenchidos por uma ou outra criatura, se a seleção natural tiver tempo suficiente para agir. O biólogo e autor de ficção científica Jack Cohen afirma que existem elementos *universais* evolutivos: características que comumente, ou talvez sempre, surgirão numa teia ecológica, e que, portanto, esperaríamos encontrar numa ecosfera alienígena.

Isso também vale para características corporais. Os olhos são um exemplo clássico. A vida em nosso planeta, de insetos a crustáceos, passando por seres humanos, parece ansiosa por adquirir olhos. Nove princípios físicos diferentes foram usados para desenvolver olhos, cada um deles ocorrendo diversas vezes na natureza. É possível que, num planeta com atmosfera transparente e luz abundante, como a Terra ou Pandora, os olhos sejam uma vantagem tão óbvia que devam ser considerados um elemento universal. Como vimos no Capítulo 21, outro exemplo comum de evolução múltipla é o voo com bater de asas (morcegos, pterossauros, aves, insetos). Vemos muitas criaturas voadoras em Pandora.

Por outro lado, há características corporais, comportamentos e estratégias de vida que apareceram na Terra, até onde sabemos, uma única vez. Um exemplo é a aranha-de-água, *Argyroneta aquatica*, que constrói um sino de mergulho. Não é o único animal respirador de ar que foi viver no meio aquático, mas, ao contrário de animais como os golfinhos, que precisam voltar à superfície para respirar, essa aranha é a única (fora os humanos) que carrega seu suprimento de ar com ela.

Sendo assim, diz Jack Cohen, em paralelo aos elementos universais evolutivos, temos os elementos *restritos*: soluções únicas ou detalhes pontuais cuja ocorrência não faz muita diferença em termos gerais. Todos os animais vertebrados da Terra compartilham um plano corporal baseado em quatro membros porque o herdamos dos primeiros peixes, parecidos com os atuais *mudskippers* (ou peixes saltadores-de-lodo), que se arrastaram para a terra firme. Se esses ancestrais houvessem tido seis ou oito membros, então imagino que nós também teríamos — e, no caso de Pandora, podemos deduzir que o equivalente a nosso *mudskipper* primitivo tinha seis membros, dada a predominância desse plano corporal entre os animais de lá.

Pode ser, porém, que estejamos pensando numa escala pequena demais.

Suponho que um cético em relação à evolução convergente reclamaria que fui muito limitado ao escolher exemplos de evolução convergente em sua maioria de animais vertebrados multicelulares. Bem, *nós* somos vertebrados multicelulares, e por isso é natural pensarmos que a evolução tem de produzir algo como nós; então buscamos as semelhanças com criaturas como nós. Porém os vertebrados multicelulares formam um pequeno subconjunto do panorama de possibilidades de vida — e talvez nem constituam um resultado inevitável da evolução.

Considere isso. A vida na Terra tem cerca de 4 bilhões de anos e se desenvolveu assim que pôde. Mas as criaturas multicelulares só vieram a surgir uns 600 milhões de anos atrás, depois de transcorridos seis sétimos da longa história da vida. Pode ser que esse quadro nos indique que a vida é simples, pois surgiu rápido na Terra, mas a vida multicelular não é, pois tardou muito em surgir. Talvez seja provável, ao chegar a Pandora, que encontremos vida, mas não vida multicelular complexa — nada a não ser limo, algas e enormes amontoados de bactérias, sem sequer um caramujo para comê-las.

E, mesmo que haja vida multicelular, ela não precisa ter um esqueleto. Os Na'vi e muitos outros espécimes da fauna de Pandora evidentemente têm esqueletos internos, como vemos no crânio de *leonopteryx* pendurado na Árvore-Lar e na estrutura de ossos, vértebras e costelas à qual Jake e Grace são amarrados durante o ataque à Árvore-Lar. Entretanto, uma vez mais, na Terra, os vertebrados evoluíram há relativamente pouco tempo, algo em torno de 500 milhões de anos. Os primeiros vertebrados eram peixes, e hoje o grupo inclui, além deles, os mamíferos, as aves, os répteis e os anfíbios. Porém eles — *nós* — representam só 5% das espécies animais. A maioria dos organismos multicelulares do planeta, como esponjas, vermes e moluscos, consegue viver muito bem sem esqueletos internos. Se pudéssemos rebobinar a evolução, provavelmente não seria obrigatório que os vertebrados surgissem na Terra — ou em Pandora.

Como já foi dito, no contexto de *Avatar* é preciso sempre se lembrar da "licença poética". O público precisa reconhecer o que aparece na tela, e ao mesmo tempo ter uma sensação de mundo alienígena. Há uma tensão entre o familiar e o estranho. Assim, o *direhorse* é reconhecivelmente um "cavalo", mas, assim que você percebe isso, de imediato, começa a notar as diferenças em relação aos cavalos terrestres. Imagens de um mundo sem vertebrados, desconfio, seriam visualmente tão estranhas que nos deixariam perdidos.

Assim como na questão da própria origem da vida, o caso da evolução convergente continua em aberto. A especulação só pode avançar até certo ponto, com base no único exemplo que temos: a Terra. Vamos ter de viajar até Marte, Titã e Pandora para descobrir.

Mas com certeza podemos dizer que a flora e a fauna de Pandora, da forma como são mostradas, com uma mistura de características universais (predadores e presas, olhos, asas) e restritas (seis membros e quatro dedos), apresentam, de muitas maneiras, um quadro bastante plausível de como *poderia* ser a vida em outros planetas. E é graças à disciplina criativa dos criadores do filme que nada esteja na tela só pela beleza; tudo desempenha uma parte na teia ecológica mais ampla — tudo o que vemos está lá porque *precisa* estar.

No entanto, em Pandora, os exploradores humanos encontraram não apenas vida, mas vida inteligente.

Eles encontraram os Na'vi.

## PARTE SETE

# NA'VI

"Eu vejo você."
— *Jake Sully, Neytiri e outros*

# 24
# CAÇADORES DA FLORESTA

No filme *Avatar*, os Na'vi sobre os quais mais aprendemos são os do clã Omaticaya, de Neytiri. Existem em Pandora, porém, muitos outros clãs, que entrevemos quando Jake, como *Toruk Makto*, conclama os Na'vi a unirem-se contra a RDA. Os idiomas Na'vi diferem um pouco entre si, assim como suas anatomias – detalhes de altura, tom da pele –, mas todos parecem ser de uma mesma espécie, da mesma forma como as muitas raças da humanidade formam uma espécie única.

Os Na'vi sobrevivem basicamente da caça e coleta dos recursos naturais do mundo a sua volta. Caçadores-coletores geralmente dependem de grande variedade de fontes de alimento, e de fato caçam *e* coletam. Entre os humanos, a caça pode ser uma atividade masculina prestigiada, embora a coleta de alimento pelas mulheres, a partir de fontes como raízes, frutos, nozes e pequenos animais, na verdade, possa representar a maior parte da nutrição de um grupo. Porém seria um equívoco generalizar e traçar estereótipos de gênero; cada cultura é diferente. Com certeza, a variedade de alimentos que vemos em *Avatar* é plausível, desde a primeira vez que Jake-avatar consome frutos depois de escapar do laboratório até a larva *teylu* que ele come durante o primeiro encontro com os Na'vi, incluindo o hexápede que ele caça com Neytiri. No entanto, os Na'vi praticam uma espécie de agricultura incipiente que eles denominam *ska'waylu*, que significa "encorajamento", uma espécie de cultivo elementar das plantas preferidas. Imagina-se que tenha sido um comportamento assim que levou ao desenvolvimento da agricultura plena na Terra.

Assim são os Na'vi. No passado, todos os humanos viviam como eles vivem.

No longo período anterior ao surgimento da agricultura – na Eurásia, esse período é conhecido como *Mesolítico*, a Idade Intermediária da Pedra –, todos na Terra viviam como caçadores-coletores. Os realizadores de *Avatar* basearam sua representação do estilo de vida dos Na'vi nos hábitos dos povos caçadores-coletores das florestas da América do Sul e da África.

Porém as comunidades de caçadores-coletores que sobrevivem foram empurradas para as margens pela disseminação da agricultura em tempos pré-históricos, e mais tarde por impérios e colônias. Hoje, sua subsistência só é permitida nas terras que não têm serventia para fazendeiros, madeireiros e mineradoras, ou às quais eles ainda não chegaram. Os exemplos modernos provavelmente não nos fornecem um quadro fiel de como os caçadores-coletores viviam no passado, em regiões de maior abundância, e antes que suas relações com o ambiente e os modos de vida fossem redefinidas pelo contato com os agricultores.

Em particular, o clã Omaticaya, com sua Árvore-Lar, é sedentário; ele permanece sediado no mesmo local durante o ano todo. Sempre imaginamos os caçadores-coletores sendo errantes, nômades que se movem com seus rebanhos de acordo com as estações. Contudo há farta evidência do passado de que onde os recursos eram ricos o suficiente os caçadores preferiam ser sedentários, como os Omaticaya. Os índios norte-americanos do Noroeste Pacífico são um exemplo disso. Os caçadores-coletores atuais em geral não têm o conceito da "posse" da terra. Ou eles se deslocam à procura de recursos, ou vivem em uma terra tão rica que não há necessidade de conflitos acerca de propriedade; há o bastante para todos. Porém talvez os caçadores-coletores sedentários do passado fossem territoriais, como o clã Omaticaya, e tivessem acorrido ao grito de guerra de Jake contra a RDA: "Esta terra é nossa"!

Da mesma forma, os grupos caçadores-coletores atuais em geral não têm lideranças hereditárias ou hierarquias sociais rígidas, e mais uma vez o clã Omaticaya, liderado por um membro indicado, Eytukan, que por sua vez indicou seu sucessor, Tsu'tey, parece ser atípico. Seria mais comum que os "líderes" fossem escolhidos com base em habilidade ou prestígio para finalidades específicas, como liderar uma caçada – por exemplo, quando Jake, como *Toruk Makto*, "o cavaleiro da Última Sombra", assume o manto do líder especificamente para a batalha contra as forças da SecOps. Porém, de novo, sabemos que hierarquias sociais estratificadas podiam surgir entre os caçadores-coletores sedentários de outrora, e talvez também nesse aspecto os Na'vi sejam fiéis ao passado na Terra.

E quanto à guerra? Há claras evidências de atividade bélica entre os Na'vi. O jovem Tsu'tey define a si próprio como um guerreiro, e os clãs unem-se de bom grado para encarar a ameaça externa da SecOps. Considera-se que a guerra em grande escala teria sido rara entre os caçadores-coletores, pois as densidades populacionais seriam baixas demais para proporcionar exércitos numerosos; os conflitos aconteceriam em pequena escala e seriam ritualísticos.

Os exploradores terrestres descobriram que, entre os Na'vi, as guerras são raras, exceto quando causadas por pressões externas — quem sabe deslocamentos populacionais provocados por desastres naturais, como uma erupção vulcânica. Os confrontos tendem a ser violentos, mas breves, seguidos por esforços intensos de solucionar o conflito. As guerras Na'vi não levam à eliminação de povos inteiros, como as nossas levam. No entanto, o passado dos Na'vi deve conter muitas histórias que ainda não foram contadas.

Como acontece com os Na'vi, os caçadores-coletores humanos em geral não se veem como se estivessem separados do mundo natural que os sustenta. Os Na'vi até mesmo dormem aconchegados na natureza. No ventre de sua Árvore-Lar, os membros do Omaticaya dormem em "redes" que na verdade são plantas vivas. E os Na'vi conhecem intimamente seu mundo, como vemos na tela quando Neytiri caça com Jake. Ao perseguir a presa, Neytiri consegue detectar os indícios mais sutis: trilhas, pegadas, os menores cheiros e sons.

Para seu sustento, os caçadores dependem por completo do que a natureza tem a oferecer, e eles sabem disso. Estão conectados aos ciclos naturais de vida e morte. Com frequência, eles demonstram o respeito pelos animais que devem caçar para comer, da mesma forma como vemos entre os Na'vi, quando Jake, completando a caçada de iniciação, abate um hexápede em uma "morte limpa" e agradece-lhe por ofertar o corpo ao clã, enquanto seu espírito vai ao encontro da Grande Mãe Eywa. O mesmo se aplica ao ciclo de vida e morte das pessoas. Os Na'vi acreditam que os espíritos são reciclados interminavelmente por intermédio de Eywa; nada se perde, e para os Na'vi essa é uma verdade literal (veja o Capítulo 29, sobre Eywa).

A mitologia dos caçadores, cujo propósito é estabelecer as relações entre os humanos, a natureza e os deuses, reflete essa percepção da unidade. Os caçadores podem ver espíritos nos animais e nas plantas, e na estrutura física do mundo, em rochas e céu e chuva. Os mitos da criação e da natureza do mundo são diversificados. Na América do Norte, porém, alguns tipos de mitos da criação são comuns, com um "Grande Espírito" presente por trás de toda a criação (como o *Gitchi Manitou* dos algonquinos), embora figuras mais definidas e mais ativas sejam imaginadas com frequência (como a Mãe Terra e o Pai Céu, muito disseminados).

Sendo assim, a Grande Mãe Eywa não é um arquétipo incomum, embora na verdade tenha uma base biológica, como descobre Grace Augustine. Além do mais, a religião Na'vi contém elementos de muitas formas religiosas da Terra, do monoteísmo, a adoração a um só deus verdadeiro, o animismo, a ideia de que os deuses são imanentes em cada aspecto do mundo.

Mo'at, mãe de Neytiri, esposa de Eytukan e matriarca do clã, é uma *tsahik* – "uma espécie de xamã", diz Grace Augustine. O xamã é uma figura espiritual de importância fundamental, capaz de fazer a ponte entre o mundo dos espíritos e o mundo humano – talvez por meio de transes, estados oníricos ou narcóticos. É esse o papel que vemos Mo'at desempenhar nas cenas que se passam na Árvore das Almas, enquanto ela tenta conduzir os espíritos de Grace e de Jake para fora de seus corpos. No caso de Mo'at, existe um vínculo físico e observável entre ela e Eywa, mas seu xamanismo reflete práticas religiosas disseminadas na Terra.

Entre os Na'vi, como entre grupos humanos semelhantes, não há uma distinção clara entre as práticas religiosas e as atividades do dia a dia; eles não deixam tudo para o domingo. Rituais de iniciação são comuns na Terra, cumprindo papéis de treinamento, teste e programas de doutrinação para os jovens, e de cerimônias que marcam a passagem de um estágio da vida para o seguinte – e com frequência eles são tão perigosos quanto os que Jake enfrenta para ganhar a aceitação do clã, como o *Iknimaya*, sua ascensão da "escada para o céu" em busca de uma *banshee*.

Da mesma forma como os Na'vi se veem conectados à natureza, eles também estão conectados a suas comunidades, e formam um povo intensamente social. Como evidencia a família de Neytiri, são monógamos e são muito chegados a seus filhos. Fazem as refeições de forma comunitária, em um grande salão, reunidos em volta de uma fogueira central, como muitas comunidades humanas fariam. Não parece haver muita privacidade na Árvore-Lar, mas era o que acontecia nas moradias de nosso próprio passado – como nas casas circulares da Idade do Ferro. E quando Jake é aceito pelos Omaticaya, eles tocam-se uns aos outros em uma rede de contato físico que inclui todo o clã e também Jake, seu mais novo membro. Sua sociabilidade mais ampla pode ser um subproduto da conexão neural entre eles e com Eywa (veja o Capítulo 29).

Aparentemente, os Na'vi têm poucos filhos se os compararmos com a maioria dos grupos caçadores-coletores humanos, em geral castigados por uma alta mortalidade infantil e baixa expectativa de vida. Talvez as crianças Na'vi tenham uma chance maior em seu mundo do que as crianças humanas têm em nosso. Esse fato com certeza mudaria a composição demográfica e a dinâmica social de um clã.

Portanto os Na'vi são exímios caçadores, conectados à natureza, muito sociais e, obviamente, dotados de grande inteligência.

O intelecto Na'vi se expressa claramente na arte de seus artefatos e ornamentos, como pintura corporal e vestuário. Chegamos mesmo a entrever obras de arte Na'vi pendendo nas paredes da base do Portal do Inferno. O clã Omaticaya tem particular orgulho de seus belos tecidos. Seu maior tear, chamado *mas'kit nivi sa'nok*, o "tear mãe", tem lugar de honra na Árvore-Lar.

Eles sabem contar. Nas imagens da Doutora Grace Augustine – da época em que ela mantinha uma escola para crianças Na'vi – entrevemos a aritmética octal Na'vi – isto é, um sistema numeral que usa a base oito derivado de seus oito dedos, da mesma forma como o nosso é baseado em dez.

E os Na'vi conhecem um pouco de sua história. Neytiri conta a Jake que o "avô de seu avô" tornou-se *Toruk Makto* quando o *leonopteryx* escolheu-o como seu cavaleiro. Era algo que só havia acontecido cinco vezes desde a "época das Primeiras Canções". Portanto o avô do avô nos leva quatro gerações para trás, e assim vemos que a "época das Primeiras Canções", antes de todos os demais *Toruk Makto*, deve ter muito mais gerações anteriores. Os Na'vi não têm escrita. Seria plausível que um povo ágrafo pudesse recordar eventos tão distantes no passado?

Na verdade, as tradições orais da Terra podem transmitir o conhecimento ao longo de muitas gerações. Acredita-se que a Guerra de Troia tenha ocorrido em cerca de 1300 a 1200 a.C., no fim da Idade do Bronze. Mas Homero, que compôs a *Odisseia* e a *Ilíada*, viveu por volta de 700 a.C. — vinte gerações mais tarde, na Idade do Ferro. Entre essas datas, ocorreu um intervalo catastrófico, conhecido como Idade das Trevas Grega, quando os gregos perderam toda a escrita. O que parece ter acontecido é que as tradições orais preservaram a memória das guerras da Idade do Bronze, em canções e poemas, até que Homero e seus contemporâneos e sucessores registraram suas versões escritas. Aquiles e Heitor podem não ter sido reais, mas os acadêmicos atuais detectaram muitos detalhes autênticos da vida e da atividade bélica da Idade do Bronze, por meio das palavras escritas por Homero na Idade do Ferro. Assim, povos sem escrita podem de fato preservar lembranças através de muitas gerações — desde que a história contada seja boa o bastante.

Pesquisadores dedicados ao estudo de Pandora encontram evidências de uma forte cultura oral entre os Na'vi. Estima-se que sua tradição oral — de canções e contação de histórias — retroceda cerca de 1.800 anos no passado. Talvez seja essa a causa da uniformidade da língua básica ao redor do planeta. É claro que os Na'vi têm uma profunda conexão biológica com Eywa, o formidável banco de informações que está a sua disposição, mas eu pessoalmente gosto de crer que os Na'vi não precisam de Eywa para lembrar-se de seus próprios heróis.

A música dos Na'vi é outra expressão de elevado intelecto, e um dos aspectos mais memoráveis do filme. Por exemplo, na cena que se segue à destruição da Árvore-Lar e à fuga do clã para a Árvore das Almas, os Omaticaya cantam uma canção de perda e súplica, impressionante e bela a nossos ouvidos. Neytiri associa a música às raízes de sua cultura — a "época das Primeiras Canções" — e os Na'vi parecem usar o canto para reforçar seus vínculos entre eles mesmos e com Eywa.

Todas as culturas humanas parecem produzir música, embora ninguém saiba o porquê, pois essa não tem uma utilidade tão óbvia quanto fazer o fogo ou cozinhar. Ela é usada com finalidades em comum, como brincar com as crianças e marcar eventos importantes como casamentos, funerais e ritos religiosos. Os estilos musicais variam muito, mas já foi demonstrado que os ouvintes conseguem dizer se a música de outra cultura, completamente diferente, tem uma conotação feliz ou triste.

Ninguém sabe se existem fundamentos comuns em termos de como compreendemos a música. Desde Pitágoras, da Grécia antiga, alguns teóricos sustentam que notas com relações de frequência simples — como as notas separadas por uma oitava, produzidas ao dedilhar as cordas na proporção de 1:2 — são de certo modo naturais em termos da evolução de nossas capacidades auditivas e vão agradar a todos. No entanto a música é muito mais do que proporções matemáticas simples; mesmo a escala básica do *blues* apresenta dissonâncias.

A música está entre os produtos mais sublimes de nossa mente. Há até quem tenha sugerido que, caso emitamos sinais dirigidos aos alienígenas, não são códigos matemáticos ou aulas de história o que devemos enviar-lhes, mas fugas de Bach. Seria, porém, provável que alienígenas desenvolvessem algo como a música, ou mesmo que conseguissem compreender a nossa? Está bem claro que a música do tipo que produzimos funciona graças ao modo como nosso corpo e nossa mente processam o som. Se a audição dos Na'vi for diferente da nossa (veja o Capítulo 25), então para eles nossa música deve soar distorcida. E um morcego, que "enxerga" usando ondas sonoras, também deveria perceber nossa música de modo diferente — embora se possa supor que um morcego inteligente consiga apreciar seus padrões e suas simetrias, mesmo que não os perceba da mesma forma que nós. Da mesma maneira, uma espécie que "ouve" radiação eletromagnética em vez de ondas acústicas poderia criar música que talvez víssemos como padrões de luz. No filme *Contatos Imediatos do Terceiro Grau*, os humanos tentam se comunicar com a nave mãe dos alienígenas usando um padrão musical simples que se combina com uma exibição de luzes.

Em fontes como a Pandorapedia, você encontrará muito mais detalhes sobre a forma intricada como os realizadores do filme construíram a música Na'vi. A base é o canto e o som de tambores, como em muitas culturas de caçadores-coletores, mas ela incorpora, por exemplo, estruturas tonais e rítmicas diferentes daquelas com as quais estamos acostumados na cultura ocidental. Seria fascinante — se algum dia encontrássemos alienígenas — saber se algo como a música é de fato uma característica universal da inteligência — e ainda mais fascinante ouvir música alienígena, o produto de mentes tão diferentes da nossa. Entretanto, para os Na'vi, a música deles é simplesmente um presente sublime de Eywa.

*

Outro aspecto interessante da cultura Na'vi é seu idioma, que muitas vezes aparece legendado no filme. E é um idioma "real" — ou ao menos pode ser chamado assim. Paul Frommer, um professor de linguística da University of Southern California, criou a língua para o filme. A nova língua tem seus próprios sons, sua sintaxe e sua própria gramática, tomando emprestados elementos de línguas humanas; Frommer treinou os atores que teriam de falá-la.

A construção de idiomas tem uma longa tradição. Pode-se criar um idioma na esperança de facilitar a comunicação humana, como um experimento linguístico, ou para dar suporte à criação artística de um mundo imaginário, como no caso de *Avatar*. As primeiras línguas não naturais eram consideradas sobrenaturais, como a *Língua Ignota*, de Santa Hildegarda de Bingen, no século XII. A mais famosa "língua auxiliar", criada para a comunicação internacional, é o Esperanto, introduzido em 1887. Cerca de setecentos idiomas desses foram criados no mundo todo.

É um paradoxo, porém, que enquanto criamos línguas novas deixemos que as antigas morram. De acordo com o Fórum Permanente das Nações Unidas para as Questões Indígenas, a humanidade usa atualmente mais de 6 mil línguas, das quais três quartos ainda são faladas apenas por um punhado de pessoas indígenas — e a cada duas semanas um idioma se extingue. Se perdermos a diversidade linguística, perderemos chaves importantes para o estudo do potencial do pensamento e da expressão humanos, e perderemos também algo de nosso próprio passado; a história pode ser traçada a partir da evolução das línguas.

Na ficção, *Uma Princesa de Marte*, de Burroughs, apresenta palavras barsoomianas, e a primeira delas que John Carter teve de aprender é "Sak!" – "Salte!" A Novilíngua, de *1984*, de George Orwell, foi elaborada como um artifício para restringir o pensamento humano. O idioma mais famoso da ficção científica com certeza é o klingon, de *Jornada nas Estrelas*. Existe hoje um Instituto da Língua Klingon, e ao menos um pai teria tentado criar seu filho como um falante "nativo" de klingon. Existe até mesmo uma versão de *Hamlet* em klingon – ou, como qualquer fã *trekker* diria, em klingon *original*.

Por comparação, a língua Na'vi é muito nova e tem um vocabulário ainda pequeno e regras que ainda estão surgindo. Há, porém, uma pressão de uma comunidade global de entusiastas para que esse vocabulário se desenvolva mais. Uma coisa é certa, um idioma expressa a cultura da qual ele se origina, e a cultura Na'vi é bem mais agradável do que a klingon.

A cultura Na'vi reflete os estilos de vida caçadores-coletores que já existiram no planeta Terra. E dado o longo tempo que os povos da Terra estiveram isolados uns dos outros – no caso dos australianos, dezenas de milhares de anos – e ainda assim desenvolveram estilos de vida semelhantes, talvez isso seja plausível; talvez estejamos vendo elementos culturais universais em ação.

Temos que lembrar, porém, que, quando Jake os visita, os Omaticaya já são um povo transformado, ou até traumatizado, pelo contato com a humanidade. Eles tiveram de cunhar nomes para os humanos e seus artefatos: uma aeronave Scorpion é *kunsip* (de *gunship*, "arma de fogo", em inglês). As tentativas da RDA de negociar tratados com os Na'vi fracassaram em consequência de diferenças culturais fundamentais; os Na'vi derivam todos os seus "direitos" de Eywa, que protege tudo, e por isso, para eles, não há nada a negociar. E a interação dos Na'vi com os humanos foi ficando mais violenta com o passar dos anos.

Talvez o comportamento do clã Omaticaya já seja atípico dos Na'vi do resto de Pandora. Da mesma forma, a cultura dos índios cavaleiros das pradarias norte-americanas, que forneceu a gerações posteriores a imagem clássica dos povos "não contaminados", pré-contato, na época do Velho Oeste tinha poucas centenas de anos de idade. Até que os imigrantes europeus os importassem, não existiam cavalos na América do Norte, pois haviam se extinguido muitos milhares de anos antes.

Sendo assim, os Omaticaya podem não ser Na'vi "puros". Apesar disso, o contato com eles nos mostra que se comportam como nós.

E não apenas isso, os Na'vi se parecem extraordinariamente conosco.

# 25
## OUTROS CORPOS

Por que os Na'vi apresentam meros quatro membros? A maioria dos animais pandorianos tem seis. E, aliás, por que eles têm só uma trança neural, e não duas, e só um par de olhos, e nenhuma abertura respiratória extra?

Terão os Na'vi uma aparência mais humana do que teriam direito de ter?

No Capítulo 23, observei que o plano corporal de quatro membros que compartilhamos com todos os outros vertebrados de ambiente terrestre (sem falar das aves, dos répteis voadores do passado e das criaturas que voltaram para a água, como as baleias) é uma herança daquele peixe-avô de quatro membros que primeiro arrastou-se para fora da água muitos milhões de anos atrás. Em Pandora, a julgar pelos seis membros que vemos em animais que vão do *direhorse* ao *leonopteryx*, a mãe ancestral com certeza também tinha seis pernas. Os Na'vi não são os únicos com seus quatro membros; as *banshees* também são quadrúpedes, mas essa é claramente uma situação muito incomum.

No filme, há uma indicação de como os Na'vi podem ter chegado à condição de seres de quatro membros. O prolêmure, uma criatura arborícola parecida com um macaco, parece ser o animal mais próximo aos Na'vi quanto à forma. Ele também só tem um tentáculo neural, não tem aberturas respiratórias adicionais e tem um par de olhos. E os braços, se não são como os dos Na'vi, também não se parecem com os de outras criaturas. Ele tem dois pares de antebraços, mas a parte superior dos braços de cada lado parece ter sofrido uma fusão, de modo que os membros se bifurcam no cotovelo. Talvez essa seja uma pista da trajetória evolutiva seguida pelos Na'vi. Porém temos que nos lembrar de que o prolêmure é uma criatura tão completamente evoluída quanto os Na'vi, e seus braços fundidos de forma tão peculiar cumprem uma função no modo de vida específico que ele leva; seus braços auxiliam na mobilidade, enquanto o animal se move pela copa das árvores. Da mesma forma, o chimpanzé pode nos dar pistas de nossa própria história evolutiva, mas ele não é um humano parcialmente evoluído; ele é um chimpanzé totalmente evoluído.

Nossa forma humanoide converge com a dos Na'vi em muitos outros aspectos, alguns deles bastante sutis. Eles têm dentição razoavelmente semelhante à humana, por exemplo. Nossos dentes evoluíram em resposta à variada dieta onívora com a qual nós, onívoros, temos de lidar: caninos para matar a presa e arrancar pedaços de carne, molares para mastigar vegetais. É evidente que os Na'vi têm uma base alimentar igualmente ampla. E eles poderiam nem ter necessitado em absoluto de dentição. Os dentes parecem ter evoluído a partir de escamas do peixe ancestral que rastejou para fora do mar, mas eles em si são com certeza apenas uma das soluções anatômicas para o problema de macerar e dilacerar a comida antes da digestão.

E os Na'vi têm sangue vermelho, como nós. Pode-se ver isso quando Jake-avatar esmurra o guerreiro Tsu'tey. Por que o sangue é vermelho? A função do sangue é distribuir substâncias essenciais como oxigênio e nutrientes para as células do corpo e levar embora os resíduos. Em vertebrados como nós, ele consiste em células sanguíneas em suspensão, em um líquido chamado plasma sanguíneo, que é basicamente água, na qual estão diluídas proteínas e outros elementos. A maior parte das células sanguíneas de nosso corpo é vermelha; há ainda células sanguíneas brancas e plaquetas que ajudam nosso sangue a coagular. As células sanguíneas vermelhas contêm hemoglobina, uma proteína cuja molécula inclui ferro. Ela forma uma ligação química com o oxigênio para transportá-lo pelo corpo; quando a hemoglobina está oxigenada, o sangue é vermelho vivo.

Como os Na'vi estão ativos em uma atmosfera rica em oxigênio, eles devem precisar, no sangue, de algum equivalente da hemoglobina para transportar o oxigênio; de fato, a molécula responsável pelo transporte em seu corpo é um composto baseado em ferro, como a hemoglobina. Não seria necessário que fosse hemoglobina ou algo parecido; alguns moluscos, por exemplo, apresentam uma molécula chamada hemocianina.

Claro que existem diferenças evidentes entre os Na'vi e os humanos, incluindo os órgãos dos sentidos. Os olhos dos Na'vi são quatro vezes maiores que os de um humano, e muito mais sensíveis. Eles podem enxergar além do espectro humano, na zona do infravermelho. Essa seria uma característica muito útil para os Na'vi nas florestas bioluminescentes mal iluminadas. As orelhas de um Na'vi são móveis, como as de um gato. Isso ajudaria a determinar de que direção um ruído está vindo, outra adaptação útil para caçadores florestais. Porém as orelhas dos Na'vi também servem como forma de expressão. Elas se movem em resposta ao que é dito e às emoções expressas. As orelhas dos Na'vi não são apenas conchas acústicas; elas são parte de suas faces.

No entanto, a maior diferença corporal que Jake nota, logo após despertar pela primeira vez em seu corpo avatar, é a cauda — e ele causa um bocado de danos com ela, antes de aprender a controlá-la. Os Na'vi usam a cauda para o equilíbrio e para mudanças de direção enquanto correm, e para agarrar-se a troncos e cipós quando sobem em árvores.

Por que os Na'vi deveriam ter cauda e os humanos não? Uma cauda com certeza seria útil se você estivesse planejando viver no alto de uma árvore. Todos os macacos do Novo Mundo têm cauda, e em alguns, como os macacos-aranha, ela é preênsil, como a de um Na'vi; isto é, ela pode ser usada como um braço extra. Os macacos podem se pendurar segurando-se apenas pela cauda ou por uma combinação de braços, pernas e cauda.

Nossos mais remotos ancestrais primatas também tinham cauda, mas nós, assim como nossos primos antropoides, perdemos a nossa com o passar do tempo evolutivo. As características corporais não usadas tendem a reduzir-se em tamanho ou desaparecer, até mesmo os olhos, como no caso de peixes que vivem na escuridão total. Há muitas outras criaturas que perderam as caudas, como toupeiras, ouriços, ursos e preguiças.

No entanto os biólogos não entendem bem *por que* perdemos a cauda. Presume-se que tenha algo a ver com o modo como nós e nossos primos aprendemos a caminhar em dois pés. Macacos que são muito ativos em árvores altas, correndo ao longo dos ramos, pulando e balançando-se, usam muito a cauda, inclusive para o equilíbrio. Porém as criaturas que se movem devagar, em galhos mais baixos, como preguiças e coalas, não têm cauda. Em Bornéu, o macaco-de-cauda-longa (*Macaca fascicularis*) vive no alto das árvores — e tem uma cauda longa, como o nome indica —, enquanto seus parentes próximos, duas espécies de macaco-rabo-de-porco (*Macaca leonina* e *M. nemestrina*), vivem no solo e têm cauda curta.

Dentre os grandes macacos antropoides, o quadro é mais complexo, e talvez tenha algo a ver com o fato de eles caminharem sobre duas pernas. Os chimpanzés sobem em árvores, assim como os gibões, e nenhum deles tem cauda. Porém essas criaturas com frequência são vistas caminhando de forma bípede, e talvez isso tenha levado a uma seleção natural que culminou com a extinção da cauda. Com nossas espécies, a pressão da seleção deve ter sido muito mais extrema. Depois que nossos ancestrais se separaram dos ancestrais do chimpanzé, tornaram-se criaturas semelhantes a chimpanzés eretos — eram os australopitecíneos, que habitavam as margens da floresta, mas buscavam alimento nas savanas abertas, pouco a pouco, tornando-se cada vez mais bípedes. Adeus, cauda.

Com os Na'vi, a trajetória evolutiva foi claramente diferente. Eles permaneceram muito mais próximos a sua floresta. Comparados conosco, eles têm uma habilidade incrível nas árvores e são exímios em correr ao longo de galhos estreitos, balançar-se como Tarzan e saltar longas distâncias. Não é de admirar que tenham mantido a cauda.

Outras adaptações dos Na'vi à vida arborícola talvez incluam a estrutura óssea, reforçada por uma fibra natural de carbono, uma vantagem compartilhada com muitas criaturas pandorianas, como a *banshee*. E talvez tenham uma propriocepção melhor do que a nossa. A propriocepção é a consciência da posição do corpo e de suas partes — de localização, movimento, locomoção. Talvez seja por isso que os Na'vi, montados em suas *banshees*, sejam tão bons pilotos naturais.

Percebemos a proximidade dos Na'vi às árvores em outro detalhe tocante. Durante sua primeira noite na Árvore-Lar, Jake-avatar dorme com os Na'vi, aninhado em uma rede-folha, bem alto na copa. Ao fundo, vemos um grupo familiar acomodado em uma única rede. A rede-folha é uma epífita, uma planta que não está enraizada no solo, mas que usa a árvore como suporte, extraindo nutrientes da água da chuva e de outras fontes. Os Na'vi a chamam "protegida nos braços de Eywa" — *Eywa k'sey nivi'bri'sta*. Da mesma forma, os chimpanzés gostam de dormir em ninhos de folhas, a grande altura. Eu gosto de pensar que talvez nossos ancestrais australopitecíneos retornassem para dormir no conforto verde dos galhos altos, depois de um dia na amplidão brutal da savana.

Por que os Na'vi deveriam ter uma semelhança tão desconcertante com os humanos e ser tão diferentes do pano de fundo de seu próprio planeta?

Claro, olhando de fora do universo de *Avatar*, devemos levar em conta a licença criativa. Neytiri, com suas feições felinas, é suficientemente humana para ser uma personagem que gera empatia, mas com uma mescla de características familiares e incongruentes, que dá ao público uma sensação de estranheza. Neytiri tentando abraçar Jake com quatro braços seria cômico e quebraria o clima da cena.

Mas dentro do universo de *Avatar* os observadores também ficam intrigados.

Entre as hipóteses para explicar a aparência humana dos Na'vi está a evolução convergente, que discutimos no Capítulo 23; talvez a forma humanoide com quatro membros seja um ponto final evolutivo em qualquer mundo. Ou talvez os Na'vi e os humanos sejam de fato aparentados, por meio de algum processo de panspermia interestelar, natural ou dirigida. Ou, como alguns suspeitam, talvez alguma mão divina tenha agido; talvez tanto nós como os Na'vi sejamos o resultado de um processo de *design* inteligente — mas a discussão teológica dos Na'vi é complicada. Por ora, não há uma resposta clara. Talvez uma dessas ideias esteja correta; talvez nenhuma esteja. Temos muito que aprender com os Na'vi e com seu mundo.

Por mais humanoides que eles sejam, com sua língua, sua arte, sua música, suas proezas de caçadas e artefatos, os Na'vi são claramente tão inteligentes quanto nós — se não mais, a despeito de nossa tecnologia mais avançada. E por isso o contato com eles é a realização de um sonho muito antigo: a descoberta de outras mentes no universo.

# 26

## OUTRAS MENTES

A ideia da inteligência extraterrestre tem raízes profundas em nossa cultura. Os pensadores do Renascimento ficaram espantados com as primeiras observações feitas por Galileu das luas de Júpiter, um sistema invisível a olho nu, mas uma verdadeira miniatura de nosso próprio sistema solar. Como disse o astrônomo Kepler, "aquelas quatro pequenas luas existem para Júpiter, não para nós. [...] Deduzimos, com o mais alto grau de probabilidade, que Júpiter é habitado".

Esta forte intuição de que a vida é disseminada sempre gerou grande controvérsia, assim como ocorre ainda hoje. Santo Agostinho, por exemplo, muito tempo atrás, concluiu que alienígenas não podiam existir. Se existissem, eles precisariam de salvação — um Cristo próprio deles —, mas isso iria contra a unicidade de Cristo, o que teologicamente é inaceitável.

Por outro lado, há quem creia que visitantes alienígenas estiveram na Terra e até que podem estar entre nós hoje. Eu pessoalmente sou um cético quanto à questão dos OVNIs. Não duvido que muitos avistamentos relatados sejam baseados em algo real e observável — fenômenos atmosféricos estranhos, observação de projetos militares secretos —, mas não vi ou ouvi nenhuma evidência sólida de qualquer inteligência extraterrestre por trás de nenhum desses relatos. E para mim é difícil crer que criaturas tão avançadas a ponto de viajar entre as estrelas agiriam da forma furtiva, vingativa e completamente irracional, como muitos relatos descrevem...

No entanto...

Se não estamos programados pela evolução para registrar alguma coisa, talvez nós simplesmente não a vejamos. Há uma história apócrifa de que o capitão Cook encontrou ilhéus que pareciam incapazes de ver seus grandes navios, até que a tripulação lançou os botes menores, de aparência mais familiar, para chegar à praia. Os ilhéus nunca haviam visto estruturas tão grandes antes e simplesmente não tinham o aparato conceitual para interpretá-las. Da mesma forma, um artefato alienígena estaria numa categoria de objeto muito diferente de qualquer coisa antes encontrada por um ser humano no mundo natural ou criada pelos humanos. E se um OVNI *de fato* visitasse a Terra, então talvez avistamentos fugazes, furtivos e mal interpretados como objetos familiares seria precisamente o tipo de evidência que deveríamos esperar.

Mas não citem minhas observações.

Hoje, cientistas plenamente treinados, munidos dos equipamentos mais modernos, procuram sem cessar evidências de mentes alienígenas.

Em 2010, transcorreu o aniversário de cinquenta anos do Projeto Ozma, o primeiro experimento recente em SETI (Search for Extraterrestrial Intelligence, em inglês, "Busca por Inteligência Extraterrestre"): em 1960, durante uma semana, o radioastrônomo norte-americano Frank Drake ficou na escuta por sinais alienígenas provenientes de duas estrelas em uma determinada frequência. A ideia nasceu a partir de um artigo fundamental publicado em 1959 na revista científica *Nature* por dois físicos, Giuseppe Cocconi e Philip Morrison, que perceberam que os então relativamente novos radiotelescópios poderiam ser usados para enviar sinais entre as estrelas: "Poucos podem negar a profunda importância, prática e filosófica, que teria a detecção de comunicações interestelares". Nestes últimos anos, eu mesmo me envolvi com a SETI, juntando-me a uma das forças-tarefa acadêmicas; fui responsável por tentar imaginar as consequências de uma detecção.

No entanto, em 1960, Frank Drake não ouviu nada. E, depois de cinquenta anos, o aspecto mais notável sobre a moderna SETI é que não houve *nenhuma* detecção confirmada. O que está acontecendo?

Os defensores de radioastronomia da SETI ressaltam o quanto as buscas têm sido limitadas até agora; estudou-se, de fato, apenas um punhado de estrelas numa estreita faixa de domínios de frequência por períodos limitados de tempo. Porém também têm ocorrido buscas infrutíferas por outros tipos de evidência, como artefatos em pontos de estabilidade gravitacional no sistema solar. Mesmo galáxias distantes foram examinadas, sem sucesso, em busca de indícios de superinteligências, como no romance *Contato*, de Carl Sagan, e no filme de Robert Zemeckis baseado nele.

Ausência de evidência não é evidência de ausência; ainda não podemos concluir que estamos sozinhos. Não obstante, é inegável que o céu *não* está lotado de civilizações próximas emitindo abundantes sinais de rádio, como poderia ter sido imaginado em 1960.

Um paradoxo está emergindo. No Capítulo 22, abordamos a origem da vida e os modos como a vida poderia ser disseminada naturalmente entre mundos. A vida surgiu na Terra quase tão rápido quanto seria possível. Se isso aconteceu aqui, por que não pode acontecer em outros lugares? E mais: nossa experiência com base na Terra demonstra que, se a vida existe, ela se espalha por onde quer que possa. A galáxia é grande, mas velha o suficiente para que a vida tivesse se espalhado por ela várias vezes, mesmo que viajasse a velocidades muito menores que a da luz. Portanto onde está todo mundo? Esta é a extensão de uma discussão informal iniciada na década de 1950 pelo grande físico italiano Enrico Fermi (supostamente no decorrer de um longo almoço) e que se tornou conhecida como o *Paradoxo de Fermi*: se eles existem, nós deveríamos vê-los.

As possíveis soluções para o Paradoxo foram bastante exploradas pela ficção científica e pela ciência. Talvez exista alguma forma mais elevada de existência, tão inimaginável para nós quanto uma Sinfonia de Beethoven é inimaginável para um único neurônio no cérebro de seu compositor. Ou pode ser que existam muitas espécies — talvez como os golfinhos — com inteligência, mas sem a oportunidade de desenvolver tecnologia, por viverem em um ambiente aquoso, ou que estejam imersas nas grandes e densas nuvens estelares. Ou talvez simplesmente não estejam interessadas. O radiotelescópio de Frank Drake não detectaria qualquer traço dos Na'vi, habitantes do sistema solar mais próximo, porque eles têm coisa melhor a fazer do que construir radiotransmissores. Ou, quem sabe, a maioria das espécies de tecnologia mais avançada acabe se destruindo, como estivemos perto de fazer, ou esgotem os recursos de seus mundos, como no "ecocídio" da Terra do futuro, no universo de *Avatar*.

Entretanto, para resolver o Paradoxo de Fermi deve-se crer que *todos* são iguais; tudo o que seria preciso seria *uma* exceção, uma espécie tecnológica arrogante, barulhenta e expansionista, como a nossa, que sobrevivesse ao gargalo do ecocídio e da guerra e que estivesse em algum lugar por perto, e nós a notaríamos.

Outra classe de possibilidades é que estejam de fato por aqui, mas que preferiram não ser vistos por nós. Esse tipo de noção é em geral conhecido como "hipótese do zoológico". O mito dos OVNIs é um exemplo disso. Em *Jornada nas Estrelas*, a Primeira Diretriz determina que espécies de tecnologia mais simples devam ser deixadas em paz e ter a chance de se desenvolver até terem alcançado a capacidade de viagens estelares. Talvez eles de fato estejam aqui, a nossa volta, ocultos em algum tipo de tocaia *hightech* — escondendo-se de nós por boas intenções, ou más.

Um último modo possível de resolver o Paradoxo me parece o pior de todos. E se não existir Na'vi algum? E se, a despeito de nossa intuição, pelo contrário, no fim das contas, estivermos sozinhos? E se nossa minúscula Terra for realmente o único reduto no cosmos de vida e de mentes avançadas? Vimos no Capítulo 23 que a vida multicelular surgiu bem tarde na história da Terra. A vida inteligente com nosso tipo de tecnologia surgiu apenas nos últimos 100 mil anos, ou algo assim, uma fração minúscula (um quarenta mil avos) da duração da vida na Terra. Sendo assim, quem sabe, isso só tenha acontecido desta única vez, e bem aqui.

Neste caso, com certeza, nosso primeiro dever é não nos eliminarmos. Pois se permitirmos a nós mesmos nos extinguirmos, o universo vai continuar a se desenvolver de acordo com a lógica cega das leis da física, mas não haverá ninguém sequer para lamentar nosso desaparecimento.

Talvez você pergunte *por que* desejamos tanto descobrir alienígenas. Por que a ideia de encontrar os Na'vi nos parece tão atraente? E por que queremos tanto falar com eles?

Tenho uma teoria pessoal de que talvez seja porque não estamos acostumados a estar sozinhos. É incomum, na Terra, existir uma única espécie em algum grupo de mamíferos, da mesma forma como os humanos são únicos. Existem muitas espécies de macacos, de baleias, até de elefantes e chimpanzés. Os golfinhos têm vidas sociais complexas, que rotineiramente envolvem interações entre espécies.

Porém temos evidência cada vez maior de que no passado dividimos o mundo com muitos outros tipos de hominídeos. Os homens de Neandertal, que desapareceram cerca de 30 mil anos atrás, eram talvez nossos primos mais próximos, mas agora existem indícios novos e empolgantes de humanos que sobreviveram até bem recentemente. Os minúsculos "hobbits" da Indonésia podem ter sobrevivido até meros 13 mil anos atrás; em março de 2010, cientistas alemães descobriram um fragmento de osso de um dedo de criança, em uma caverna na Sibéria, proveniente de mais uma espécie de hominídeo que ainda estava por aí 30 mil anos atrás. Assim, num período recente, dividimos o mundo com ao menos *três* primos, três outros ramos da frondosa árvore evolutiva humana, e eu não me surpreenderia se o futuro trouxesse mais descobertas desse tipo.

Nós evoluímos em um mundo cheio de outros tipos humanos — não apenas gente desconhecida, mas criaturas de outros tipos, com cérebros em algum ponto entre o nosso e o dos chimpanzés. E, agora que todos já se foram, sabemos que algo está faltando no mundo, mesmo que não saibamos o que é. Talvez sonhemos com os Na'vi no mundo deles porque eles nos fazem lembrar de nossos próprios primos desaparecidos.

No universo de *Avatar*, ao menos algumas dessas questões foram respondidas. Porém a descoberta dos Na'vi em Pandora foi uma grande surpresa em muitos aspectos.

A humanidade é uma espécie jovem em um universo muito velho; era esperado que quaisquer inteligências alienígenas, caso existissem, fossem provavelmente muito mais antigas que a espécie humana — e que talvez esse próprio avanço fosse o motivo pelo qual não pudéssemos percebê-las. Por isso ninguém esperava encontrar humanoides da idade da pedra habitando um mundo florestado orbitando a estrela mais próxima. Mas também ninguém esperava encontrar mundos do tamanho de Júpiter orbitando mais perto de sua estrela do que Mercúrio ao redor do Sol. O universo é cheio de surpresas; de certa forma, essa é a razão pela qual se faz ciência.

No entanto, se encontrarmos os alienígenas, não irá esse sonho do futuro transformar-se em um pesadelo do passado?

# 27
## PRIMEIRO CONTATO

O primeiro encontro de Jake Sully com Neytiri não foi o primeiro contato da espécie humana com os Na'vi. Esse ocorreu quando as primeiras sondas não tripuladas pousaram em Pandora, e faces azuis olharam com curiosidade dentro das lentes das câmeras.

Porém, àquela altura, o valor do unobtanium já tinha sido percebido; a RDA já estava em operação. E a RDA não estava muito satisfeita. Protestos vigorosos exigiam que os nativos fossem protegidos. Os cínicos supuseram que a RDA, mais ou menos além do alcance do controle da Terra, encararia os Na'vi como nada mais do que um obstáculo a seus objetivos.

Enquanto isso, as primeiras amostras de Pandora foram trazidas à Terra: minerais, como o unobtanium, e seres vivos — plantas, animais que passaram por pesadas quarentenas e controles, espécimes da flora e da fauna para estudos científicos e zoológicos, propriedades de valor comercial que poderiam ser a base para novos medicamentos.

Para onde quer que tenhamos viajado, sempre carregamos conosco uma horda de companheiros de viagem, de vírus a ratos, espécies *invasoras* que muitas vezes fizeram um tremendo estrago em biomas nativos. O ambiente em Pandora não é idêntico ao da Terra, e não está claro se seria fácil para espécies terrestres se estabelecerem lá. No entanto eu apostaria que pelo menos alguns de nossos organismos *extremófilos*, seres durões que podem suportar extremos de frio e de calor, umidade e secura, e até banhos de radiação e privação de oxigênio, poderiam sobreviver lá. E se as formas de vida de Pandora se espalhassem pela Terra? Talvez os seres mais durões de Pandora, provenientes de um mundo muito mais difícil, pudessem prosperar aqui, caso conseguissem burlar todas as tentativas de quarentena e fugissem — como os seres vivos sempre encontram um jeito de fazer.

E os Na'vi? O material genético deles deve ter sido transportado para a Terra para análise para dar embasamento ao projeto avatar. Cadáveres seriam necessários para dissecação. E talvez alguns Na'vi tenham sido trazidos vivos.

Imagine que sensação seria um Na'vi! Essas criaturas altas, esguias e azuis, desajeitadas como girafas na gravidade pesada da Terra, usando seus próprios *exopacks* que lhes permitiria respirar nosso ar... Os primeiros índios levados para a Europa pelos conquistadores geraram um espanto comparável. Cientistas, historiadores, antropólogos, linguistas e outros especialistas teriam chovido em cima deles. Talvez a moda com motivos étnicos Na'vi tivesse sido uma febre por algum tempo.

O que poderia acontecer com aquele punhado de Na'vi, se eles fossem transportados através dos anos-luz? Talvez lhes ensinassem inglês e os vestissem com ternos e gravatas para apresentá-los a presidentes e monarcas. Ou talvez os confinassem em recintos de zoológicos com condições semelhantes às de Pandora, enquanto seus filhos seriam levados para serem submetidos a experimentos, seu material genético seria esmiuçado, seus corpos seriam garimpados em busca de tesouros como os ossos reforçados por fibras de carbono. De qualquer modo, eles estariam totalmente isolados, não apenas de seu povo e de sua cultura, mas de Eywa — e da possibilidade de reunirem-se a seus ancestrais depois da morte (veja o Capítulo 29). E depois que morresse o primeiro Na'vi trazido à Terra, seu esqueleto seria exposto em uma vitrine em algum museu de história natural, sem dúvida, batizado com algum nome humano, tipo *Blue George* [Jorge Azul].

Nesse meio-tempo, muito longe dali, em Pandora, o conflito que vemos em *Avatar* teria iniciado, e os Na'vi teriam começado a morrer nas mãos humanas.

A coisa precisa ser desse jeito?

E se estivéssemos do outro lado nessa história?

Com certeza, se você é fã de paz, amor e entendimento, o histórico de primeiros contatos entre as culturas humanas não é encorajador.

Em 1492, Cristóvão Colombo "descobriu" um novo mundo, e um ramo inteiro da humanidade que ninguém na Europa sequer fazia ideia que existisse. Da mesma forma que a RDA de *Avatar* procurando unobtanium, os monarcas que patrocinaram os primeiros descobridores queriam ouro do Novo Mundo e outras riquezas para financiar seus próprios projetos, em especial as guerras com seus rivais cristãos e inimigos muçulmanos. O próprio Colombo era um militante cristão que sonhava encontrar uma nova rota oceânica de comércio até a Ásia e unir forças com os imperadores mongóis para atacar o Islã pelo leste. Nada disso tinha algo a ver com os americanos nativos, mas os europeus tinham a tecnologia para impor seus próprios interesses aos povos que encontrassem.

Talvez o momento mais dramático da espantosa saga de contato e conquista que se seguiu tenha sido o encontro, no altiplano peruano, entre o imperador inca Atahuallpa e o conquistador espanhol Francisco Pizarro, em novembro de 1532, apenas quarenta anos depois da chegada de Colombo. Atahuallpa governava a nação mais populosa e avançada do Novo Mundo; tinha milhões de súditos e um exército com dezenas de milhares de homens. Pizarro liderava menos de duzentos espanhóis. Minutos depois de encontrarem-se, Pizarro capturou Atahuallpa. Na batalha que se seguiu, os espanhóis, sem *nenhuma* baixa, derrotaram o exército nativo — centenas de vezes mais numeroso —, matando milhares de pessoas. Em poucas décadas o império inca colapsou.

A vasta superioridade numérica dos incas não representou nada diante da vantagem tecnológica dos espanhóis. Esses constituíam uma cultura de armas de fogo confrontando uma civilização essencialmente da idade da pedra; suas armas de aço rasgavam com facilidade as finas armaduras dos incas. E o uso de cavalos pelos espanhóis aterrorizava o inimigo. O cavalo já estava extinto nas Américas havia milhares de anos, e, quando defrontados com a carga da cavalaria, os incas nem sequer compreendiam o que estavam vendo (lembre-se do capitão Cook e dos ilhéus). Pior: nas décadas seguintes, as *doenças de grupo*, como a varíola que os europeus inadvertidamente haviam trazido de casa, causaram uma colossal implosão das populações nativas.

Esse padrão básico da vantagem avassaladora fornecida pela tecnologia superior e o papel determinante dessa vantagem em conquistas e exploração parecem ser um tema comum da história humana. Esse tema prossegue nos dias de hoje. Em parte, James Cameron teve a intenção de que *Avatar* fosse uma fábula que servisse de alerta sobre as consequências do contato, da colonização e exploração. Cameron e alguns integrantes do elenco de *Avatar* visitaram os povos indígenas que habitam a região do Xingu, no Brasil, que está sendo afetada pelo projeto multibilionário da hidrelétrica de Belo Monte. Cameron descreve a situação como "um confronto de *Avatar* na vida real [...] acontecendo agora".

No passado, algo parecido ocorreu também na Europa. A Grã-Bretanha foi conquistada quando os romanos chegaram, com a superioridade de seus exércitos disciplinados, a construção de estradas e as comunicações baseadas na escrita. Apesar de todas as supostas vantagens da civilização romana que se seguiram — e a história britânica subsequente seria inimaginável sem a intervenção romana —, não foi um processo agradável, como a rainha Boudicca (Boadiceia), da nação Iceni, demonstrou em sua revolta sangrenta, mas fútil, uma geração depois da chegada dos romanos.

Aconteceu conosco antes; poderia acontecer de novo no futuro? No final do século XIX, uma testemunha escrupulosa, H. G. Wells, perturbado pelos infortúnios de povos como os tasmanianos, que pareciam ter sido totalmente exterminados durante a colonização europeia, imaginou como seria se os humanos, em particular os britânicos da era vitoriana imperial, estivessem do lado invadido. Em *A Guerra dos Mundos*, diante dos raios térmicos dos marcianos, as armas do exército britânico eram "arcos e flechas contra relâmpagos" — uma frase evocativa das cenas de batalha de *Avatar*.

Hoje, algumas pessoas imaginam — como em *Contato*, de Carl Sagan — que se os alienígenas nos visitarem, nós receberemos sabedoria vinda das estrelas: uma Enciclopédia Galáctica, uma injeção de adrenalina cultural que elevará nossa sociedade a novos patamares. Porém outras seguem Wells, imaginando possibilidades mais sombrias. O físico Stephen Hawking disse recentemente (em um documentário do Discovery Channel chamado *O Universo de Stephen Hawking*, que foi ao ar em 2010): "Imagino que eles existem em naves imensas, tendo usado todos os recursos de seu planeta natal. Se os alienígenas alguma vez nos visitassem, o resultado seria muito parecido com o que ocorreu quando Cristóvão Colombo chegou à América, e que no fim não foi lá muito bom para os americanos nativos". O que parece com um cenário de *Avatar* ao contrário.

Existe atualmente um violento debate no mundo da SETI, busca por inteligência extraterrestre, sobre a prudência de não apenas procurar sinais de alienígenas, mas de sinalizar-lhes. Essa última é conhecida como "SETI ativa". A Terra é um lugar barulhento no espectro do rádio; temos vazado sinais de rádio, TV e radar por décadas. No entanto a força do sinal cai muito rápido no espaço de uns poucos anos-luz, atingindo umas poucas dezenas de estrelas, no máximo. Sinais propositais iriam de repente tornar-nos visíveis para uma porção muito maior da Galáxia. E já foram emitidos sinais no passado. Em 1974, o radiotelescópio de Arecibo, em Porto Rico, transmitiu uma série de pulsos de rádio em direção ao aglomerado estelar M13, com uma mensagem codificada da humanidade, elaborada pelo pioneiro da SETI, Frank Drake.

Algumas pessoas nunca gostaram disso. O ex-astrônomo real britânico *Sir* Martin Ryle alertou que "qualquer criatura lá fora [pode ser] malévola ou voraz". E *Sir* Bernard Lovell, fundador do Jodrell Bank,[20] disse uma vez: "É uma suposição, a de que eles serão amigáveis – uma suposição perigosa". O autor de ficção científica David Brin faz uma analogia com crianças gritando na selva. Talvez esta seja a resolução do Paradoxo de Fermi: todos ficam em silêncio porque sabem que existe algo perigoso lá fora.

Mas deve ser necessariamente assim? Temos em nós a possibilidade de amar o alienígena, a "outridade"? E seria possível a "outridade" nos amar?

Nós ao menos sabemos que *deveríamos* nos comportar melhor.

A *Regra de Ouro* da ética, que está incrustada em muitas religiões e filosofias, foi citada desta forma por Cristo: "Faça aos outros o que gostaria que lhe fizessem". Também conhecida como a *ética da reciprocidade*, a Regra de Ouro pode ser considerada a base para o conceito moderno de direitos humanos: que você deve tratar a todos, incluindo aqueles que não pertencem a seu grupo mais chegado, com consideração. Ela já foi criticada. George Bernard Shaw observou que os gostos dos outros podem não ser iguais aos seus; como você pode saber que os outros quereriam que fosse feito a eles o que você quer que seja feito a você? Mas, de qualquer forma, não é um princípio ruim como base de vida.

---

20 Centro de Astrofísica Jodrell Bank, da Universidade de Manchester, fundado em 1945. [N. T.]

Como observou Wells, os britânicos imperiais não teriam gostado que os marcianos fizessem a eles o que eles fizeram ao povo da Tasmânia.

Mesmo durante os anos mais sombrios da era da colonização europeia, houve esboços de empatia. Desde as próprias expedições de Colombo, algumas pessoas na Europa ficaram horrorizadas com os relatos de escravidão e massacre. Não tardou para que o papa declarasse que os americanos nativos eram humanos plenos, que tinham alma e que a missão dos cristãos seria salvar aquelas almas em vez de explorar seus corpos. Depois disso, os missionários cristãos se esforçaram bastante para desestabilizar e destruir as culturas nativas, mas, no contexto do século XVI, creio que se pode considerar o decreto papal como um sinal auspicioso.

Ocorre hoje em dia, inclusive, um debate interessante sobre a situação teológica de hipotéticos alienígenas extraterrestres. Não há indício algum de qualquer cristão ou de outros missionários trabalhando entre os Na'vi. O choque com Eywa seria fascinante. Talvez pudesse ser útil aos Na'vi se algum papa da distante Roma do século XXII declarasse que eles também têm alma...

Porém os Na'vi não são humanos exóticos, como os americanos nativos. Eles são criaturas alienígenas. Podemos ter empatia com desconhecidos humanos; será que poderíamos ter empatia com alienígenas?

Mais uma vez, os precedentes de nossa carreira na Terra não nos dão muita esperança. Consideremos a forma como tratamos os animais. Embora os Na'vi respeitem os animais que são abatidos para a alimentação, na Terra, até mesmo nossos parentes mais próximos ainda vivos, os grandes primatas antropoides, correm o risco de ser extintos graças à insensatez da perda e da fragmentação de *habitats* — e, lamentavelmente, à caça proposital.

Tendemos a medir o valor dos animais em termos do quanto eles são "como" nós. Assim, buscamos em chimpanzés sinais de cognição como a humana, como a que se expressa pelo uso de ferramentas e pela linguagem de sinais. Mas talvez, como disse o filósofo Jeremy Bentham há muito tempo, em 1789, devêssemos tratar um animal dependendo não do quanto ele consegue pensar, mas do quanto ele é capaz de sofrer. Imagine o sofrimento de uma elefanta quando seu filho é levado por caçadores. O psicólogo escocês James Anderson compilou informações sobre o tratamento dado por chimpanzés a seus mortos.

As mães carregam o corpo de seus bebês mortos por semanas, ainda que seja evidente, por reações sutis, que elas sabem que estão mortos. Essas observações "são fortes indícios de que os chimpanzés não apenas compreendem o conceito de morte, mas que também têm meios de lidar com ela", diz Anderson.

Eu acho que você só deve atentar para seus próprios sentimentos ao assistir às cenas perturbadoras que se seguem na esteira da destruição da Árvore-Lar dos Na'vi para acreditar que nós, de fato, seremos capazes de criar empatia com os alienígenas, quando os encontrarmos. Afinal, embora em *Avatar* exista um Miles Quaritch, existe também uma Grace Augustine querendo se aproximar dos Na'vi.

Mas com certeza seria muito mais fácil criar empatia com um animal se pudéssemos conectar nossa mente direto com a dele.

# 28
## MENTE A MENTE

Um aspecto no qual os Na'vi são totalmente diferentes de nós são suas tranças.

A trança dos Na'vi é constituída de cabelo trançado ao redor de um tentáculo neural, uma massa intricada de filamentos neurais ativos. Os Na'vi são capazes de unir esse órgão a estruturas semelhantes em outros animais para criar um vínculo neural que o clã Omaticaya denomina *shahaylu*. No filme, vemos esse processo funcionar com o *direhorse*, a *banshee* e o *leonopteryx*. Por meio de seu vínculo com seu *direhorse*, Jake-avatar consegue sentir o corpo da montaria, seu batimento cardíaco, sua respiração e a força das pernas. E sua vontade subjuga, até certo ponto, a do animal. No início, ele lhe dá ordens verbalmente, mas por fim é capaz de controlar o *direhorse* com comandos internos, da mesma forma como controla seu próprio corpo.

Além de uma demonstração bem visível da integração dos Na'vi com seu ambiente, é evidente que essa é uma tecnologia biológica de incrível utilidade. É como uma versão natural das interfaces neurais extensivas que devem ser necessárias para fazer funcionar o corpo avatar de Jake, como veremos na próxima seção. Talvez a tecnologia avatar tenha sido parcialmente inspirada pela versão natural existente em Pandora.

No entanto podemos especular se, de algum modo, o *shahaylu* refreou a evolução cultural Na'vi. Se você pode submeter um *direhorse* com a mente, você não precisa domá-lo. Talvez o processo de domesticação ao longo das gerações, pelo qual os humanos preencheram seu mundo com versões mais "úteis" de animais como cavalos, ovelhas, vacas e cães, nunca tenha lugar entre os Na'vi.

O que tem mais interesse para nós, xenobiólogos amadores, porém, é descobrir como o vínculo neural evoluiu.

O *shahaylu* é ainda mais notável quando levamos em conta a variedade de animais que ele conecta: Na'vi, *direhorse*, *banshee*. Os humanos são parentes bem remotos do cavalo – e ainda mais remotos das aves e dos pterossauros. À medida que a vida evoluiu na Terra, a família de primatas que um dia incluiria o ser humano separou-se dos laurasatérios, um grupo enorme que inclui os cavalos (junto a camelos, porcos, cães, gatos, ursos...), há pelo menos 85 milhões de anos. Isso aconteceu quando ainda nem havia chegado a era do predomínio dos mamíferos; transcorria o período Cretáceo, o auge dos dinossauros, anterior ao grande impacto. E nós nos separamos do grupo que inclui os répteis voadores de asas membranosas, como os pterossauros (e inclusive as aves), ainda mais no passado: assombrosos 300 milhões de anos atrás, no período Carbonífero, a meio caminho da época do surgimento das primeiras formas de vida multicelulares. Se abismos evolutivos semelhantes separam os Na'vi dos *direhorses* e das *banshees*, como seria possível que desenvolvessem um vínculo tão íntimo como o *shahaylu*?

Posso pensar em um paralelo terrestre: abelhas e flores.

Como uma abelha polinizando uma planta com flores na Terra, o *direhorse* de Pandora tem um longo focinho que ele usa para se alimentar da seiva que recolhe no fundo de plantas como a planta-vaso. Ambas as partes da parceria se beneficiam. O *direhorse* obtém proteínas dos insetos aprisionados na seiva, e a planta-vaso é polinizada. Esse comportamento é observado também em animais da Terra, como lêmures e alguns marsupiais. De certos pontos de vista, o vínculo entre abelha e flor (e entre *direhorse* e a planta-vaso) é muito mais importante do que o *shahaylu*. A abelha tornou-se dependente do néctar da planta como alimento, e a planta depende totalmente da abelha como meio de fertilização. Essa cooperação não é apenas uma ligação temporária para uma cavalgada, mas determina a vida e a morte para as espécies a que pertencem ambos os parceiros.

Entretanto os insetos já estavam por aí 300 milhões de anos *antes* que as plantas com flores, ou angiospermas, surgissem na Terra durante o Cretáceo, época auge dos dinossauros. E a separação entre as plantas e o vasto grupo que inclui todos os animais, insetos e fungos deu-se num passado extraordinariamente distante — *bilhões* de anos atrás. Uma vez, porém, que as plantas com flores surgiram, elas coevoluíram com os insetos com os quais cooperam, estabelecendo ao longo de milhões de anos uma extraordinária e intricada interdependência.

Dessa forma, é possível que espécies de parentesco extremamente distante desenvolvam um grau de cooperação de notável proximidade, desde que disponham de tempo suficiente para a seleção natural agir. Talvez um processo assim esteja por trás do *shahaylu*.

Mas seja qual for a origem da trança neural, para um Na'vi ela tem uma relação íntima com o sexo e a morte.

Citando o roteiro de 2007: "Neytiri toma a ponta de sua trança e a ergue. Jake faz o mesmo, numa expectativa trêmula. Os filamentos das pontas agitam-se com vida própria, estendendo-se para se tocarem... Os filamentos entrelaçam-se com suaves ondulações. Jake oscila com o contato direto entre seu sistema nervoso e o dela. A intimidade completa. Eles se unem em um beijo e afundam na cama de musgos, e ondas de luz se irradiam à volta de ambos...".

O ato de amor entre Jake-avatar e Neytiri é o ponto culminante em seu estranho comportamento ao cortejá-la. A união de suas tranças neurais tem um papel fundamental; é uma união de mentes, de consciências e de corpos. E, como vemos no filme, o resultado dessa união é um elo para toda a vida, irrevogável, consolidando a monogamia daquela cultura.

No entanto, para um guerreiro Na'vi, a trança também é uma fraqueza. O clímax da batalha entre a RDA e os Na'vi reserva um destino cruel para o guerreiro Tsu'tey, quando um soldado humano corta-lhe brutalmente a trança. O humano ouvira dizer que aquilo seria "pior que a morte" para um Na'vi. Talvez fosse. Tsu'tey não poderia mais cavalgar um *direhorse* ou uma *banshee*. Seria excluído da intimidade sexual; é uma castração simbólica.

E, pior, Tsu'tey sofre uma morte mais profunda que a de seus ancestrais. Pois a trança é também sua conexão com o maior de todos os mistérios de Pandora: Eywa. E, por intermédio dela, com a imortalidade.

# 29
# EYWA

Quando Selfridge e Quaritch se preparam para usar força letal contra o clã Omaticaya e sua floresta, Grace Augustine protesta, tentando vividamente expressar o que ela acredita ter descoberto sobre Eywa.

Grace encontrou indícios de *comunicação eletroquímica* entre as raízes das árvores de Pandora, segundo ela, semelhantes à atividade sináptica que ocorre entre os neurônios em um cérebro humano. Esta é a base de uma rede neural natural, como um cérebro humano, mas numa escala planetária: Eywa.

Para os Na'vi, Eywa é a deusa-mãe — e, de certo modo, o paraíso. Ela os acolhe em si quando eles morrem. Vemos isso quando tentam fazer a transferência da essência de Grace, moribunda, para seu corpo avatar, na Árvore das Almas. A tentativa falha — mas "tudo o que [Grace] é" se junta a Eywa. Parte da essência dos Na'vi mortos sobrevive dentro de Eywa, e os vivos podem se comunicar com eles conectando a trança em um *portal* natural, como a Árvore das Vozes. É por isso que a amputação da trança de Tsu'tey foi tão cruel; ainda pior que o assassinato, ela nega-lhe a imortalidade entre seus ancestrais.

Se Eywa fosse um computador humano, tudo isso seria plausível, caso considerássemos as tão esperadas tecnologias de *transferência mental* — o mapeamento do cérebro e a transferência de seu conteúdo para a memória de um computador — que veremos na seção seguinte, quando investigarmos o próprio processo de conexão do avatar. Porém Eywa não é um supercomputador Cray. Ela não tem *chips* de silício ou conexões ópticas. Não é sequer um cérebro humano, uma teia de intricada bioquímica. Como protesta Parker Selfridge, "que diabos vocês andam fumando lá fora? Elas são só umas malditas árvores"!

É de fato plausível que um punhado de árvores possa estar conectado a uma rede que tenha algo como a *funcionalidade* de um cérebro? E mesmo que você acredite que uma floresta possa se transformar em um cérebro, quão inteligente ele poderia ser?

Vamos começar com os números de Grace.

Grace informa que cada árvore em Pandora tem "dez à quarta" conexões com as árvores a sua volta, e que existem "dez à décima segunda" árvores na lua. Isso totaliza, diz ela, uma rede neural global com mais conexões que o cérebro humano.

Podem realmente existir "dez à décima segunda" árvores em Pandora? Dez à décima segunda potência significa dez multiplicado por si mesmo doze vezes, um número que seria escrito como um seguido de doze zeros, com pontos separando-os de três em três: 1.000.000.000.000. Isto é um milhão de milhões — um *trilhão*. Por comparação, quantas árvores existem na Terra? Em 2008, Nalini Nadkarni, do Evergreen State College, em Washington, publicou uma estimativa baseada em imagens orbitais da NASA da cobertura florestal. O número que ela obteve tinha uma precisão absurda: 400.246.300.201 — 400 bilhões, ou cerca de sessenta árvores para cada pessoa no planeta. Isso é mais ou menos a metade da estimativa de Grace para Pandora. E, posto que boa parte da Terra foi desmatada por nós, humanos, nos últimos milhares de anos, o número de Grace é próximo o suficiente para que eu o aceite como plausível, mesmo que Pandora seja menor que a Terra. Por outro lado, acredita-se que o cérebro humano contenha por volta de 100 bilhões de neurônios — dez elevado à décima primeira potência, no linguajar de Grace. É um fator de dez *menor* que a estimativa de Grace para o número de árvores em Pandora. Quanto a conexões, em média, um neurônio cerebral tem cerca de mil conexões com os neurônios vizinhos: isso é dez à terceira, de novo, um fator de dez *a menos* que a estimativa de Grace para o número de conexões com as árvores à sua volta.

Sendo assim, seu cérebro tem uma rede total de cerca de 100 trilhões de conexões (100 bilhões vezes mil). E, nesse aspecto, Grace está correta em dizer que a rede em Pandora é de fato maior que o cérebro humano por um fator de aproximadamente cem.

E como comparar isso aos computadores modernos? Cada conexão neural em seu cérebro pode comportar duzentos "cálculos" por segundo. Isso dá um total de vinte mil trilhões de cálculos por segundo acontecendo em sua cabeça neste momento (é verdade que pode nem sempre parecer que isso está acontecendo). Ou seja, em termos da tecnologia da informação que usei no Capítulo 19, o cérebro é capaz de vinte petaflops. Como vimos também no Capítulo 19, em 2010, o mais potente sistema de computador não distribuído do mundo, o chinês *Via Láctea*, era capaz de 2,5 petaflops, um oitavo da velocidade de processamento do cérebro humano, ou cerca de um milésimo da potência de Eywa.

Isso parece impressionante, mas você deve se lembrar da Lei de Moore (Capítulo 19), segundo a qual velocidade e capacidade de computação estão se multiplicando rapidamente, *dobrando* a cada catorze meses, de acordo com o estudo do TOP500. Se isso continuar, o maior computador deve ultrapassar a velocidade do cérebro em apenas quatro anos mais – e ultrapassar a muito mais poderosa Eywa em meros doze anos.

Mas será mesmo?

A estimativa de Grace quanto à complexidade de Eywa é baseada apenas na contagem da rede neural física das árvores e de suas conexões. É algo bem razoável do ponto de vista de um cientista, uma vez que é só isso que Grace pode *amostrar* e medir. Porém a complexidade de qualquer computador vai além de uma simples contagem de ligações entre seus componentes.

Uma possibilidade é que as árvores em si sejam mais do que meros interruptores; talvez elas contenham também algum processamento interno – o que elevaria de forma significativa a potência total de processamento de Eywa. Existe de fato uma teoria de que os neurônios em nosso cérebro igualmente sejam mais do que interruptores de liga/desliga. O biólogo Brian J. Ford, de Cambridge, está desenvolvendo teorias holísticas sobre as células, que por si sós constituem organismos complexos e são capazes de comportamentos individuais de notável complexidade. Por exemplo, as amebas, organismos unicelulares, podem construir conchas vítreas recolhendo grãos de areia da lama. As células de nosso corpo podem executar tarefas igualmente complexas como suporte para as funções corporais. Por que então, pergunta Ford, não deveríamos esperar que algum tipo de processamento ocorresse dentro dos próprios neurônios? Até os detalhes de seus disparos de resposta parecem incluir atrasos, respostas não lineares e outras sutilezas. "Meu palpite", diz Ford, "é que a potência do cérebro vai se mostrar como sendo derivada do processamento de dados dentro dos neurônios, muito mais do que *entre* neurônios."

E quanto a conexões que estão além do entrelaçamento das raízes das árvores? Os *woodsprites* são "as sementes da árvore sagrada". Quando pousam em Jake-avatar, durante o primeiro encontro dele com Neytiri, a jovem Na'vi interpreta isso como um sinal de Eywa de grande significado. Entretanto não vemos ligações físicas entre as árvores e os *woodsprites*, nenhuma conexão neural óbvia — e tampouco temos alguma indicação de como Eywa pode predizer o futuro de Jake. Mais tarde, durante o ataque da SecOps, os animais de Pandora — os *viperwolves*, as *banshees*, cabeças-de-martelo e tanatores — juntam-se à batalha. Essa é outra expressão da vontade de Eywa, mas de novo não vemos evidência de uma ligação física simples entre árvores e animais. Em outro incidente estranho, Mo'at, como *tsahik*, a xamã, presumivelmente a Na'vi mais próxima de Eywa entre todos, prova o sangue de Jake na primeira vez em que ambos se encontram. Estaria ela fazendo uma amostra de algum tipo de dado bioquímico para transferir a Eywa?

É evidente que existe muita coisa a respeito de Eywa que não é óbvia. Contudo testemunhamos uma notável expansão do poder aparente de Eywa além do limite da infraestrutura do núcleo da floresta.

Na Árvore das Almas, quando Grace e Jake estão sendo levados para dentro do Olho de Eywa, para serem transferidos a seus corpos avatares, todos os Na'vi do clã Omaticaya conectam suas tranças em uma massa brilhante de raízes dispersas pelo chão. O clã obviamente se torna uma espécie de internet da mente, com computação distribuída ocorrendo nos "PCs" dos cérebros dos Na'vi em adição ao processador "mainframe" da rede de árvores.

Essas redes podem ser extraordinariamente potentes. De acordo com uma estimativa publicada pela revista *Wired*, em junho de 2008, os bilhões de PCs que estão hoje conectados à internet — junto a *smart phones*, tablets e uma infinidade de outros aparelhos — equivalem a um único computador com uma potência equivalente a *12 mil* petaflops. Isso corresponde a milhares de vezes a potência daquele computador chinês de alto nível. Um projeto chamado SETI@Home é um exemplo de como a potência distribuída pode ser usada. A busca de sinais de inteligências extraterrestres por meio de dados de radioastronomia pode ter muita fome de potência de computação; há muito céu a ser vasculhado e há muitas frequências de rádio para serem ouvidas. Desde a década de 1990, a tarefa de vasculhar por meio do tremendo volume de dados brutos foi distribuída entre uma rede de PCs de voluntários — cada um dos quais contribui para a SETI com uma fração de sua potência total. É um projeto atraente, que oferece a *você* a chance de ser o primeiro a fazer contato, em sua própria casa...

Até certo ponto, uma rede física como na cena da Árvore das Almas é a expressão máxima da estreita sociabilidade dos Na'vi — e é ainda muito mais que isso. Qual será a sensação dessa conexão? Como seria fazer parte de uma internet da mente?

Uma mente grupal poderia ser um novo nível de processamento, sobreposto acima do sistema nervoso central de cada um de seus membros, passando informações de um modo distinto e mais rápido. Seria um crescimento da consciência, talvez como a sensação de expansão mental que você tem ao resolver um quebra-cabeça ou ao encontrar a estratégia certa em um jogo de xadrez — ou quando uma cientista vê sua hipótese confirmada por uma nova evidência e o mundo faz um pouquinho mais de sentido do que antes. Conectado em Eywa você não estaria mais sozinho. Compartilharia pensamentos, sentimentos, memórias. Que importaria se algumas dessas lembranças estivessem agora armazenadas fora de seu próprio crânio?

E para os Na'vi, unidos em Eywa, a consequência mais estranha seria que, até certo ponto, os espíritos dos antepassados estariam armazenados no cérebro de seus descendentes vivos.

O funcionamento de Eywa como um sistema de computação merece um estudo mais aprofundado, pois há sinais de grande sofisticação em seu processamento e em sua tomada de decisões. A comunicação bioquímica das raízes das árvores não pode ser terrivelmente rápida, de modo que uma entidade em escala planetária como Eywa talvez tenha um sistema distribuído de tomada de decisões. Quando os *woodsprites* inicialmente detectaram que havia algo especial em Jake-avatar, uma decisão provisória parece ter sido tomada a respeito dele – Neytiri é instruída a evitar que sofra qualquer dano –, talvez enquanto a notícia era passada a níveis mais altos da hierarquia, e uma decisão mais ponderada era tomada. Mais tarde, Eywa claramente responde ao pedido coletivo de todo o clã, mas ela tem opções; fica evidente que há ocasiões em que ela sente ser correto promover um indivíduo. É o fenômeno do *Toruk Makto*, que culmina com a seleção do próprio Jake.

Todavia, por mais inteligente que seja, de onde veio Eywa? Como evoluiu?

Eywa é fundamental para os Na'vi e para o planeta. Jake descobre que os Na'vi veem o mundo como uma rede de energia, fluindo por intermédio de todos os seres vivos; você só recebe a energia emprestada e deve devolvê-la. Eywa, a grande mãe, está no centro de tudo isso; ela protege o *equilíbrio da vida*. Nesse sentido, talvez ela seja irmã de nossa própria Gaia.

Como vimos no Capítulo 2, de acordo com as teorias desenvolvidas inicialmente por James Lovelock, acreditamos que a Terra – a crosta, a atmosfera, a água nos oceanos e rios e suspensa no ar, junto com a biosfera, a grande carga de organismos vivos – seja um sistema único, complexo e altamente interconectado. O sistema está em fluxo constante, sob a pressão de forças poderosas: a energia radiante do Sol, que produz vento e chuvas e alimenta a vida por meio da fotossíntese, e o motor interno da Terra, sobretudo o movimento das grandes placas tectônicas e as emissões vulcânicas. Essas forças impulsionam tremendos ciclos de massa e energia. E esses ciclos intermináveis mantêm a Terra habitável.

O principal desafio em longo prazo enfrentado pela vida na Terra é o que os astrofísicos denominam *Paradoxo do Sol Jovem*. Como todas as estrelas semelhantes, o Sol está se tornando cada vez mais brilhante à medida que envelhece. No início da história da Terra, a força do Sol era de aproximadamente 70% da atual. A despeito disso, porém, até onde podemos ver no passado, as temperaturas na superfície da Terra mantiveram-se mais ou menos as mesmas. Sim, ocorreram Eras Glaciais, mas temos evidências geológicas de que, em sua totalidade, a água foi capaz de existir em estado líquido por quase toda a história do planeta. Diante de um Sol inexoravelmente mais e mais brilhante, algum mecanismo parece ter mantido a temperatura média da superfície dentro de um intervalo adequado para a água líquida, e assim apropriado para a vida.

A chave parece ser o dióxido de carbono, o notório *gás de efeito estufa*, principal responsável pela tendência atual de aquecimento global. O dióxido de carbono é injetado (naturalmente) no ar pelas emissões de vulcões e outros fenômenos tectônicos. Ele é removido pelo intemperismo, à medida que o gás se combina quimicamente com as rochas da superfície, e pelos processos vivos; a maior parte do carbono do tronco de uma árvore é absorvida do ar.

As emissões são mais ou menos constantes, mas a velocidade do intemperismo e a produtividade da vida mudam com a temperatura. E, graças a essa dependência da temperatura, um mecanismo global de retroalimentação tem operado – aparentemente por éons. À medida que o Sol se aquece, a concentração de dióxido de carbono se reduz, de modo que menos calor fica aprisionado e, de forma geral, a temperatura da superfície permanece constante.

Isso, e diversos outros ciclos bioquímicos e geoquímicos de retroalimentação, levou Lovelock a formular sua hipótese de Gaia – que a vida tem a habilidade ativa de controlar seu ambiente numa escala planetária e assim lidar com alterações como o aquecimento do Sol. E tudo isso emergiu por meio de auto--organização, como um resultado natural do aumento geral de complexidade no planeta. As ideias de Lovelock foram recebidas com uma saraivada de críticas, mas os registros de homogeneidade de temperaturas no passado e outros dados desse tipo são indiscutíveis.

(No entanto esse processo não pode continuar para sempre. Quando não houver mais dióxido de carbono a ser absorvido, o aquecimento por fim será incontrolável, e a biosfera aos poucos vai colapsar. Isso vai acontecer em menos de 1 bilhão de anos. E lembre-se de que a vida na Terra já tem por volta de 4 bilhões de anos. Gaia é velha, não jovem, e a Terra está mais perto do que você possa imaginar de virar um mundo dessecado como Marte, como o Barsoom de Burroughs.)

No caso de Gaia, da forma como a entendemos, parece não haver necessidade do envolvimento de uma mente, nem intenção. *Gaia* não está viva. Mas e quanto a Eywa?

Considere isso. Alpha Centauri é um sistema solar mais velho do que o Sol cerca de 250 milhões de anos. É um longo tempo — quatro vezes o intervalo entre nós e os dinossauros —, longo mesmo se comparado ao tempo de existência da vida multicelular neste planeta, quase metade desse longo período. Assim, Pandora muito provavelmente é mais velha que a Terra, e sua biosfera também é muito mais velha. Eywa, portanto, deve ser mais velha que Gaia.

Para preservar Pandora como um mundo habitável, Eywa tem tido que encarar desafios bem maiores do que Gaia teve. Como fonte de risco, tem sido relativamente fácil para Gaia lidar com o lento aquecimento do Sol; Gaia não precisou tornar-se mais inteligente do que um enorme termostato natural. Alpha Centauri A está se aquecendo da mesma forma que o Sol. Porém Pandora também sofre a agonia tectônica das marés de Polifemo e padece com o tumultuado ambiente radioativo e magnético criado por sua própria magnetosfera e pela de Polifemo. Assim, Eywa teve de tornar-se muito mais complexa que Gaia — mas teve tempo para desenvolver formas de enfrentar esses desafios mais difíceis.

E, no fim, talvez tenha havido um lampejo de consciência, em uma rede global de dez elevado à décima segunda árvores.

Tudo isso é apenas minha especulação. Talvez a verdade seja inteiramente diferente. Temos muito que aprender com Eywa, sua real natureza, sua origem e seu destino final.

Parafraseando o biólogo britânico J. B. S. Haldane, o universo provavelmente não é apenas mais estranho do que imaginamos, mas, sim, mais estranho do que *podemos* imaginar.

Com certeza, isso é verdade para Pandora. E este estranho e notável mundo, Pandora, essas pessoas notáveis, os Na'vi, são o que Jake encontra quando entra na unidade de conexão do avatar — e espantosamente enxerga através dos olhos de um corpo que não é o seu.

## PARTE OITO

# AVATAR

"Tudo está do avesso agora, como se lá fora fosse o mundo verdadeiro e aqui dentro o sonho."

— *Jake Sully*

# 30
## ANJOS E DEMÔNIOS

Talvez o elemento mais complexo do filme *Avatar*, do ponto de vista científico e mitológico, seja a ideia dos avatares em si.

A princípio, os avatares foram criados como uma força de trabalho adaptada às condições de Pandora, mas revelaram-se caros demais para esse objetivo. Depois, por pressão da ONU, de cientistas e do público em geral para que fossem estabelecidas relações mais sólidas com os Na'vi, a RDA alterou a missão dos avatares: eles se tornaram embaixadores para a humanidade entre os Na'vi. Como essa aplicação não deu resultados satisfatórios, os avatares foram redirecionados para reconhecimento, ciência de campo e exploração — e, secretamente, com as ordens do Coronel Quaritch, para obter informações militares sobre os Na'vi. No futuro eles poderiam ter outros usos, como supervisores, caso fosse possível fazer os Na'vi trabalharem em minas humanas...

Os avatares se parecem mais ou menos com os Na'vi. Porém eles não são Na'vi nem humanos. São seres criados, cultivados em um tanque a partir de uma mistura de material genético humano e Na'vi. Eles diferem dos Na'vi em pequenos detalhes: os olhos como os dos humanos, o número de dedos.

E diferem dos Na'vi e dos humanos por não terem mentes próprias. Um avatar precisa ter a consciência de um *condutor* para funcionar. Como condutor, Jake é ligado a seu avatar por uma *conexão psiônica*. Deitado, inerte, em seu tanque de conexão, a talvez quilômetros de distância, ele pode operar o avatar como se fosse seu próprio corpo. Ele vê e ouve e sente por meio dos órgãos dos sentidos do avatar; sua mente controla os movimentos corporais do avatar. Enquanto está conectado, é como se *fosse* o próprio avatar.

Novas tecnologias raramente encontram uma única aplicação. Além de sua utilização em Pandora, que mais poderia ser feito com a tecnologia dos avatares? A capacidade de cultivar corpos sem mente, incluindo, talvez, corpos inteiramente humanos, oferece possibilidades, mesmo que não sejam conduzidos. Poderiam ser usados como bancos de órgãos para doação, por exemplo, ou como cobaias para avanços na medicina, ou na exploração da tolerância do corpo a vários extremos, calor e frio, falta de ar.

Avatares conduzidos poderiam ser usados como soldados no campo de batalha, buchas de canhão descartáveis controladas por operadores experientes, protegidos em tanques de conexão muito atrás das linhas de frente. Os avatares também poderiam ser usados em missões como neutralização de bombas ou ser enviados a ambientes de risco, como futuros Chernobyls.

E quanto a entretenimento? Poderiam sem simulados torneios de gladiadores com lutas até a morte em que "ninguém" sairia ferido. E em um livro sobre um filme para maiores de 12 anos não podemos nem mencionar as oportunidades para a pornografia!

Tudo isso dependeria do custo — como diz Jake, o programa dos avatares tornou-se "uma insanidade de tão caro" — e do fato de um corpo avatar realmente não ter mente própria. Precisaríamos ter *certeza absoluta* de que ele não poderia sentir ou lamentar, a despeito de tudo que lhe seja feito ou que seja forçado a fazer.

Nos capítulos a seguir, veremos como um avatar pode ser construído e manipulado. Porém os avatares também carregam um peso mitológico de extrema complexidade, um peso que com certeza dá forma à reação que provocam nos Na'vi. Lembre-se, o guerreiro Tsu'tey acusa Jake-avatar de ser "um demônio em um corpo falso".

Muitas representações ficcionais de ligações mentais e de trocas de mentes já foram feitas, desde *Vice Versa* (1882) de F. Anstey ao filme recente *Sexta-feira Muito Louca*. Nos anos 1960, o jovem herói da série de TV com bonecos animados *Joe 90*, criada por Gerry Anderson, tornou-se um agente especial "graças a um aparelho eletrônico fabuloso que pode transferir os padrões cerebrais dos maiores especialistas em suas áreas" (de acordo com um folheto publicitário da época). O equipamento de Joe, um precursor limitado da conexão avatar, já tinha um antecessor nas "fitas do Educador", das muitas histórias da série *Sector General*, de James White, e a ideia foi recentemente revivida, num formato mais adulto, na série de TV *Dollhouse*, de Joss Whedon. No filme recente *Substitutos*, um envelhecido Bruce Willis opera um avatar robótico de si mesmo com aparência juvenil. Porém o conceito nunca foi levado tão longe como no filme *Avatar*.

E esse conceito tem raízes mitológicas muito mais profundas.

Para começar, Tsu'tey está certo: um avatar *é* um corpo falso. É uma criatura produzida: isto é, criada pelos humanos, não pela natureza ou por algum deus.

Os avatares são como os golens das primeiras lendas judaicas, seres criados a partir do barro por rabinos que se aproximaram de Deus o suficiente para obter o poder de criar um corpo "vivo", animado, porém, sem alma. A mais famosa de tais histórias diz respeito ao Golem de Praga e se passa no século XVI. Os golens aparecem na cultura popular, como no episódio de Arquivo X *Oração para um morto*. Geralmente, um golem é um escravo de seu criador e, tendo sido feito por um mortal, é um ser inferior a qualquer humano, que é criado por Deus. O monstro de Frankenstein é um descendente do mito do golem, o morto trazido de volta à vida por meio da ciência.

No entanto os golens têm mente. Os avatares do filme são como golens, mas sem mente própria: são controlados pela consciência de seus operadores humanos. Por conta dessa condição, o nome *avatar* é apropriado. A palavra é usada em informática para descrever a representação que um usuário faz de si mesmo em algum mundo virtual, um jogo ou espaço compartilhado como o Second Life. Assim, Jake é o "usuário", e o avatar é sua representação no mundo dos Na'vi. O uso dessa palavra parece ter surgido na década de 1980 e foi popularizado em romances *ciberpunks* como *Snowcrash* (1992), de Neal Stephenson.

Todavia a palavra *avatar* tem raízes muito mais profundas. Ela deriva do hindu, de uma palavra que significa "descida". Um avatar é a manifestação de um deus na Terra. Não é como a divindade de Cristo nas religiões cristãs; por meio da encarnação, Cristo era Deus tornado homem, enquanto o avatar hindu é mais literalmente um deus percorrendo a Terra. Talvez um avatar seja mais como um anjo das tradições cristã, judaica e islâmica. É interessante que os avatares no hinduísmo são com frequência enviados à Terra com um objetivo específico, da mesma forma que Grace-avatar é enviada para educar os Na'vi, e Jake-avatar é mandado para negociar a evacuação da Árvore-Lar. Por coincidência, as deidades hinduístas são, com frequência, representadas com pele azul, como os Na'vi do filme.

O controle dos avatares por mentes externas a seus corpos é como a possessão demoníaca — em que um humano é controlado por uma força externa. Dessa forma, Tsu'tey também está correto ao dizer que há um "demônio" dentro daquele corpo falso. Na tradição cristã, a Bíblia traz muitas citações de demônios sendo expulsos dos corpos de pessoas possuídas. Porém as referências mais antigas na cultura ocidental parecem retroceder às primeiras civilizações; os sumérios acreditavam que as doenças eram causadas pela possessão por espíritos do mal. E culturas xamânicas, como os Na'vi, com frequência também creem em possessão. Enfermidades são causadas por espíritos vingativos, espectros de animais ou de humanos injustiçados, que podem ser expulsos por exorcismo.

Os avatares de James Cameron são, assim, uma releitura moderna de todo um conjunto de elementos míticos muito antigos. E, com semelhante embasamento, a reação dos Na'vi aos avatares só pode ser complexa, dependendo de como eles interpretam os avatares nas tradições específicas de sua própria cultura. Para os Na'vi, os humanos são "pessoas do céu", *tawtute*, e os avatares são "sonâmbulos", *uniltirantokx*, corpos possuídos por espíritos do céu. Não deve ser surpresa que no começo da aventura de Jake descobrimos que os avatares foram proibidos de ir até a Árvore-Lar do clã Omaticaya.

Mas, então, como se dá a criação de um corpo avatar?

# 31

## UM CORPO FALSO

Durante a viagem de Jake Sully para longe da Terra, a bordo da *Venture Star*, seu avatar é cultivado em um tanque amniótico com o propósito específico de hospedar a consciência de Jake (mais exatamente seu irmão gêmeo, que possuía perfil genético idêntico).

O tanque amniótico é extensão de uma tecnologia usada na Terra, uma espécie de útero artificial empregado para cultivar órgãos e membros substitutos, animais clonados e às vezes humanos clonados. Nesse tanque há um líquido que contém nutrientes em suspensão, estimulantes de crescimento e outras substâncias, tudo cuidadosamente monitorado. Ainda, pacientes com graves danos ou falência de órgãos – Jake Sully, talvez, caso Quaritch tivesse cumprido sua promessa de cura para a lesão espinal – podem ser colocados em um *reconstrutor celular*, um tanque amniótico modificado. Com o paciente em coma induzido, os tecidos danificados são reconstituídos no nível celular, com o controle da nanotecnologia.

Nos tanques amnióticos especializados a bordo da *Venture Star*, nutrientes e estimulantes de crescimento são fornecidos aos avatares em desenvolvimento, que passam da infância à condição de jovens adultos durante os cinco anos de voo da espaçonave. Para usos humanos, o fluido contém o balanço salino dos oceanos terrestres; para avatares, é empregada uma solução mais alcalina, como os mares de Pandora.

Os avatares em desenvolvimento que vemos em seus tanques amnióticos estão inconscientes, mas obviamente vivos. Mais adiante no filme, sempre que vemos Jake voltando da conexão, seu corpo avatar cai inconsciente outra vez, mas claramente continua com vida até a próxima conexão. Assim, mesmo sem a ligação psiônica com seu operador, o corpo avatar mantém as funções autônomas; o coração bate, os pulmões se enchem de ar, o sangue flui (ou pelo menos os equivalentes dessas estruturas e funções no avatar funcionam).

Isso faz sentido. O cérebro tem algum controle consciente sobre o corpo, em vários níveis. Você pode desejar que sua mão se eleve, e ela se eleva; você pode desejar que seu corpo corra, e ele corre. Porém há todo um elenco de sub-funções neurais que traduzem sua ordem consciente nas operações detalhadas exigidas para cumprir essa ordem. Quando está correndo, você não tem que pensar em qual perna erguer a seguir, muito menos controlar de forma individual os vários grupos de músculos para conseguir erguer aquela perna. Toda essa interface é "carregada" no avatar. O condutor Jake tem que aprender a usar essa interface ao treinar com Neytiri; ele diz que precisa "acreditar que seu corpo sabe o que fazer".

Além disso, o corpo tem uma série de funções de infraestrutura que operam totalmente além do controle consciente, e muitas delas sem que a pessoa perceba: elas mantêm o coração batendo, o sangue circulando, a comida sendo digerida. Há inclusive operações que ocorrem no nível das células individuais: as células da medula óssea continuam produzindo novas células sanguíneas a uma velocidade de milhões por minuto. Felizmente, nenhum desses processos deixa de funcionar quando nos esquecemos de pensar sobre eles. Mais uma vez, esses processos (ou seus equivalentes) são carregados no corpo avatar.

Dessa forma, o corpo avatar no tanque amniótico é uma criatura viva, com um conjunto completo de funções necessárias no lugar e operando, muito antes da primeira conexão. E ele passa por seu próprio "treinamento" básico durante o voo estelar, para dar suporte a essas funções. Na cena em que os novos avatares, recém-desembarcados do Valquíria, estão sendo inspecionados, o condutor de avatar Norm Spellman observa que os corpos passaram por *simulações proprioceptivas* durante a viagem. Como mencionado no Capítulo 25, a propriocepção, sensação de posição, movimento e locomoção, com certeza tem importância especial para um quase Na'vi arborícola como o avatar. E as simulações, treinamento desse sentido nos avatares dentro dos tanques, conferem o benefício adicional de melhorar o tônus muscular, como faz notar Max Patel. O treinamento no tanque é baseado em experiências anteriores na Terra. Norm teria trabalhado com seu avatar durante o estágio infantil de seu desenvolvimento, com brincadeiras e jogos para aprimorar o controle motor (como deve ter sido divertido!). As atividades são registradas e passadas de novo para o avatar no tanque, como exercícios de desenvolvimento.

Talvez o fragmento de diálogo mais revelador nessas cenas se passe quando os técnicos informam que o avatar de Jake não demonstra *ataxia de tronco*. A ataxia telangiectasia, ou síndrome de Louis-Bar, é uma rara doença degenerativa hereditária, que afeta o controle motor e enfraquece o sistema imune. Os primeiros sinais da doença são, com frequência, detectados quando a criança portadora começa a andar. "Ataxia de tronco" significa dificuldade com a postura e o movimento corporal; a criança pode ter dificuldade em aprender a caminhar. A referência à ataxia nos faz lembrar que, para os técnicos, os avatares nos tanques são de fato crianças, com poucos anos de idade, e eles se preocupam com seu desenvolvimento como qualquer pai ansioso. (Todos esses detalhes revelam um roteiro de qualidade impressionante. Os criadores tiveram o cuidado de tornar convincentes os detalhes científicos e de escrever diálogos que refletissem isso.)

No entanto, os avatares só existem graças a uma engenharia genética muito avançada. De fato, como híbridos desenvolvidos a partir de uma mistura de material genético humano e Na'vi, os avatares podem ser os mais avançados OGMs (organismos geneticamente modificados) do século XXII.

Em nosso século, um OGM é um organismo cujo material genético foi alterado propositalmente, por meio do que é conhecido como *tecnologia de DNA recombinante*, na qual as moléculas de DNA de diferentes fontes são usadas para criar um novo grupo de genes. Esse material é então implantado no organismo para conferir-lhe genes novos ou modificados. Um OGM *transgênico* recebe genes de diferentes espécies, enquanto um OGM *cisgênico* só recebe genes da própria espécie do organismo. Os genes são transferidos utilizando-se vírus, ou meios mecânicos como seringas — técnicas utilizadas na terapia genética que mencionei no Capítulo 19.

O primeiro OGM experimental, produzido em 1973, foi uma bactéria *E. coli*, em que foi implantado um gene de salmonela. Hoje, os OGMs têm ampla aplicação, incluindo pesquisa médica e produção de medicamentos. E a tecnologia do OGM tornou-se uma indústria global multibilionária, com o uso dos OGMs na agricultura. Podem ser produzidas, por exemplo, cepas de sementes que fabricam elas próprias proteínas com atividade pesticida. Em 2005, mais de 8 milhões de fazendeiros, no mundo todo, usavam sementes de OGMs. A controvérsia quanto ao uso de OGM deriva parcialmente da incerteza quanto a seu impacto em longo prazo sobre os humanos, na cadeia alimentar e até mesmo na biosfera como um todo, e também de sua natureza comercial; populações mais pobres não podem usufruir dos benefícios de novas sementes se não tiverem condição financeira de adquirir a licença para usá-las. Com certeza, é muito esquisito pensar que agora compartilhamos nosso mundo com formas de vida protegidas por patentes que beneficiam empresas como a Monsanto, dos Estados Unidos.

Animais transgênicos também foram produzidos. Em 2009, a Administração de Alimentos e Medicamentos dos Estados Unidos aprovou a primeira droga de uso humano produzida a partir de um animal desses: uma cabra, de cujo leite o medicamento pode ser extraído. Outros animais têm sido criados com propósitos de pesquisa biomédica e para a produção de hormônios humanos como a insulina. Em 2009, uma companhia japonesa anunciou o primeiro primata transgênico, um sagui. Uma das aplicações mais espetaculares é seu uso no Enviropig (o nome é patenteado), produzido por cientistas da universidade de Ontário, Canadá, em 1999, um porco que eliminaria menos fósforo em seu esterco do que animais não modificados.[21]

De Enviropig a avatar! No entanto, ambos são animais transgênicos produzidos para finalidades específicas.

E um avatar vai muito além de uma simples troca de genes.

Mesmo que fosse uma criação inteiramente terrestre, digamos uma mistura de caracteres humanos e de lêmures, um avatar já seria uma produção muito impressionante da engenharia genética — muito além de nossas capacidades atuais, mas cujos princípios podemos entender com facilidade. Porém um avatar é mais que isso. Jake nos conta que os avatares são desenvolvidos por meio do uso de uma "mistura de DNA humano e nativo". O avatar é derivado do DNA de

---

21  Em 2012, o projeto Enviropig foi cancelado e todos os animais foram sacrificados por causa do corte de financiamento ocasionado pela forte oposição da opinião pública. [N. T.]

seu próprio condutor (ou, no caso de Jake, de seu irmão gêmeo idêntico). Isso é necessário para facilitar a sincronização dos sistemas nervosos entre avatar e condutor, que torna possível a conexão psiônica.

Porém os Na'vi são criaturas alienígenas de um sistema estelar totalmente diferente! Como pode seu "DNA" ser "misturado" com o nosso? E por que eles precisariam ter DNA?

Na verdade, quando Jake se refere a "DNA nativo", ele está usando o termo de forma mais genérica para referir-se ao *material genético* e não à molécula específica. (Para sermos justos, Jake é um soldado; seu irmão é que era o cientista...) O papel de nosso DNA é carregar informações genéticas de uma geração a outra e então usar essas informações para construir um novo organismo vivo. O "DNA" em si é um termo para a molécula específica – ácido desoxirribonucleico – que desempenha essa função na vida da Terra. Os Na'vi têm um sistema semelhante, mas que está longe de ser idêntico – baseado em um sistema biomolecular diferente e com uma lógica diferente na codificação. Seu equivalente ao DNA é chamado NVTranscriptase. (Este é um exemplo de como os Na'vi são muito diferentes internamente, embora sejam parecidos externamente com os humanos – como ficou demonstrado na dissecção de "espécimes".)

A "mistura" de material genético humano e Na'vi para criar um avatar híbrido é feita em um nível lógico. Informações de ambos os sistemas de codificação são extraídas para a memória de um computador, combinadas por meio do uso de uma tabela de tradução e então transferidas para um terceiro substrato bioquímico, a genética do avatar.

Os híbridos resultantes são mais semelhantes aos Na'vi do que aos humanos, embora tenham herdado alguns traços humanos, como olhos menores e cinco dedos nas mãos. Ainda resta saber se a genética permitirá a Jake-avatar e a Na'vi verdadeira Neytiri ter filhos...

De qualquer forma que tenha sido feito, desenvolver um avatar em um tanque é uma coisa. Agora veremos outra etapa ainda mais difícil: conectar a ele a consciência de Jake Sully.

# 32

## *HACKEANDO O CÉREBRO*

Como um exemplo concreto dos desafios envolvidos no estabelecimento de uma conexão mental entre Jake e seu avatar, tomemos a cena em que Jake--avatar captura seu grande *leonopteryx*, despencando no céu sobre o dorso dele. Enquanto isso está acontecendo, Jake-humano está imóvel em seu tanque. E assim mesmo Jake percebe tudo o que o avatar percebe e comanda cada aspecto de seus movimentos conscientes. Ele sente o impacto quando o avatar pousa sobre as costas da criatura e sente o impulso da aceleração quando o *leonopteryx* decola indignado.

Como é possível fazer isso funcionar?

Até certo ponto, Jake é como um jogador em um sistema de realidade virtual (RV); nesse caso, o "jogo" seria Pandora como um todo. Um sistema de realidade virtual alimenta em nosso sentido algo que não é real, com qualidade boa o suficiente para permitir-nos acreditar que aquilo *é* real — ou, ao menos, boa o suficiente para eliminar a nossa descrença.

E, em alguns aspectos, os sistemas que existem atualmente fazem isso com muita eficiência. Um sistema musical é um sistema de RV para os ouvidos, enganando-nos e fazendo-nos crer que há uma banda de *rock* ou uma orquestra sinfônica na sala conosco. Os melhores sistemas modernos de alta-fidelidade alcançaram tamanho nível de simulação detalhada que o ouvido não consegue diferenciar a simulação da realidade. Quanto à visão, assistir ao próprio filme

*Avatar* em 3-D nos dá um gostinho do que é possível ao desenvolver uma simulação convincente.

Assim, suponha que construímos um "avatar" como um robô de alta tecnologia, dotado de câmeras, microfones e outros sensores. Enquanto isso, Jake veste uma roupa inteiriça com fones de ouvido, *goggles* e talvez com plugues estimuladores de sensação no nariz e na boca. Ele está em um sistema de captura de movimento do tipo que Quaritch usa para controlar seu traje AMP, com os movimentos da máquina imitando os movimentos de seu próprio corpo – ou como o atual sistema de jogo Wii. Enquanto o robô cai em direção ao *leonopteryx* abaixo de si, podemos imaginar uma estimulação sensorial quase perfeita dessa ação sendo transmitida a Jake por todas as pequenas câmeras e pelos microfones e demais sensores: ele sente o fedor do couro do *leonopteryx*, um cheiro que é simulado em uma fábrica química em miniatura, e sente o ar de Pandora soprando em seu rosto, efeito este causado por ventiladores diminutos.

No entanto, essa simulação terminaria em decepção assim que o robô atingisse o dorso do animal com um baque vigoroso... e Jake não sentisse qualquer impacto.

Bem, você poderia dotar o Jake-humano, em seu tanque, com algum solavanco da máquina, como os pequenos trancos que são sentidos ao usar um simulador de voo em casas de diversão. Porém chegamos ao limite da tecnologia moderna de RV. Não conhecemos nenhum meio de simular as sensações *internas* da desaceleração abrupta ao final de uma queda, ou mesmo a aceleração que acompanha, digamos, um lançamento de foguete. É por isso que os astronautas treinam gravidade zero flutuando em tanques de água, ou em aviões que realizam quedas simuladas para gerar a ilusão de gravidade zero por alguns segundos, os *Vomit Comets* [Cometas do vômito].

Pode ser feita uma grande lista de outras sensações "internas" que Jake precisa para vivenciar na plenitude a realidade do avatar. Seria possível fazê-lo sentir o fruto pandoriano em sua mão, saborear o sumo na boca – mas como fazê-lo sentir *fome* quando o avatar está faminto?

Os sistemas externos de RV do tipo que temos hoje não seriam suficientes. Assim como vemos no filme, é necessário *hackear* o cérebro de Jake, penetrando nele para que tudo funcione.

Na sala de conexão, vemos Jake preparando-se para conduzir seu avatar, deitando-se em uma unidade de conexão psiônica. Essa tem uma arquitetura que se assemelha a um escâner médico atual, como um aparelho de ressonância magnética. Com ele, Max Patel e Grace Augustine são capazes de extrair uma imagem tridimensional do cérebro de Jake, inclusive com a atividade neural em andamento.

Em seguida, uma conexão de dados é estabelecida entre os cérebros de Jake e do avatar, como fica evidente pela semelhança das imagens escaneadas. Os técnicos falam de obter uma *congruência* quando os cérebros são mapeados em conjunto. Em matemática, triângulos congruentes têm a mesma forma e o mesmo tamanho; você pode recortá-los e obter uma sobreposição exata, embora talvez precise virar um ao contrário ao fazê-lo. A palavra também é usada em psicologia para representar uma consistência interna e externa da mente. Por fim, um *travamento de fase* é estabelecido entre os dois sistemas nervosos.

O que acontece é que a tecnologia está *hackeando* os sistemas de entrada-saída do cérebro de Jake, isto é, inserindo-se neles. Quando Jake está fora da unidade de conexão, seu cérebro está conectado a seu corpo por um conjunto de conexões neurais. A informação sensorial flui *para dentro* de seu cérebro por meio dessas conexões, e os comandos de Jake para seu corpo — levante aquele braço, salte daquela *banshee* — fluem *para fora* do cérebro. O que a tecnologia de conexão tem de fazer é inserir-se dentro desse fluxo de dados e dentro do fluxo semelhante que entra e sai do cérebro do avatar. A entrada sensorial vinda do corpo do próprio Jake deve ser ignorada e substituída com os dados provenientes do corpo do avatar. Da mesma forma, os comandos de controle motor devem ser desviados de seu próprio corpo e transmitidos para o do avatar. E tudo isso é feito de forma *não invasiva*, segundo o jargão: o escâner faz tudo sem necessidade de fixar fios no crânio de Jake.

Isso resolve o problema das sensações internas. É como se o cérebro de Jake tivesse sido implantado fisicamente no corpo do avatar. Os sinais provenientes dos sentidos proprioceptivos internos do avatar, ao cair e então ao chocar-se com o *leonopteryx*, são agora enviados direto para o cérebro de Jake, de modo que ele "sente" o impacto como jamais sentiria se estivesse usando uma roupa externa.

Sendo assim, essa é a teoria. E quanto à prática? Será tudo isso factível?

Algo parecido com o processo de conexão ao avatar tem sido estudado no contexto da *neuroinformática*. A *transferência mental* é o processo de escanear e mapear em detalhes um cérebro biológico, transferindo esses dados para um computador ou outra máquina. Nota-se que esse processo equivale à metade de uma conexão avatar, em que há uma conexão com a memória de um computador, não com outro cérebro diretamente. E é como o destino de Grace Augustine, quando com a morte de seu corpo humano ela passa através do *Olho de Eywa* para tornar-se uma com a Grande Mãe — isto é, sua consciência é armazenada no grande computador biológico de Pandora (neste caso, pretendia-se usar Eywa como um local de armazenamento temporário; a mente de Grace deveria retornar pelo Olho de Eywa e então entrar em seu corpo avatar).

Atualmente, já demos alguns passos de bebê na direção desse tipo de tecnologia. Na *neuroprotética* o sistema nervoso é conectado diretamente a algum aparelho. E, por meio de uma *interface cérebro-computador* (ICC; uma variante é ICM, interface cérebro-máquina), o próprio cérebro é conectado a um computador. As pesquisas nesse campo começaram a ficar sérias na década de 1970, na University of California, onde foi criado o termo ICC.

As primeiras aplicações das neuropróteses têm sido feitas na área médica com o objetivo de reparar funções humanas sensórias ou motoras danificadas. Tem havido algumas tentativas de usar essa tecnologia como uma forma alternativa de tratar lesões espinhais como a de Jake Sully. Um consórcio sem fins lucrativos, o Projeto Andar de Novo (Walk Again Project),[22] tem a meta de, em cinco anos, fazer um tetraplégico paralisado por lesão espinal caminhar de novo; o paciente usaria aparelhos neuroprotéticos para controlar um exoesqueleto por meio de uma interface que lerá os sinais de controle emitidos pelo cérebro, passando-os para o *hardware*. A atual tecnologia de ponta em ICC é chamada BrainGate, na qual uma bateria de microeletrodos é implantada no centro motor primário do cérebro. Em 2008, pesquisadores do Pittsburgh Medical Center apresentaram um macaco operando um braço robótico, com os dados relevantes sendo lidos no cérebro do animal com um implante invasivo.

---

22 Em inglês, Walk Again Project. Este projeto internacional foi idealizado e é coordenado pelo neurocientista brasileiro Miguel Nicolelis. [N. T.]

Em termos de gerar informação para o cérebro, a neuroprótese mais comum até o momento é o implante coclear, em que a surdez é atenuada por um aparelho preso ao crânio que estimula diretamente a parte do córtex que controla a audição; ela envia um sinal, derivado das informações auditivas, para a porção apropriada do cérebro. Existem também próteses para restaurar a visão, incluindo implantes de retina.

Para conseguir realizar essas façanhas é necessário compreender como o cérebro codifica as informações que utiliza: como o disparo de determinado conjunto de neurônios de um dado modo está relacionado, digamos, a um determinado movimento do braço. Porém há pesquisas em andamento no mundo todo sobre a leitura e compreensão dos sinais de controle motor, e sinais muito mais sutis, envolvendo estados mentais associados à linguagem, por exemplo. Esses são passos ainda experimentais rumo a algo semelhante a uma verdadeira leitura da mente.

Os militares dos Estados Unidos estão interessados nesse tipo de tecnologia; a agência de pesquisa militar DARPA anunciou um programa de pesquisa em março de 2010. No entanto existe uma preocupação ética quanto ao uso dessas tecnologias não para necessidades clínicas, mas para ampliar habilidades humanas além de limites naturais.

A maioria desses experimentos envolve procedimentos invasivos nos quais a cabeça do paciente é literalmente invadida por pedaços de fios. O escaneamento de Jake é não invasivo — sem fios. Seria possível? Nós já dispomos de tecnologias não invasivas de neuroimagens. As técnicas incluem a eletroencefalografia (EEG), que é a leitura das ondas cerebrais (que data da década de 1920), e a magnetoencefalografia (MEG) e o imageamento por ressonância magnética, que são capazes de produzir imagens tridimensionais da atividade elétrica do cérebro. Essa última técnica explora o fato de que partículas carregadas como as que passam de um neurônio a outro no cérebro liberam radiação quando se movem em um campo magnético forte; são sinais que podem ser detectados e analisados. A resolução é um problema, pois o crânio abafa os sinais e diminui a nitidez dos sinais dos neurônios, mas estão ocorrendo avanços. Uma companhia chamada G. Tec, sediada na Áustria, já tem um sistema não invasivo que permite aos usuários controlar avatares em Second Life. A não invasividade só aumenta as dificuldades técnicas inerentes ao *hackeamento* do cérebro.

Mas mesmo que o cérebro de Jake seja lido e receba instruções de forma não invasiva por escâneres na unidade de conexão, como é acessado o cérebro do avatar? Este é o outro lado da conexão, afinal de contas, e os dados devem ser carregados e descarregados nele e no cérebro de Jake à mesma velocidade. Nesse caso, a tecnologia de interface é contida dentro do cérebro do avatar. Enquanto o corpo do avatar está se desenvolvendo em seu tanque, o cérebro é cultivado com um nódulo de recepção inserido no córtex. Não chegamos tão longe na vida real, mas tem havido experimentos com *ICCs parcialmente invasivos*, em que se coloca uma lâmina fina de plástico cheia de sensores dentro do crânio, mas fora do cérebro.

Sem dúvida, *hackear* o cérebro é um desafio tremendo, e mal começamos a tentar solucioná-lo. No filme, o uso da palavra *psiônico* na descrição da tecnologia de conexão é revelador. Em geral, entende-se por *psiônica* o estudo de poderes paranormais da mente, como telepatia, telecinese, precognição e assim por diante. A palavra parece ter sido criada pelo editor de ficção científica John W. Campbell, como uma fusão de *psi*, de psique, e *ônica*, de palavras como "eletrônica", para dar um enquadramento mais científico ao assunto. Talvez possamos inferir, a partir do uso dessa palavra, que a ciência do século XXII avançou muito além do que conhecemos hoje; talvez as unidades de conexão usem princípios dos quais nem temos conhecimento.

Podemos supor, porém, que o processo de conexão será mediado por um sistema de computadores muitíssimo mais potente do que os cérebros de Jack e do avatar. As imensas inteligências artificiais do futuro, como previstas pela Lei de Moore, não serão intimidadas pelo tamanho computacional do cérebro, nem, suponho, pelo desafio de decodificar os muitos sinais do cérebro. Será como gerenciar o problema de criar uma interface entre um Mac da Apple e um PC da Microsoft, conectando os dois àquele supercomputador chinês monstro, o *Via Láctea*.

E se *hackear* o cérebro se tornar possível, muitas aplicações incríveis surgirão, além do controle de avatares. A realidade virtual de imersão plena, o ponto de partida desta discussão, deverá tornar-se de uma simplicidade trivial. Viajando pelo interior das imensas memórias dos computadores do futuro, poderemos ter as experiências que quisermos — reais ou fantásticas —, tão ricas em detalhes quanto o mundo de verdade, e você poderá experimentá-las à velocidade que preferir: uma viagem de doze anos de ida e volta a Pandora condensada em uma pausa para o cafezinho. Se você sofreu de "síndrome de abstinência de *Avatar*" depois de assistir a um simples filme, talvez você não queira nunca mais sair de uma simulação dessas.

E a RV pode se tornar tão boa que você não vai poder distinguir o que é real e o que é virtual, como os personagens no filme *Matrix*. Eu mesmo sugeri que uma das soluções para o Paradoxo de Fermi (veja o Capítulo 26) é que estamos presos dentro de uma suíte de realidade virtual controlada pelos alienígenas para ocultar o universo verdadeiro. O filósofo Nick Bostrom, de Oxford, diz que não apenas é possível que estejamos vivendo em uma realidade virtual gerada por alguma cultura avançada, mas que isso é *provável* — sempre vai haver mais cópias do que a realidade original, de modo que é mais provável que estejamos dentro de uma cópia do que da original...

Fomos bem longe com essa especulação, mas não chegamos ainda ao âmago do mistério da conexão mental de Jake. Isso porque ele está numa interface com um corpo muito diferente de seu próprio. E essa situação apresenta desafios ainda mais fascinantes.

# 33
## COMO É SER UM NA'VI?

Existem infindáveis detalhes na forma como a mente de Jake Sully teria sido mapeada no cérebro do avatar, além de todas as questões de codificação, velocidade de transferência de informação e todos aqueles temas de tecnologia da informação que vimos no capítulo anterior.

O corpo de um avatar é mais parecido com o de um Na'vi do que com o corpo de um humano. Sendo assim, para controlar seu avatar, Jake, um ser humano, deve aprender como *ser* um Na'vi.

Acho muito mais fácil imaginar que eu poderia conduzir um avatar totalmente humano do que imaginar que faria o mesmo com o avatar de um Na'vi. Ou mesmo um avatar de meu próprio cachorrinho.

Para começar, sei muito bem que meu cachorro não vê o mundo como eu vejo. Isso fica evidente quando assistimos à TV, ao menos em um velho aparelho analógico. Esses aparelhos apresentam uma série de imagens imóveis, com rapidez suficiente para enganar o olho humano e fazê-lo pensar que está vendo um movimento contínuo. No entanto os olhos de meu cachorro evoluíram para uma finalidade levemente diferente da dos meus, e a *velocidade de fusão de lampejo* é maior que a minha. Ele pode ver as imagens individuais e inclusive os espaços entre elas, por isso para ele a tela da TV é como uma pista de dança com luz estroboscópica. É por isso que a TV analógica nunca captura seu interesse (mas o aparelho digital remove o problema da fusão de lampejos, e o cão fica fascinado, ao menos por programas estrelados por outros cães).

Se essa questão é um desafio para meu cachorrinho e para mim, que somos mamíferos e temos um parentesco bastante próximo no grande esquema da vida na Terra, vai ser dez vezes mais difícil para Jake e seu avatar. Afinal, Jake e os Na'vi são de mundos completamente diferentes.

As funções sensoriais de Jake e de seu avatar se sobrepõem, mas não por completo. Por exemplo, a visão de um Na'vi vai além do espectro humano; abrange o infravermelho mais próximo para permitir a visão noturna. Isso fornece uma entrada de informações que não tem equivalente no sistema sensorial humano. Poderia ser imaginada alguma transformação das imagens recebidas de forma que elas pudessem ser mapeadas por cima do espectro humano; talvez fosse como usar um amplificador de visão militar em uma zona de combate, tendo a imagem dele superposta à imagem visual, como num visor *heads up*. Entretanto amplificadores assim forneceriam uma informação totalmente artificial, e não seria nada como o que os Na'vi de fato veem. Jake tem de aprender a *ver* como um Na'vi, não como um humano com óculos amplificadores.

E quanto à audição? Talvez as orelhas móveis dos Na'vi confiram a sua audição uma qualidade tridimensional sem paralelo entre os sentidos humanos. Não haveria um mecanismo na cabeça de Jake para processar tal informação – nenhuma analogia no mundo sensorial de Jake com a qual fazer correspondência.

Com as funções motoras o quadro é similar. É fácil imaginar o cérebro de Jake controlando um avatar plenamente humano. A região do cérebro de Jake que controla sua mão direita pode ser levada a controlar a mão direita do avatar por meio da conexão; poderia haver uma correspondência ponto a ponto entre o cérebro do condutor e as funções corporais do avatar.

Contudo existem áreas em que as funções corporais de um corpo Na'vi não podem ser perfeitamente mapeadas sobre um cérebro humano. A mais óbvia é a cauda preênsil. Jake não tem sub-rotinas em sua cabeça para controlar uma cauda (ou, se tem, são vestigiais, resquícios de dias muito remotos, quando os ancestrais humanos ainda tinham cauda). E mais, ele não sabe qual é a sensação de controlar uma cauda. Outro aspecto inteiramente não humano dos Na'vi é a conexão neural com outros animais por meio da trança. Humano algum jamais vivenciou esse tipo de conexão; não temos sub-rotinas neurais no nosso cérebro para processar os dados que afluem para a mente do avatar vindos do *direhorse* ou da *banshee*.

Em 1974, o filósofo norte-americano Thomas Nagel publicou um artigo que se tornou um clássico na área, denominado "What Is It Like to Be a Bat?" [Como é Ser um Morcego?]. Explorando questões de consciência e a *questão mente-corpo* — como a mente surge a partir do maquinário do corpo —, Nagel atacava o que ele chamou de "onda de euforia reducionista". Reducionismo é a fragmentação de conceitos em peças menores visando medições e compreensão. Nagel argumentava que a consciência deve estar atrelada ao "caráter subjetivo da experiência" e, assim, talvez não possa ser dividida em fragmentos menores.

Nagel usa um morcego para dar um exemplo instrutivo. Um morcego é um mamífero, como meu cachorrinho e eu, portanto é um parente próximo de nós dois, mas ele vivencia o mundo de modo totalmente diferente do nosso, sobretudo por causa de seu sistema de ecolocalização por sonar. Seu cérebro processa os sons recebidos e transforma-os em informações sobre localização e distância. Dentro de sua cabeça, o morcego deve "ver" o mundo como se fosse uma espécie de nebuloso teatro tridimensional pintado com dados auditivos.

Nagel afirmava que, para nós, é impossível imaginar como é *ser* um morcego. Até mesmo imaginar a transição de uma forma para outra — perder a visão, ter asas membranosas presas ao corpo, estar atrelado a um sistema de sonar — é um exercício artificial. E (embora Nagel não tenha conduzido a discussão nessa direção) a ideia "reducionista" de que você pode escanear o cérebro de um morcego e armazená-lo em um computador, sem que ele perca a percepção do eu como morcego, começa a parecer um tanto tola. Talvez não sejamos apenas fluxos de informação abstrata. Talvez todo o conjunto de nossa cognição tenha sido moldado pela forma como estamos incrustados em nosso corpo, porque é dessa forma que compreendemos o universo.

Para resgatar a questão de Nagel: *como é ser um Na'vi?* O mapeamento e a transferência do cérebro de Jake para um corpo Na'vi deve requerer uma extensa interface, muito além do nível básico centelha a centelha de entrada e saída neural, e além até do mapeamento, mais complexo, da experiência Na'vi para uma mente humana. De alguma maneira, o programa de controle deve converter as sensações de *ser* um Na'vi em formas capazes de ser compreendidas por Jake, tanto no nível das sensações quanto interno.

Seja lá como for seu funcionamento, está evidente que a ligação psiônica consegue dar ao condutor uma vivência de imersão plena, como vemos nas cenas da primeira conexão de Jake — seu prazer com o novo corpo e com o mundo como ele o percebe. E, à medida que o filme avança, vemos Jake sendo atraído cada vez mais para o mundo novo à custa do antigo, quase como o vício em um jogo de computador, até que, como ele diz, o sonho de Pandora parece mais real que sua própria humanidade.

E, por fim, seguindo a lógica de sua busca pessoal, Jake dá o último passo: deixar definitivamente sua humanidade para trás.

# 34
# A TRANSMIGRAÇÃO DE JAKE SULLY

Nas cenas finais do filme *Avatar*, o corpo humano de Jake Sully jaz lado a lado com seu avatar na Árvore das Almas. Esta é a conclusão da longa jornada a que Jake deu início quando partiu da Terra na *Venture Star*. Como Grace Augustine antes dele, Jake está tentando completar a travessia de seu corpo humano danificado para o avatar. Para isso, ele deve passar através do *Olho de Eywa*. O processo falhou para Grace, embora ela tenha sido preservada no *buffer* da memória da rede neural de Eywa. No entanto, quando os olhos do avatar se abrem de repente, vemos que Jake teve sucesso.

Uma vez mais as cenas de *Avatar* refletem um mito muito antigo, o da transferência da alma a partir de um corpo. Os antigos gregos acreditavam na transmigração da alma: depois da morte, sua sombra toma água do rio Lete, perde toda a memória de vidas passadas e vai para outra forma humana e renasce. Da mesma maneira, o hinduísmo contém a crença na transmigração.

Ainda hoje estamos às voltas com as implicações de tais ideias. Jake entrega-se a Eywa na esperança de que ela escolherá "salvar tudo o que [ele] é" no corpo avatar. "Tudo o que ele é": uma forma concisa de abarcar o mais profundo mistério da existência humana. As questões chave são: a cópia de Grace dentro de Eywa é de fato "Grace"? E o Jake dentro do avatar é de fato "Jake"?

Antes da transferência final, fica evidente nas imagens de Jake no tanque de conexão, enquanto ele conduz o corpo avatar, que *algo* dele resta em sua carcaça humana. Seus olhos fechados movem-se como se ele estivesse no *sono*

REM (*Rapid Eye Motion*, em inglês, "movimento rápido dos olhos"). Talvez a condução de um avatar seja como um sonho excepcionalmente vívido. De fato, uma boa parte do que constitui Jake deve permanecer em seu corpo humano, em vez de ser descarregada na cabeça do avatar: suas lembranças da Terra, por exemplo. E lembranças de sua vivência como avatar estão armazenadas em seu próprio cérebro humano, pois ele se lembra de tudo depois que a conexão é rompida. (Aliás, a transferência de lembranças representa outro problema técnico para o mecanismo de conexão. A lembrança da última sentença que você leu não está armazenada em um único lugar em sua cabeça, como uma pequena fotografia, mas é mantida como um padrão distribuído de centelhas neuronais.) Para que Jake complete a transposição para o avatar, todas essas lembranças devem ir também, junto de tudo o que faz parte de sua personalidade.

Mas mesmo que todo o conteúdo do cérebro de Jake fosse lido e descarregado com sucesso no avatar, será que "Jake" também viria junto? O que *é* Jake? Quer dizer, o que é sua consciência e como ela está relacionada ao seu cérebro e seu corpo?

Estamos agora nos aventurando em águas tão profundas que fazem com que a mecânica quântica pareça um quebra-cabeça de Sudoku. As discussões filosóficas sobre a natureza do eu remontam a Platão. No século XVII, Descartes, com sua famosa declaração "Penso, logo existo", foi um precursor do moderno pensamento ocidental sobre o que viria a ser chamado de *questão mente-corpo*, a indagação de como algo tão inefável como a mente humana pode estar conectado ao monte de carne que é o corpo humano. Entretanto outras culturas também abordaram esse assunto. Os budistas, ao que parece, acreditam que a consciência é a realidade primária.

A posição de muitos neurocientistas modernos, assim como a de futurologistas visionários como Ray Kurzweil, é de que "Jake", sua mente e tudo o que é importante em sua essência — "tudo o que ele é" — derivam de padrões de atividade em seu cérebro. A consciência é uma qualidade *emergente* e ela surge da mesma forma que uma propriedade de ordem superior como a temperatura de uma massa de gás *emerge* do movimento do conjunto de moléculas individuais que constituem o gás. E se esse padrão cerebral for copiado com perfeita fidelidade, e se a seguir esse padrão for descarregado em outro substrato — biológico ou artificial —, então, sim, aquela cópia ainda *é* Jake em qualquer aspecto significativo.

Porém não é todo mundo que concorda. O filósofo Daniel Dennett procurou saber se toda a questão cartesiana de como a mente surge a partir do corpo, como se houvesse um ser consciente sendo carregado de um lado para outro dentro de uma carcaça inconsciente, não seria uma abordagem equivocada. A questão mente-corpo se dissolveria se pudéssemos observar o comportamento do cérebro de forma detalhada o suficiente, diz Dennett. A consciência deve surgir do processamento do fluxo de informação entre diferentes partes do cérebro, considerando que não existe uma *única* consciência central. A consciência é mais como algo que você *faz* do que algo que você *é*. E, se for isso, teria qualquer significado discutir sua transferência para fora do cérebro?

Creio que podemos dizer que a consciência é ainda, em grande parte, um mistério, acerca do qual os filósofos e neurocientistas têm dificuldade em concordar até mesmo quanto à definição de termos. Talvez precisemos aprender muito mais sobre o funcionamento do cérebro antes de podermos produzir uma teoria convincente. Porém novos caminhos estão sendo seguidos nos estudos sobre a consciência, incluindo a inauguração, em abril de 2010, do Sackler Centre for Consciousness Science (Centro Sackler da Ciência da Consciência), da University of Sussex, na Inglaterra, que reunirá disciplinas como psicologia, neurociência, ciências médicas, ciência da computação e estudos de IA.

Talvez, em nossa análise da transferência de mente, tenhamos sido reducionistas demais — ansiosos demais por decompor as noções de eu em fragmentos menores. Talvez a realidade seja mais sutil. Tivemos evidências de que Eywa é muito mais do que a rede neural que a grande reducionista Grace Augustine foi capaz de demonstrar. Talvez exista mais em "Jake", no eu, no "tudo o que ele é", do que um mero efeito colateral de redes neurais. Talvez, de algum modo, Eywa de fato acolha algo como as almas de Grace e de Jake em seu seio, e dentro do avatar.

E, em última análise, o que Eywa oferece a Jake e Grace é a imortalidade. Se você puder transferir a si mesmo para um computador, como Grace foi transferida para Eywa, então não precisará morrer. Sua essência lógica terá sido separada de seu corpo físico, e "você" não estará mais condenado pelo processo de envelhecimento de seu corpo. À medida que surgem novas gerações de tecnologia de computadores, você pode simplesmente continuar se transferindo para equipamentos de última geração. Alguns futurologistas gostam de falar da *singularidade* que está por vir, quando, graças ao avanço da tecnologia, vamos nos fundir com os supercérebros artificiais do futuro e a inteligência crescerá exponencialmente.

Talvez Eywa seja uma singularidade "verde", uma fusão que representa o destino de toda a vida.

Ao seguir o passo final da jornada de Jake, de humano para não humano, *Avatar* nos fez confrontar as questões mais profundas de nossa existência. Porém chegamos ao limite da especulação científica, e não é possível ver mais além.

# EPÍLOGO

Neste livro, acompanhamos a jornada de Jake Sully, de uma Terra arruinada para um novo mundo, de um corpo danificado para a saúde e o vigor, do humano para o alienígena — do desespero e cepticismo para a redenção e até mesmo o amor. E analisando a ciência que poderia estar subjacente à viagem de Jake, tivemos um vislumbre de um futuro sombrio, mas realista para a Terra, de tecnologias exóticas, mas factíveis para cruzar o abismo entre as estrelas, e de um maravilhoso — mas não impossível — mundo vivo e seus habitantes. Como em toda ficção científica da melhor qualidade, *Avatar* confronta-nos com os limites do possível e nos faz considerar o que esses limites nos dizem sobre nossa humanidade.

Entretanto Jake vai permanecer em Pandora. Temos de voltar para casa agora, da mesma forma que o predecessor de Jake na ficção, John Carter, foi trazido de volta de Barsoom, embora relutante: "Por dez anos, esperei e rezei para ser levado de volta para o mundo de meu amor perdido. Preferiria estar lá, morto ao lado dela, a viver na Terra a tantos terríveis milhões de milhas dela" (de Burroughs, *Uma Princesa de Marte*).

Porém, se você ainda estiver sofrendo de "abstinência de Pandora", reflita no que Joe Letteri disse na entrega do Oscar de efeitos especiais a *Avatar*: "Apenas lembrem-se de que o mundo em que vivemos é tão maravilhoso quanto aquele que criamos para vocês".

Ele está certo. Como vimos, existe uma "Pandora" em nosso próprio sistema solar: um mundo que orbita um gigante gasoso, com baixa gravidade e atmosfera densa, com lagos e montanhas e chuva que cai em gotas enormes e em câmera lenta... Nas estrelas ainda mais distantes do que Alpha Centauri, estamos descobrindo mundos incontáveis... E estamos aprendendo como as mentes podem ser melhoradas, unidas e talvez até mesmo projetadas em avatares — reais e virtuais.

E também existe a Terra.

Quando Jake-avatar se encontra pela primeira vez com a natureza de Pandora, é possível sentir o espanto de um jovem traumatizado ao ter contato com um mundo vivo pela primeira vez — e quem sabe descobrir dentro de si algo que ele nem sabia que lhe faltava. Charles Darwin, talvez o primeiro ser humano a entender de fato como a vida na Terra funciona, também ficou admirado: "É interessante contemplar a margem exuberante de um rio, revestida de plantas inumeráveis de tantos tipos, as aves cantando em meio aos arbustos, insetos variados esvoaçando ao redor e minhocas rastejando em meio à terra úmida, e perceber que essas formas de construção elaborada, tão distintas umas das outras, e dependentes entre si de modo tão complexo, foram todas produzidas pelas leis que atuam à nossa volta [...] Existe grandeza nesta forma de encarar a vida, em suas tantas manifestações, que na origem foi instilada em algumas poucas formas ou em apenas uma; e que, enquanto este nosso planeta gira em sua órbita, guiada pela lei imutável da gravidade, a partir de um princípio tão singelo, infindáveis formas das mais belas e maravilhosas tenham evoluído, e continuem a evoluir" (de *A Origem das Espécies*, 1859). É quase como se Darwin tivesse sido levado pelo *Beagle* até Pandora.

Você não pode ir até Pandora, não neste momento. Porém aqui na Terra você pode visitar *ecossistemas naturais* como a floresta dos Na'vi, como os recifes de coral e as florestas tropicais. Você não precisa ir tão longe para encontrar as maravilhas de nosso mundo. Olhando pela janela enquanto escrevo isto, em um pedacinho de gramado do começo de um dia de verão inglês, vejo os tentilhões-comuns atarefados procurando alimento entre os ranúnculos, e as andorinhas circulam lá em cima como aeronaves Scorpion. A vida silvestre, do lado de lá de minha janela. Os Na'vi estão completamente imersos na teia ecológica de seu mundo. No entanto nós também estamos — mesmo que nem sempre nos lembremos disso.

*Avatar* foi maravilhoso, e a realidade também é maravilhosa. E, para mim, quanto mais a entendemos, mais maravilhosa ela se torna.

# RECURSOS

## PRÓLOGO

O roteiro de James Cameron (*copyright* de 2007) está disponível para *download* na internet, em vários sites (faça uma busca por "Avatar screenplay"). A *Pandorapedia* é uma enciclopédia *on-line* (www.pandorapedia.com) que contém vasto material de consulta. *Avatar: An Activist Survival Guide* [Avatar: Guia de Sobrevivência do Ativista, de Maria Wilhelm e Dirk Mathison, (HarperCollins); *The Art of Avatar* [A Arte de Avatar], de Lisa Fitzpatrick (Abrams) e *The Making of Avatar* [Como Foi Feito Avatar], de Jody Duncan e Lisa Fitzpatrick (Abrams), todos baseados em material fornecido pelos produtores, são altamente recomendados. Mas tenha em mente que todas essas fontes derivam de diferentes pontos em um processo de desenvolvimento que ainda prossegue, e nem sempre são consistentes.

*Hollywood Science: Movies, Science and the End of the World* [A Ciência de Hollywood: Filmes, Ciência e o Fim do Mundo], de Sidney Perkowitz (Columbia University Press, 2010). Sobre a complicada – mas produtiva – relação entre cinema e ciência.

## PARTE UM: TERRA

"Planetary Boundaries: Exploring the Safe Operating Space for Humanity" [Fronteiras planetárias: explorando o espaço seguro de ação para a humanidade], de J. Bockstrom e outros, *Ecology and Society*, volume 14, artigo 32, 2009 (disponível em http://www.ecologyandsociety.org/vol14/iss2/art32/main.html). Define nove "sistemas de suporte de vida" planetários e seus limites de segurança.

A revista *Nature* (volume 465, páginas 34-5, 2010) publicou uma interessante retrospectiva no aniversário de 25 anos da descoberta do buraco na camada de ozônio, escrita por um dos pesquisadores envolvidos.

*Climate Wars* [Guerras Climáticas], de Gwynne Dyer (One World, 2010). Projeções sombrias de um mudo futuro castigado pelo colapso climático.

"An Abrupt Climate Change Scenario and its Implications for United States National Security" [Um cenário de mudança climática abrupta e suas implicações para a segurança dos Estados Unidos], de Peter Schwartz e Doug Randall, 2003. Relatório encomendado, do Pentágono, disponível *on-line*.

*The Revenge of Gaia* [*A Vingança de Gaia*, de James Lovelock (Basic Books, 2006). Do autor da teoria de Gaia, uma visão apocalíptica do futuro com a mudança climática.

*Living Through the End of Nature* [Sobrevivendo ao Fim da Natureza], de Paul Wapner (MIT Press, 2010). Um futuro no qual convivemos com a natureza.

*The Vertical Farm* [A Fazenda Vertical], de Dickson Despommier (Thomas Dunne Books, 2010). Transportando a produção agrícola para as cidades e libertando as áreas rurais.

"Geoengineering and Climate: Science, Governance and Uncertainty" [Geoengenharia e clima: ciência, governança e incerteza], *The Royal Society*, setembro de 2009 (http://royalsociety.org/Geoengineering-the-climate). Uma prestigiada análise de um tema controverso.

*The Wildlife of Our Bodies* [A Vida Silvestre de Nossos Corpos], de Rob Dunn (Harper, 2011). Sobre como nossos corpos foram moldados pela conexão com a natureza.

*The World Without Us* [O Mundo sem Nós], de Alan Weisman (Virgin Books, 2007). Como a Terra se recuperaria se os humanos desaparecessem.

## PARTE DOIS: RDA

Os *websites* da NASA (comece por www.nasa.gov) são fontes fantásticas sobre passado, presente e futuro dos projetos espaciais americanos. O website oficial sobre a história da NASA, www.history.nasa.gov, é um recurso excelente sobre o Projeto Apollo. Você pode consultar imagens dos locais de aterrissagem das Apollos, fornecidas pelo Lunar Reconnaissance Orbiter (Orbitador de Reconhecimento Lunar), no site: www.nasa.gov/mission_pages/LRO/multimedia/lro-images/apollosites.html. Para o programa Near-Earth Object (Objetos Próximos da Terra), da NASA, veja http://neo.jpl.nasa.gov/index.html.

*A Man on the Moon* [Um Homem na Lua], de Andrew Chaikin (Michael Joseph, 1994). Provavelmente ainda é o melhor relato não técnico das missões Apollo.

*Voyage* [Viagem], de Stephen Baxter (HarperCollins, 1996). Meu relato ficcional de como as coisas poderiam ter acontecido depois da Apollo, para chegar a Marte nos anos 1980.

Informações sobre o Projeto Skylon estão disponíveis em www.reactionengines.co.uk.

*Mining the Sky* [Mineração Espacial] de John S. Lewis, Addison Wesley, 1996. Recursos extraterrestres e como explorá-los.

*The High Frontier: Human Colonies in Space* [A Fronteira no Céu: Colônias Humanas no Espaço] de Gerard K. O'Neill (William Morrow, 1977). Uma perspectiva datada, mas ainda visionária, da expansão da humanidade para além da Terra.

*The Millennial Project* [O Projeto Milenário] de Marshall T. Savage (Little, Brown, 1992). Um manual fascinante para a colonização do espaço, começando com pequenas medidas nos oceanos da Terra e terminando por tornar toda a Galáxia verde.

*Titan Unveiled: Saturn's Mysterious Moon Unveiled* [Titã Revelada: A Misteriosa Lua de Saturno Revelada], de Ralph Lorenz e Jacqueline Mitton (Princeton University Press, 2008). Um balanço pós-Huygens da Pandora do nosso sistema solar.

*Life As We Do Not Know It* [A Vida como não a Conhecemos], de Peter Ward, (Viking, 2005). Uma revisão recente das possibilidades de formas exóticas de vida em Titã, no sistema solar e mais além.

## PARTE TRÊS: *VENTURE STAR*

Informações sobre o Projeto Icarus, o estudo de espaçonave da Sociedade Interplanetária Britânica e da Fundação Tau Zero Foundation, estão disponíveis em www.icarusinterstellar.org.

*The Starflight Handbook* [O Manual de Voo Interestelar], de Eugene Mallove e Gregory Matloff (Wiley, 1989). Ainda uma referência essencial para a teoria e prática das viagens interestelares. Alerta: contém equações.

*Centauri Dreams* [Sonhos de Centauro], de Paul Gilster (Springer, 2004). Um panorama menos técnico das perspectivas de exploração interestelar.

*How to Build a Time Machine* [Como Construir uma Máquina do Tempo], de Paul Davies (Allen Lane, 2001). Um guia muito acessível para a teoria da relatividade de Einstein.

*Antimatter* [Antimatéria], de Frank Close (Oxford University Press, 2010). Um estudo recente dos mistérios da antimatéria.

*The Physics of Star Trek* [A Física de Jornada nas Estrelas], de Lawrence Krauss (Basic Books, 1995). Contém uma discussão sobre a antimatéria, da forma como ela foi usada na série de TV.

*The Journal of the British Interplanetary Society* [Revista da Sociedade Interplanetária Britânica], volume 61, número 9, setembro de 2008, contém uma síntese de um seminário recente sobre os avanços na teoria de dobra espacial.

O Roth Lab, que desenvolve pesquisas sobre animação suspensa, está em http://labs.fhcrc.org/roth.

## PARTE QUATRO: PANDORA

*The Extrasolar Planets Encyclopaedia* [A Enciclopédia Dos Planetas Extrassolares], http://exoplanet.eu, um recurso fascinante, mantido pelo observatório de Paris.

*The Crowded Universe* [O Universo Apinhado], de Alan Boss (Basic Books, 2009). Boa revisão atual sobre exoplanetas.

*What If the Earth Had Two Moons?* [E se a Terra Tivesse Duas Luas?], de Neil F. Comins (St Martin's Press, 2010). Contém especulações úteis sobre as condições de uma lua semelhante a Pandora orbitando um planeta gigante.

*The Anthropological Cosmological Principle* [O Princípio Antropológico Cosmológico], de John Barrow e Frank Tipler (Oxford University Press, 1986). Traz uma discussão interessante quanto aos efeitos da gravidade (e outras forças físicas básicas) sobre o tamanho dos seres vivos.

"The Limits to Tree Height" [Limites à Altura das Árvores], de George Koch e outros, *Nature*, volume 428, páginas 851-54, 2004. Um estudo recente sobre o assunto.

A *Encyclopaedia of Science Fiction* [Enciclopédia de Ficção Científica] (Orbit, 1993), para a qual David Langford contribui, no momento está passando por uma revisão. Um website público, no qual o andamento pode ser visto, é http://sfe3.org. Consulte o verbete *elementos*, em que há uma discussão sobre o unobtanium. [Consulte o verbete *unobtainium*. N. T.]

*Borderlands of Science* [Fronteiras da Ciência], de Charles Sheffield (Baen, 1999). Uma revisão excelente de avanços recentes da ciência, concebida como um subsídio para autores de ficção científica. O capítulo dois contém uma discussão sobre a supercondutividade.

"Superconductivity Gets an Iron Boost" [A Supercondutividade Recebe uma Injeção de Ferro], de Igor Mazin, *Nature*, volume 464, páginas 183-86, 2010 (www.nature.com). Uma revisão recente dos avanços na área.

*Rising Force* [Força de Ascensão], de James D. Livingston (Harvard University Press, 2011). Um estudo recente das tecnologias maglev.

## PARTE CINCO: PORTAL DO INFERNO

*The Case for Mars* [Em Defesa de Marte], de Robert Zubrin (Free Press, 1996). Proposta bem fundamentada e detalhada de um modo factível e relativamente barato de os humanos chegarem a Marte.

*Project Boreas: A Station for the Martian Geographic North Pole* [Projeto Boreas: Uma Estação para o Polo Norte Magnético de Marte], organizado por Charles S. Cockell (British Interplanetary Society, 2006). Nosso estudo sobre uma base polar em Marte. A Mars Society [Sociedade Marte] está em www.marssociety.org. Um bom estudo sobre perfurações pesadas em Marte é o de B. Frankie e outros, "Drilling Operations to Support Human Mars Missions" [Operações de Perfuração para Dar Suporte a Missões Humanas em Marte], em *Proceedings of the Founding Convention of the Mars Society* [Anais da Convenção de Fundação da Sociedade Marte], organizado por R. Zubrin e outros, San Diego, 1998 (MAR 98-061).

"The Intellectual Property Implications of Low-Cost 3D Printing" [As implicações da Impressão 3-D de Baixo Custo para a Propriedade Intelectual], de S. Bradshaw, A. Bowyer e P. Haufe (2010) 7:1 SCRIPTed 5, http://www.law.ed.ac.uk/ahrc/script-ed/vol7-1/bradshaw.asp. Discussão profunda do uso desta nova técnica de manufatura.

*Medicine* [Medicina], de Anne Rooney (Heinemann, 2005). Uma revisão vívida e acessível de avanços recentes na medicina.

*The Stem Cell Hope* [A Esperança das Células-tronco], de Alice Park (Hudson Street Press, 2011). Análise recente de um assunto de grande interesse dentro da medicina.

*Handbook for Human Computer Interaction* [Manual de interação humano--computador], organização de Andrew Sears e Julie Jacko (CRC, 2007). Um manual sobre este interessante tema.

*Guns For Hire: The Inside Story of Freelance Soldiering* [Armas de Aluguel: Os Bastidores da Soldadesca *freelancer*], de Tony Geraghty (Portrait, 2007). Os empreiteiros militares da atualidade.

*Jane's All the World's Aircraft* [Todas as Aeronaves do Mundo], de Susan Bushell e outros (Jane's Information Group, 2010). Fonte essencial sobre aeronaves militares e outras.

A comunidade dos fãs de mecha está em www.armoredcoreonline.com.

## PARTE SEIS: MUNDO VIVO

*The Deep* [As Profundezas], de Claire Nouvian (University of Chicago Press, 2007). Belo ensaio fotográfico das profundezas oceânicas da Terra, incluindo muitos exemplos de bioluminescência.

*The Ancestor's Tale* [A Grande História da Evolução], de Richard Dawkins (Weidenfeld and Nicolson, 2004). Um relato fascinante da evolução — contado de trás para a frente.

*The Book of Life* [O Livro da Vida], organizado por Stephen Jay Gould (WW Norton, 2003). Guia ilustrado da evolução da vida na Terra.

*Evolving the Alien* [Evoluindo Alienígenas], de Jack Cohen e Ian Stewart (Ebury, 2002). Excelente discussão das possibilidades de biologias alienígenas.

*At Home in the Universe* [Em Casa no Universo], de Stuart Kauffman (Oxford University Press, 1995). Origem e desenvolvimento da vida por meio da química autocatalítica.

*The Fifth Miracle* [O Quinto Milagre], de Paul Davies (Allen Lane, 1998). Panspermia: como a vida da Terra poderia ter-se originado em Marte.

*Life's Solution: Inevitable Humans in a Lonely Universe* [A Solução da Vida: Humanos Inevitáveis em um Universo Solitário], de Simon Conway Morris (Cambridge University Press, 2003); *Wonderful Life* [Vida Maravilhosa], de Stephen Jay Gould (Hutchinson, 1989). Argumentos a favor e contra a evolução convergente.

*Mendel's Demon* [O Demônio de Mendel], de Mark Ridley (Weidenfeld & Nicolson, 2000). Propondo que a evolução da vida multicelular era improvável.

## PARTE SETE: NA'VI

*Late Stone Age Hunters of the British Isles* [Caçadores do Final da Idade da Pedra nas Ilhas Britânicas], de Christopher Smith (Routledge, 1992). Estudo sobre os caçadores-coletores do mesolítico da Grã-Bretanha.

*The Music Instinct* [O Instinto da Música], de Philip Ball (Bodley Head, 2010). Trabalho recente sobre a biologia da música.

*In the Land of Invented Languages* [Na Terra das Línguas Inventadas], de Arika Okrent (Spiegel and Grau, 2009); *The Klingon Dictionary* [Dicionário da Língua Klingon], de Mark Okrand (Simon and Schuster, 1992). Duas referências sobre linguagens artificiais. Um guia para o idioma Na'vi está em www.learnnavi.org.

*Open Skies, Closed Minds* [Céus Abertos, Mentes Fechadas], de Nick Pope (Simon & Schuster, 1996). Curiosa perspectiva sobre a controvérsia dos OVNIs, pelo ex-responsável pelos "Arquivos X" da Grã-Bretanha.

*The Eerie Silence* [O Silêncio Perturbador], de Paul Davies (Allen Lane, 2010). Excelente revisão da situação atual da busca de vida além da Terra.

A SETI League [Liga SETI] (www.setileague.org) é uma organização sem fins lucrativos criada em 1994 por entusiastas do programa SETI, após este ser cancelado pela NASA. David Brin contribuiu com alguns dos melhores trabalhos acadêmicos sobre o tema (www.davidbrin.com).

*Where is Everybody?* [Onde Está todo Mundo?], de Stephen Webb (Praxis, 2002). Cinquenta soluções para o Paradoxo de Fermi.

*1491*, de Charles Mann (Knopf, 2005). Um relato esclarecedor do primeiro contato entre o Velho Mundo e o Novo Mundo, e o que se seguiu.

*Guns, Germs, and Steel* [Armas, Germes e Aço], de Jared Diamond (Chatto & Windus, 1997). Um estudo impressionante da inter-relação entre geografia e história.

*Second Nature: The Inner Lives of Animals* [Segunda Natureza: A Vida Interior dos Animais], de Jonathan Balcombe (Palgrave Macmillan, 2010). *Do Fish Feel Pain?* [Os Peixes Sentem Dor?], de Victoria Braithwaite (Oxford University Press, 2010). Estudos recentes sobre a consciência animal e o desafio da empatia interespecífica. O trabalho de James Anderson sobre o luto nos chimpanzés foi publicado em *Current Biology*, volume 20, página 351.

As teorias holísticas de Brian J. Ford sobre as células foram publicadas em *New Scientist*, 24 de abril de 2010.

*Between Earth and Sky* [Entre a Terra e o Céu], de Nalini Nadkarni (University of California Press, 2008). Um estudo bem atualizado das árvores em todos os seus aspectos.

## PARTE OITO: AVATAR

*World Mythology* [Mitologia do Mundo], organizado por Roy Willis (Duncan Baird, 1993). Uma fonte útil para o aspecto mítico dos avatares.

O link www.newscientist.com/channel/life/gm-food, da revista *New Scientist*, é um bom lugar para se iniciar na imensa literatura sobre os OGMs (organismos geneticamente modificados) e sua aplicação, e sobre a controvérsia acerca de seu uso.

*The Fabric of Reality* [O Tecido da Realidade], de David Deutsch (Allen Lane, 1997). Contém especulações ponderadas sobre os limites da realidade virtual e as interfaces mente-máquina.

"The Planetarium Hypothesis: A Resolution of the Fermi Paradox" [A Hipótese do Planetário: Uma Resolução do Paradoxo de Fermi], de Stephen Baxter, *Journal of the British Interplanetary Society*, volume 54, páginas 210-16, maio/junho de 2001 (versão revisada em *Exploring the Matrix* [Explorando a Matrix], org. Karen Haber [Byron Preiss Visual /ibooks, 2003]). Como podemos estar vivendo em uma simulação de computador. Veja também "Are you living in a computer simulation?" [Você está vivendo em uma simulação de computador?], de Nick Bostrom, *Philosophical Quarterly* volume 53, páginas 243-55, 2003; www.simulation-argument.com.

*Inside of a Dog* [A Cabeça do Cachorro], de Alexandra Horowitz (Simon & Schuster, 2009). Uma abordagem muito acessível da percepção do cão e de como ele difere de nós.

"What Is It Like to Be a Bat?" [Como é ser um Morcego?], de Thomas Nagel, *The Philosophical Review*, volume 83, páginas 435-50, 1974; http://members.aol.com/neonetics/nagel-bat.html. Artigo clássico sobre a questão mente-corpo.

*Consciousness Explained* [A Consciência Explicada], de Daniel Dennett (Little, Brown, 1991). A amplamente discutida teoria não cartesiana da consciência, de Dennett.

*My Brain Made Me Do It* [Meu Cérebro Me Obrigou], de Eliezer Sternberg (Prometheus Books, 2010). Um olhar recente e provocador sobre as lições mais recentes da neurociência referentes à consciência e ao livre-arbítrio.

*The Age of Spiritual Machines* [A Era das Máquinas Espirituais], de Ray Kurzweil (Viking, 1999). Uma visão de um futuro com inteligência humana e artificial magníficas.

Impressão e acabamento:

tel.: 25226368